일본 제국주의의 첨병, 東亜同文会

일본 제국주의의 첨병, 東亜同文会

채수도

경북대학교출판부

채수도
경북대학교 인문대학 일어일문학과 졸업
일본 중앙대학교 법학연구과 정치학 석사, 박사 학위취득
일본 중앙대학교 사회과학연구소 객원연구원
경북대학교 일어일문학과 교수

일본 제국주의의 첨병, 東亜同文会

초판1쇄 2011년 11월 8일 | **초판2쇄** 2012년 8월 17일
지은이 채수도 | **펴낸이** 함인석 | **펴낸 곳** 경북대학교출판부
출판등록 1973년 10월 10일 ㉣97호
주소 대구광역시 북구 대학로 80번지
전화 053-950-6741~3 | **팩스** 053 953 4692 | E mail press@knu.ac.kr

ISBN 978-89-7180-318-9 93340

값은 표지 뒷면에 있습니다.
파본은 바꾸어 드립니다.

머리말

동아동문회(東亜同文会, 도아도분카이)는 전전(戦前) 일본에서 사이토 마코토(斎藤実), 가토 다카아키(加藤高明), 기요우라 게이고(清浦奎吾), 하라 다카시(原敬), 이누카이 쓰요시(犬養毅), 아베 노부유키(阿部信行), 고노에 후미마로(近衛文麿) 등 7명의 내각수상을 배출한 정치단체이다. 이 책은 필자의 연구논문과 관련 자료들을 바탕으로 동아동문회를 종합적으로 고찰한 것으로, 주로 일본의 근대화와 함께 등장한 제국주의의 대륙 진출 정책 속에 구성된 동아동문회의 활동 양상 전반을 다루고 있다. 그럼으로써 동 단체의 모순된 주장과 행동의 전모를 규명하는 데 본서의 출간 취지가 있다 하겠다.

서구열강의 아시아 침략은 근대 일본에서 다양한 아시아주의 단체들이 결성되는 데 결정적인 역할을 하였다. 특히 중국이 아편전쟁 이후 반식민지화의 나락으로 떨어지게 되자, 일본 국내에서는 흥아회(興亜会, 고아가이), 현양사(玄洋社, 겐요샤), 흑룡회(黒龍会, 고쿠류카이), 동아동문회 등의 아시아주의 단체가 제각기 이념과 목적을 내세우며 결성되었다. 특히 동아동문회는 교육사업을 주된 목적으로 하여 설립된 아시아주의 단체로, 당시 조선보다는 중국문제[1]에 더 많은 관심을 표방하면서 설립되었다.

이러한 일본의 아시아주의 단체는 서구세력의 아시아 침략에 대항하기 위한 아시아 연대라는 대의명분을 내세워 아시아 각국으로 진출하였으며, 결국 현지에서 일본 제국주의에 우호적인 인물을 포섭하는 등 친일파 육성에 힘을 기울였다. 또한 일본의 대륙 진출에 걸림돌이 되는 반일감정을 완화시키는 기능은 물론, 현지의 사정을 본국에 알리는 침략의 앞잡이 역할도 담당하였다. 이들 단체들이 연대의 역할을 하지 않았다고는 할 수 없지만, 오늘날 대다수 연구자들은 이 단체들이 사실상 침략을 지향한 결사체였다고 평가하고 있다.

근대 일본의 아시아주의를 규명하기 위해서는 아시아주의 단체들에 대해 고찰하는 것이 필수적이라고 할 수 있다. 지금까지 이들 단체에 대한 연구, 즉 아시아주의의 연대론에 대한 내용과 평가는 한국과 중국 침략의 민간 축을 담당한 현양사와 흑룡회에서만 찾고자 하는 측면이 강하였다.[2] 이러한 경향으로 인해 중국을 대상으로 한 아시아주의 단체였던 동아동문회는 한국 측 연구자들의 관심을 그다지 받지 못한 것으로 분석되며, 특히 초기 회원들을 비롯한 동아동문회의 구성원에 대한 파악조차 되고 있지 않은 실정이다.

동아동문회는 주로 중국을 대상으로 하는 연구단체로 설립되었으며, 당시 중국, 조선, 대만 등에 일본어를 보급하는 데 많은 영향을 끼친 교

---

1 본서의 '중국문제(中國問題)'라는 용어는 '중국을 일본의 영향 하에 두는 것' 또는 '일본이 중국을 식민지화하는 것'을 의미한다.

2 강창일, 『근대 일본의 조선 침략과 대아시아주의』, 역사비평사, 2002; 한상일, 『아시아 연대와 일본제국주의』, 오름, 2002; 조항래, 『日帝의 對韓侵略政策史硏究』, 현음사, 1996. 참조.

육단체로도 알려져 있다. 하지만 그 본질은 일본제국주의의 아시아 침략에 첨병 역할을 수행한 아시아주의 단체였다. 그럼에도 불구하고 일본을 비롯한 중국의 연구자들 역시 동아동문회의 침략적 활동에 관한 연구에는 소극적인 면을 보이고 있다. 특히 일본에서는 일본어 보급이라는 교육적인 측면에서의 역할만을 언급하고 있다.[3]

필자는 대중국 아시아주의 단체로 알려져 있는 동아동문회가 활동 당시 한국에도 많은 관심을 가지고 있었다는 사실에 착안하여, 동아동문회를 한국의 입장에서 연구해 볼 만한 가치와 필요성이 있다고 판단하였다. 특히 동 단체의 교육사업에 있어서 일본식 근대화에 초점을 맞추어, 보다 체계적인 분석을 통해 이 책의 목적을 달성코자 한다. 본서는 아시아 침략의 속성을 가진 동아동문회의 전모를 규명하기 위해 동 단체의 전사(前史)를 포함하여 기술하였으며, 책의 구성은 다음과 같이 총 4부로 이루어져 있다.

제1부 '동아동문회의 기원'에서는 동 단체의 모태에 해당하는 한커우 낙선당과 일청무역연구소 그리고 동아회와 동문회를 검토함과 동시에, 이들 단체에 많은 영향을 끼친 대륙낭인들의 활약상도 함께 기술하고 있다. 특히 이들 대륙낭인들이 1898년 11월 동아동문회 결성에 모두 참가한 사실을 고려하여, 중국에서 그들이 활약한 모습을 언급함으로써 동아동문회에 대한 기초적인 지식을 다루었다.

제2부 '동아동문회의 성립'에서는 동 단체의 활동에 대해 검토함과

3 稲葉継雄, 『東亜同文会の韓国における教育活動(プロジェクト研究報告)』, 筑波大学, 1985年 참조.

동시에 동 단체의 성격 그리고 동 단체의 대중국 인식은 어떠하였는지를 규명하였다. 동아동문회는 1898년 11월 결성되어 1946년 3월 연합국 총사령부에 의해 정식으로 해산되었다. 동 단체의 존속기간인 48년간의 회원 모두를 파악하는 것은 무리가 있다. 따라서 본서에서는 동 단체가 1889년 4월부터 1898년 12월까지 간행한 『東亞時論』에 실려 있는 회원에 한정해서 파악하기로 한다. 또한 필자는 동아동문회 초기 회원들의 정치적 성격을 파악하면서 동아동문회의 성립 배경이 어디에 있었는지를 검토하고 동 단체의 목적과 활동을 파악해 보았다. 특히 본서에서는 동 단체가 결성과 함께 기관지를 발행하면서 중국보존론에 보다 많은 관심을 보였는데, 그 궁극적인 목적이 어디에 있었는지를 파악하고 동아동문회의 실제적 측면이 어떠하였는지를 기술하였다.

제3부 '동아동문회의 대외정책'에서는 동 단체의 대외정책, 즉 의화단 사건에 대한 대응과 국민동맹회 참가 그리고 러일전쟁과 관련해 서술하고 있다. 특히 '동아동문회와 러일전쟁'에서는 동아동문회의 러일개전운동, 군부 협력, 러일강화조약 반대에 대해 기술하고 그 역사적 의미를 평가하였다.

제4부 '동아동문회의 교육 및 유학사업'에서는 동아동문회의 조선 및 중국에서의 교육사업과 유학사업에 대해 밝히고 있다. 식민제국주의의 광풍이 몰아치던 시기에 동 단체는 이웃 국가인 조선에서 교육사업을 시행하였다. 동 단체의 교육사업 진출에 대한 시대적, 정치적 배경을 살펴보면, 그들의 교육사업이 침략적인 의도에서 이루어졌음을 알 수 있다. 본서에서는 이에 주목하고, 벽촌의 학교 설립과 기존의 학교에 대한

경제적 지원이 친일파 육성과 향후 조선 병합을 위한 사전포석의 일환으로 이루어졌음을 지적하였다. 동아동문회의 중국 관련 교육사업에 대해서는 동 단체의 중국에 대한 교육기관인 동아동문서원의 개설 과정을 밝히고, 동 서원의 인재 양성과 중화학생부의 개설 배경 및 목적에 대해서 기술하였다. 특히 동아동문서원은 산업경제와 중국외교 부문의 전문가 양성에 집중한 결과, 졸업생의 70%가 상업무역에 종사하였으며, 나머지 대부분이 외무성 등에 발탁되어 중국외교 전문가로서 활동하였다. 결과적으로 이러한 현상은 동아동문서원이 중국을 침체케 하고 침략의 첨병으로 이용되었다는 사실을 증명한다.

이처럼 4부에서는 동아동문서원의 침략적인 역할을 구체적으로 분석하고 있다. 특히 주목할 점은 동아동문회의 교육사업뿐만 아니라, 유학사업의 실상과 성과를 밝히고 있다는 것이다. 동아동문회의 유학사업은 중국뿐만 아니라 조선을 대상으로도 이루어졌지만, 동 단체의 조선에서의 교육사업이 1906년 통감부로 이양됨에 따라 중국을 중심으로 추진되었다. 따라서 본서에서는 중국 중심의 유학사업을 통하여 당시 중국인의 유학 실태와 성과를 밝히는 과정 속에서 조선의 경우도 함께 규명하였다. 특히 동 단체의 유학사업은 중국과 조선의 근대화에 일정 부분 기여한 점도 있었지만, 일본의 교육정책 및 제도의 도입 또는 일본에서 배운 것이 오히려 조선과 중국 교육정책의 비자립과 부진을 초래하였다는 점도 밝혔다. 즉, 결과적으로 중국과 조선의 근대 교육 및 근대화를 늦추었다는 사실도 부정할 수 없다. 특히 일본식 근대화는 조선을 식민지의 길로 유도하였고 또한 중국에도 많은 부정적인 영향을 주었다는 점을 지적하였다.

필자는 동아동문회에 대한 고찰을 통하여 과거 일본이 아시아 침략의 이념적 도구로 이용한 '아시아 연대'의 침략적인 측면을 규명하여 오늘날의 우리들이 교훈으로 삼아야 함은 물론, 진정한 지역적 연대와 협력의 측면도 함께 생각하였으면 한다. 본서가 동아시아 근대사의 일면과 일본 우익의 실체를 파악하고, 향후 한일 양국의 바람직한 관계를 형성하는 데 조금이라도 도움이 되기를 기대한다. 끝으로 이 책이 출간되기까지 원고를 검토하고 미흡한 부분들을 보완해 주신 김경일 교수님의 감수(監修)에 감사드리며, 경북대학교출판부의 김용훈 실장님과 남정이 선생님께도 감사의 인사를 드린다.

2011년

채수도

목차

머리말 5

제1부 동아동문회의 기원

Ⅰ. 한커우 낙선당 17

Ⅱ. 일청무역연구소 27

1. 일청무역연구소의 설립 _ 27
2. 일청무역연구소의 성격 _ 33

Ⅲ. 동아회와 동문회 39

1. 동아회 _ 39
2. 동문회 _ 44

제2부 동아동문회의 성립

Ⅰ. 시대적 배경 51

1. 러시아의 남하 _ 51
2. 대륙낭인들의 활동 _ 55

Ⅱ. 동아동문회의 정치적 성격 …… 58
1. 동아동문회의 결성 _ 58
2. 회원의 정치적 배경 _ 63
Ⅲ. 동아동문회의 대중국 인식 …… 69
1. 일중연대론 _ 69
2. 중국보존론 _ 75

第3부 동아동문회의 대외정책

Ⅰ. 동아동문회와 의화단 사건 …… 85
Ⅱ. 동아동문회와 국민동맹회 …… 94
1. 국민동맹회의 결성 _ 94
2. 국민동맹회의 목표 _ 98
Ⅲ. 동아동문회와 러일전쟁 …… 105
1. 러일 개전운동 _ 105
2. 군부와의 협력 _ 117
3. 러일강화조약 반대운동 _ 128

第4부 동아동문회의 교육 및 유학사업

Ⅰ. 동아동문회의 조선 내 교육사업 …… 145
1. 동아동문회의 조선 진출 배경 _ 145
2. 동아동문회의 조선 진출 _ 151

3. 동아동문회의 조선 내 교육사업 현황 158
1) 직할학교 설립 _ 158
2) 보조학교 지원 _ 162
4. 동아동문회 교육사업의 성격과 의미 167
1) 대러시아 대응책 _ 167
2) 친일파 육성과 대조선 식민지화 _ 172
3) 교육사업의 의의 _ 178
Ⅱ. 동아동문회의 중국 내 교육사업 184
1. 동아동문서원의 설립 _ 184
2. 동아동문서원의 활동 _ 192
1) 인재 양성 _ 192
2) 중화학생부 _ 200
Ⅲ. 동아동문회와 '청조의 교육개혁' 209
Ⅳ. 동아동문회의 유학사업 214
1. 유학사업의 실상 _ 214
2. 유학사업의 성과 _ 222

책을 마치며 231
부록 240
참고문헌 258

제 1 부

동아동문회의 기원

Ⅰ. 한커우 낙선당

동아동문회의 기원은 '한커우(漢口) 낙선당(楽善堂, 라쿠젠도)'과 '일청무역연구소'라고 볼 수 있으며, 그 근거로는 다음 세 가지를 들 수 있다. 첫째, 한커우 낙선당과 일청무역연구소의 멤버들이 동아동문회의 핵심 회원으로 참가하였다는 사실이다. 둘째, 이들의 활동무대가 중국이었다는 점이다. 그리고 셋째, 그들의 이념과 목적이 동아동문회의 설립 취지에 어느 정도 부합하였다는 것이다. 특히 장기간 동안 중국에서 활동한 기시다 긴코(岸田吟香)와 무네가타 고타로(宗方小太郎) 그리고 아라오 세이(荒尾清) 등은 한커우 낙선당과 일청무역연구소를 직간접적으로 운영하였을 뿐만 아니라 동아동문회 창립 멤버로 참가하였다.

당시 기시다는 조슈번(長州藩)의 유신개혁자 기도 다카요시(木戸孝允)와 사쓰마번(薩摩藩)의 데라지마 무네노리(寺島宗則, 추밀원 부의장) 등 유신지도자들과도 친분을 가지고 있었다. 그는 일본 최초의 서양식 신문인 『海外新聞』(1864년)[1]과 『横浜新報もしほ草』(1868년)를 창간하는 등 신문사업가로 활동하였지만, 1870년부터 기존의 신문사업에서 석유사업으로 전향하였다. 그는 미국으로부터 석유시추기계를 도입하여 석유를 채굴하는 수익사업에 관여하였으나 계속 사업에 실패하였다. 그러나 1877년, 도쿄 긴자(銀座)에 '낙선당'이라는 약국을 열고 정기수(精錡水)를 팔면서 사업이 의외로 번창하였다.

1 韓相一, 『日韓近代史の空間』, 日本経済評論社, 1984年, p. 35.

그는 낙선당의 사업 번창을 계기로, 1878년 중국 상하이에 낙선당 지점을 개설하면서 본격적으로 중국 사업에 뛰어들었다. 물론 상하이 낙선당 지점에서 판매하는 상품은 주로 정기수였지만, 한편으로는 서적도 출판, 판매하였다. 그리고 그는 상업 활동 과정에서 서구열강의 중국 침탈을 직간접적으로 경험하게 되었으며, 자연스럽게 중국 내정에 관심을 가지게 되었다. 이러한 중국 내정에 대한 관심이 나중에 대륙낭인의 후견인이 되는 데 중요한 요인으로 작용하였다. 이와 같이 그는 중국 상하이 낙선당 지점에서 약재 등 잡화를 취급하면서, 그 수익금의 일부로 중국대륙에서 활동하고 있던 아라오 등 대륙낭인들을 지원하는 한편, 그들에게 생활주거지를 마련해 주기도 하였다.[2]

1886년, 정보장교 아라오 세이(荒尾精)가 가와카미 소로쿠(川上操六) 참모차장의 지시를 받고 중국대륙의 정보 수집을 목적으로 상하이에 파견되었다.[3] 상하이에 도착한 아라오는 실업가인 기시다를 방문하고 전반적인 지원을 요청하였다.[4] 그는 기시다의 도움으로 한커우에 낙선당을 설립할 수 있었으며, 낙선당 운영에 관해서도 전반적인 지원을 받았다. 아라오의 낙선당은 기시다의 전폭적인 지원에 의해 한커우에 개설되었지만, 오늘날 낙선당에 대한 평가는 "일본이 최초로 중국에 조직한 중국문제 연구소였다" 또는 "군사스파이 양성소였다" 등의 극단적인 견해가 공존하고 있다.[5] 한커우 낙선당의 회원이었던 다카하시(高橋謙)는 당

2 葛生能久, 『東亜先覚志士記伝(下)』, 大空社, 1997年, pp. 659-660.

3 前掲, 『日韓近代史の空間』, p. 35.

4 王希亮, 「大陸浪人のさきがけ及び日清戦争への躍動」(金澤大學法學部, 『金澤法學』, 第36巻1·2合併号, 1994年, p. 61).

시 낙선당의 상황을 다음와 같이 증언하고 있다.

> 나는 중국 내지를 답습하다가 1886년 여름, 한커우에 도착하였다. 여기서 아라오와 회합하여 예정된 조사 여행을 위해 원정에 올랐다. 그리고 1887년 한커우에 되돌아왔다. 당시의 재류 일본인으로는 아라오와 이부카(井深) 그리고 나를 포함한 3인 이외 영사 직원 2명뿐이었다. (중략) 그 후 격문을 붙이고 널리 알려서 뜻있는 지사(志士)를 불러 모았지만, 야마우치(山内巖), 무네가타, 우라(浦敬一), 후지시마(藤島武彦)를 비롯하여 10여 명만이 모였다. 아라오를 중심으로 장래의 방침을 세우고 실행하기 위해 다음과 같이 결의를 다짐하였다. 우리들의 목적은 세계 인류를 위한 것이며, 첫 번째로 중국을 개조하는 것에 있다.[6]

이처럼 낙선당은 중국 개조의 급선봉을 자청하는 대륙낭인들의 본거지로 활용되었을 뿐만 아니라 중국 내정을 정탐하는 비밀단체의 성격을 띠고 출발하였다. 이러한 비밀단체가 중국 내에 결성된 것은 서구열강의 중국 진출과 함께 러시아의 동방 진출에 대한 일본 정부와 대륙낭인들의 위기감의 표출이었다. 특히 1889년 봄, 러시아가 시베리아 철도 계획을 발표하자, 한커우 낙선당의 대륙낭인들은 "만주와 조선은 러시아의 말발굽 아래 유린당할 것"이라고 인식[7]하는 한편, 당장 일본이 러시

5 畑中ひろ子, 「漢口樂善堂の人々」, 『明治大学大学院紀要』, 明治大学大学院, 1987年, p. 329.

6 井上雅二, 『巨人荒尾精』, 佐久良書房, 1901年, p. 30.

7 塙薫藏, 『浦敬一奥附』, 淳風書院, 1924年, pp. 197-198.

아의 남하를 저지하기에는 역부족이라고 판단하였다. 아라오는 이러한 어려운 현실을 극복하고 청조 개조를 실현하기 위해서는 대륙낭인들과의 연계는 물론 조직적이고 구체적인 행동을 해야 한다고 판단하였다.

이러한 판단에 의거하여 아라오는 즉시 중국 각지에 산재해 있는 동지들을 한커우에 집결토록 요청하였다. 당시 한커우에 집결한 대륙낭인은 아라오를 비롯하여, "우라(浦敬一), 무네가타, 야마우치(山內巖), 나카노(中野二郎), 후지시마(藤島武彦), 다카하시(高橋謙), 시라이(白井新太郎), 이시카와(石川伍一), 히로오카(廣岡安太), 나카니시(中西正樹), 이부카(井深彦三郎), 이데(井手三郎), 아라가(荒賀直順), 가타야마(片山敏彦), 마쓰다(松田滿雄), 야마자키(山崎羔三郎), 기타고몬(北御門松三郎), 가와라(河原角次郎), 오가타(緖方二三), 마에다(前田彪), 오야(大屋半三郎)" 등이었다.[8]

표 1. 한커우 낙선당 회원

성명(출생년도)(직업)	정치적 계통	출신지 학력	비고
荒尾精(1858) (군인)	참모본부	아이치 육군사관학교	한커우 낙선당 운영, 참모부 소속정보장교, 일청무역연구소 설립.
浦敬一(1860)	외무성	나가사키 센슈(專修)학교	1885년 오사카(大阪) 내외신보에 입사, 1887년 한커우 낙선당 도착, 서안, 성도, 중경 지역 조사.
山內巖(1864)	동양학관	후쿠시마 센슈(專修)학교	1884년 동양학관, 청불전쟁 조사, 일청무역연구소, 도쿄 중국어학교 개설, 동아동문회 상임간사.
宗方小太郎 (1864)	동양학관	구마모토	1884년 동양학관, 청불전쟁 조사, 佐々友房의 문하생, 중국 주재 무관과 정보활동, 동아동문회 설립.

8 上揭, p. 198.

성명(출생년도)(직업)	정치적 계통	출신지 학력	비 고
中野二郎(1864)	현양사·동양학관	후쿠시마 도쿄사범학교	1895년 북해도에 '러청어학교'를 개설하여 참모본부 소속의 군인들의 어학 교육을 함, 중국관계사업.
藤島武彦(1869)		가고시마	新疆지역을 중심으로 정보활동, 청일전쟁 시 정보활동.
高橋謙(1864)		후쿠오카 와세다대학	낙성당과 일청무역연구소 활동, 중국 내지 조사 활동.
中西正樹(1857) (교사, 외무성 촉탁직원)		기후	1885년 외무성 유학생으로 텐진 도항 후 정보수집 활동, 일청무역연구소, 국민동맹회 참가, 『順天時報』 창간(1920, 베이징), 잡지 『義勇界』. 東京日日新報 통신원.
廣岡安太(1868)		구마모토	松田満雄와 함께 사천지부 개설(낙선당), 중국 내지 조사 활동.
北御門松三郎		후쿠오카	낙선당 활동, 중국 내지 조사.
河原角次郎		구마모토	
緒方二三(1867)		구마모토	
前田彪(1866)		구마모토	佐々友房의 주선으로 중국 조사, 九州日々신문 통신원.
大屋半一郎 (1865)		군마 흥아학교	흥아학교에서 중국어 습득, 청일전쟁 시 통역관.
中野熊五郎 (1867)	동양학관	사가 간죠(干城)학교	청일전쟁 시 통역관. 중국 내지 조사.
山崎羔三郎 (1864)	현양사	후쿠오카 후쿠오카 중학교	일청무역연구소, 청일전쟁 통역관.
松田満雄(1863)		구마모토	廣岡安太, 高橋謙, 石川伍一와 중국 사천 지부 담당 조사, 『사천보고서(四川報告書)』 작성, 청일전쟁 시 정보수집 및 통역관. 1906년 만주지역에 동문학당 설립, 일본어 교사.
片山敏彦(1869) (외무성직원)		구마모토 구마모토 제제고교	일청무역연구소 교사, 沙市 영사.
荒賀直順(1863)	동양학관	야마가타	
井手三郎(1863)		구마모토	『상하이일보』 사장.

성명(출생년도)(직업)	정치적 계통	출신지 학력	비 고
井深彦三郎 (1866)		후쿠시마	청일전쟁 및 러일전쟁 시 통역관으로 종군, 일청무역연구소.
白井新太郎 (1863)	동방협회	후쿠시마	후지(富士)수력전기 이사 역임. 1917년 중의원.
石川伍一 (1866)		아키다	청일전쟁 시 순직, 상하이 낙선당에서 활동, 중국 내지 조사.
黒崎恒次郎 (1858)		오카야마	상하이 낙선당에서 활동, 청일전쟁 시 통역관, 중국 내지 조사.

출처 : 『対支回顧錄』, 『対支回顧録(下)』, 『東亜先覚志士記伝(下)』 등 참조.

<표 1>에서 밝히고 있지만, 한커우 낙선당의 회원은 24명에 이르렀으며, 그들은 집결과 동시에 대중국 활동의 방침과 방향을 정하고, 자신들의 목적을 달성하기 위해 다음과 같이 결의하였다.[9]

> 첫째, 러시아가 향후 시베리아 철도를 이용하여 중국 방면에 세력을 신장하는 것에 대해 반드시 저지할 필요가 있다. 그 대응책을 준비하면서 한편으로는 늦어도 10년 이내에 중국 개조를 실행해야 할 것. 둘째, 러시아의 동아시아 침략에 대한 방책을 마련하기 위해서는 우라(浦敬一)를 일리(伊犁) 방면에 파견하고 임시거처를 마련할 것. 셋째, 호남지부 외, 사천성의 중경에도 지부를 설치하고 해당 지역의 정황을 탐색할 것. 넷째, 베이징 궁정인사들의 행동을 조사하면서 중앙의 정황을 시찰하고, 멀리 떨어져 있는 만주지역의 형세도 조사할 것.

9 上揭, pp. 198-199.

물론 그들이 주장하는 중국 개조는 하루아침에 이루어지는 것이 아니라 적어도 수십 년의 시간적 투자는 물론, 많은 노력과 희생이 요구되는 사업이었다. 또한 러시아 남하에 대한 대응책 마련 역시 결코 쉬운 것이 아니었다. 그러나 아라오는 중국대륙 각지에서 개별적으로 산재하여 정보활동에 종사하고 있는 대륙낭인들을 낙선당 한 곳에 집결시켜 구체적이고 조직적으로 활동케 한다면, 정보 수집의 효율성은 물론, 연계성을 가질 수 있다고 판단하였던 것이다.

이러한 계획에 의해 낙선당에서는 3, 4명을 하나의 반으로 구성해, 중국의 내지는 물론 중앙아시아 내지까지 조사하면서, 그 지역의 정치는 물론, 특산물이나 농업, 공업까지 조사, 기록하였다. 특히 지역의 특성과 지리적 위치를 파악하는 중요한 수단인 도로와 통신수단을 철저하게 조사, 분석하였다. 특히 히로오카(廣岡安太), 다카하시(高橋謙), 이시카와(石川伍一)는, 중국 사천(四川)지부를 개설하고 주변 지역을 조사하여 『四川報告書』를 작성하였다. 이 보고서에는 사천 일대의 지형, 풍토, 기후, 인정은 물론, 농공상의 정황, 운수교통 등이 상세히 기록되어 있다.[10] 그 후 이 보고서는 청일전쟁 때 유용하게 사용되었을 뿐만 아니라, 일본 정부의 대륙 진출 및 중국연구의 기본 자료로 유용하게 활용되었다.[11]

낙선당의 회원들이 중국 각지의 정보를 수집하는 과정에서 중국 관헌이나 군인에게 발각되어 투옥되는 것은 물론, 중국 사천지부의 이시카

---

10 渡辺龍策, 『大陸浪人』, 番町書房, 1967年, p. 116.

11 東亞文化研究所編, 『東亞同文會史』, 霞山會, 1988年, p. 12.

와(石川伍一)를 비롯하여, 우라 게이치(浦敬一), 히로오카(廣岡安太) 등은 목숨까지 희생되는 경우도 있었다. 하지만 그들의 정보 수집 활동은 1890년 상하이의 '일청무역연구소' 창립에 이르기까지 3년 정도 계속되었다. 특히 그들은 정보를 수집하는 과정에서 "중국인과 조우하였을 경우에는 행동과 말을 조심하고, 이야기의 내용을 상업적인 것으로 위장하여 상인으로 행동할 것"[12]이라는, 행동지침서의 내용을 외우고 있었다. 즉, 낙선당 회원들은 약과 서적을 판매하는 중국인 행상으로 변장하여, 중국어를 사용하는 등 완전한 중국인처럼 행동하였다.[13]

낙선당의 대륙낭인들은 군사, 정보활동에 전념하였지만, 한편으로는 본래의 정보 수집 활동과 거리가 먼 상업 활동에도 종사하였다. 낙선당의 상업 활동은, 1879년 중국 상하이에 파견된 이주인(伊集院兼雄) 대위의 상하이 낙선당의 지원에 힘입어 본격화되었다.[14] 그러나, 초창기의 상품 판매는 일본 본토로부터의 직접 구입이 아니라, 이주인의 상하이 낙선당으로부터 약간의 약재나 서적 등의 잡화를 위탁 판매하는 소규모의 상업 활동에 머물고 있었다. 그러나 대륙낭인의 증가와 함께 기숙생의 증가 그리고 방문객의 보호를 위한 목적에서 낙선당의 거처를 기존의 중국인 마을에서 일본인 거주지로 옮기면서부터 상업 활동의 규모도 자연히 증가하였다.[15] 물론 판매에 필요한 물품은 일본에서 직

12 葛生能久, 『東亜先覚志士記伝(上)』, 大空社, 1997年, p. 347.

13 前掲, 『東亞先覺志士記伝(上)』, p. 371.

14 東亞同文会編, 『対支回顧錄』, 原書房, 1968年, p. 227.

15 村上勝彦, 「産業革命初期の日中貿易」, 『東京経学会誌』, 第174号, 東京経済大学, 1992年, p. 67.

접 구입하였다. 이러한 상업 활동이 가능할 수 있었던 것은 한커우 영사관의 마치다(町田實一) 영사의 지원과 농상부 당국자의 묵인이 있었기 때문이다. 이들의 지원과 보호에 의해 낙선당은 오사카와 고베 그리고 도쿄와 요코하마의 무역상으로부터 다양한 상품을 직접 위탁, 판매할 수 있었다.[16]

앞에서도 언급하였지만, 한커우 낙선당의 활동과 목적은 중국과의 무역이나 상업에 있지 않았으며, 중국 내지를 정탐하는 정보활동이 회원들의 주된 임무였다. 한커우 낙선당 회원에는 정한론(征韓論)의 본거지인 구마모토(熊本) 출신자가 많다는 점과 중국전문가 양성소로서 시작된 동양학관[17] 출신자가 많다는 것은 동 단체의 목적이 중국과의 무역 증진에 있지 않았다는 것을 의미한다. 특히 삿사 도모후사(佐々友房)의 고향인 구마모토 출신자가 유독 많은 것을 보면 이 단체가 대륙팽창주의를 지지하는 정치가들의 지원 속에 일본의 대륙 진출을 국가적 사명으로 받아들이던 젊은 청년들로 구성되었음을 알 수 있다.

삿사는 사가(佐賀)의 난(乱)에 참가하였을 뿐만 아니라, 사이고 다카모리(西郷隆盛)의 정한론에 동조하여 세이난(西南) 전쟁에도 참가한 인물이며, 대륙팽창주의자로 알려져 있다. 그는, "우리 구마모토 현에는 세이난 전쟁의 그 기개가 아직도 남아 있다. 이 기세를 살려서 해외로 나아가 중국과 조선에 세력을 떨친다면, 많은 사람들의 선각자가 될

16 井上雅二, 『巨人荒尾精』, 佐久良書房, 1901年, pp. 30-31.

17 동양학관은 현양사의 사장인 히라오카 고타로(平岡浩太郎)와 『대동합방론』의 저자인 다루이 도키치(樽井藤吉) 등이 중심이 되어 향후 중국 진출을 위한 중국전문가 양성의 취지에서 결성되었다.

수 있다"[18]라고 주장한 대외강경파이다. 따라서 한커우 낙선당의 활동 중에는 일부 상업 활동도 있었지만, 이것이 한커우 낙선당의 주된 목적이었다고는 할 수 없다. 또한 낙선당은 러시아 남하와 중국의 반식민지화 그리고 조선반도를 둘러싼 일청 대립 등 향후 동북아시아의 변화를 예측하고 그 대응책을 모색하는 일련의 과정 속에서 정보 수집 차원에서 설립된 단체라고 규정지을 수 있을 것이다. 이것을 뒷받침할 수 있는 것은 아라오 본인이 참모본부 소속의 현역 군인이었다는 사실이며, 또한 당시 한커우 초대 영사가 아라오와 밀접한 관계에 있었던 외무성의 마치다 영사였다는 점 그리고 그의 전적인 협력과 보호, 지원에 의해서 이 단체가 운영되었다는 사실이 무엇보다도 중요한 의미를 가지고 있다.[19]

이러한 일련의 과정과 운영 및 활동을 종합적으로 판단해 보면, 한커우 낙선당은 기시다의 지원과 협조에 의해 시작되었지만, 참모본부의 지시에 의해 설립된 소규모 정찰대의 성격을 띠고 활동하였다고 볼 수 있다. 특히 그들은 중국 개조와 러시아 남하에 대한 대응이라는 대의명분을 내세워, 청조의 궁정은 물론, 주요 지역의 정황을 종합적으로 분석, 검토하여 외무성 및 참모본부에 정기적으로 보고하였다.

18 前掲, 『巨人荒尾精』, p. 30.

19 東亞同文会編, 『対支回顧録(下)』, 原書房, 1968年, pp. 96-97.

Ⅱ. 일청무역연구소

1. 일청무역연구소의 설립

한커우 낙선당을 실질적으로 운영한 아라오는 장래 중국대륙과의 다방면의 교류에 필요한 인재를 양성할 필요가 있다는 것을 인식하고, 상하이에 무역연구소를 설립할 것을 계획하고 있었다. 이러한 무역연구소 설립 계획은 아라오 자신의 오랜 중국 체류 경험을 바탕으로 추진되었으며, 정부의 협력을 얻기 위해 아라오는 1889년 4월 잠시 귀국하였다.[20] 그의 일시 귀국은 '무역연구소' 설립 구상 때문에 이루어졌지만, 한편으로는, 그때까지의 대중국 활동과 향후 대중국 정책의 기본방향과 전망을 정부나 참모본부에 보고, 설명하기 위한 것이었다.

아라오는 자신의 대중국 활동과 대중국 전략이 담긴 「復命書」를 같은 해 5월에 참모본부에 제출하였다. 복명서는 일종의 중국 정탐 보고서였지만, 향후 일본의 중국 진출의 수단으로 쓰일 만한 군사적인 내용은 물론, 일중 무역 강화를 위한 구체적인 내용도 함께 담겨져 있었다. 이 보고서에는 중국 사정이 상세하게 기록되어 있었기 때문에, 당시 중국 시장에 어두운 일본 상인은 물론, 정부관계자도 대중국 지침서로 유용하게 활용할 수 있는 귀중한 자료가 되었다. 복명서는 현지조사 결과를 토대로 2만 6천 자가 기록되어 있으며, 총 6장으로 나누어 기술되어

20 前揭, 『巨人荒尾精』, p. 36.

있다.[21]

아라오는 여기서, 청국이 비록 국방에 힘을 쏟고 외세에 의연하게 대처하고자 하는 의지는 보이고 있지만, 이것은 일시적인 방편에 지나지 않아 중국의 국운을 반석 위에 세우지 못할 것이라고 판단하였다. 즉, 외세에 대한 일련의 노력과 조치는 보이지만, 이것은 일시적 국맥을 유지하는 것에 그치는 것으로, 결코 국가 대운의 기초를 세우지는 못할 것이라고 주장하였다.[22] 그 근거로 통치구조의 비효율성과 청조의 부패라고 그는 단정지었다. 복명서에는 청조가 만주족과 한족을 분리 통치하였기 때문에 행정효율성의 저하를 초래하였을 뿐만 아니라, 관리의 부정과 부패를 만연케 하였다는 것 그리고 관리의 부패가 정치 불신과 재정 파탄의 주요한 요인이 되었음이 지적되어 있다.[23] 특히 국가 재정 파탄의 주요 원인은 관리가 사리사욕을 채우기 위해 중간에서 국가 세수(稅收)를 착복한 점, 즉 관리의 부정, 부패가 청조를 망국으로 이끌고 있다고 그는 지적하였다.

이러한 중국의 국내 문제를 논하면서, 아라오는 서구열강의 중국 상권 잠식은 물론, 향후 일본의 대응책에 대해서도 언급하였다. 당시 중국의 상권을 대부분을 장악하고 있었던 국가는 단연 영국이었지만, 영국에 못지않게 러시아를 비롯하여 프랑스, 독일 등의 서구열강도 중국 내의 상권을 장악하여 많은 이권을 챙기고 있었다. 러시아는 만주를 비롯하여

21 翟新, 「荒尾精の中国観」, 『法学政治学論究』, 第29号, 慶應義塾大学出版会, 1996年, p. 41.

22 前掲,, 『対支回顧錄(下)』, pp. 472-474.

23 上掲, pp. 476-478.

몽골, 티베트 등 중국 북부에서 자국의 영향권을 형성하고 있었으며, 프랑스와 독일도 각각 자국의 상권을 유지, 확장시키고 있었다.[24] 이러한 중국 내 서구열강 중심의 상권 형성은 후발국가인 일본으로서는 받아들이기 힘든 현실이었다. 일본은 1880년대 면사, 방적의 획기적인 성장을 계기로 자본주의 시장 진입의 발판을 만들었지만, 서구 열강에는 크게 미치지 못하는 실정이었다.[25] 당시 일본은, 노동집약형의 후진 자본주의 수준에 지나지 않는 극히 열악한 환경에 놓여 있었다. 이러한 열악한 경제구조에서는 국민의 상품구매력은 현저히 낮을 수밖에 없으며, 더욱이 상품 판매의 판로는 국내에 한정되어 국내 시장은 포화상태였다.[26] 이러한 국내 경제 상황을 일시에 해결할 수 있는 것은 해외 시장을 개척하는 것이었다. 그러나 당시 일본은 자본의 빈약성, 기술의 후진성 그리고 정치적, 군사적 역량 부족으로 중국에 대한 수출입선 확보는 물론, 안전하게 통상권을 유지, 확보할 수 있는 국가경쟁력을 갖추고 있지 못하였다.[27] 따라서 아라오는 일본의 중국 진출과 상권 확보를 도울 수 있는 무역연구소를 구상하였다.

일중 통상의 역사는 오래되었지만, 에도막부시대에는 나가사키(長崎)를 통해서 제한적으로 이루어졌다. 그리고 1871년 일청수호조약(日清修好条約) 체결에 의해 무역통상이 조직적으로 전개되었지만 서구열강

24 前掲, 翟新, 「荒尾精の中国観」, p. 43.

25 籠谷直人, 「1880年代の日本をとりまく国際環境の変化」, 『経営研究』, 第2巻第2号, 愛知学泉大学経営研究所, 1989年, pp. 216-219.

26 井上清, 『日本の歴史(下)』, 岩波書店, 1988年, pp. 67-68.

27 藤村道生, 『日清戦争』, 岩波書店, 1976年, pp. 20.

처럼 활발하지는 못하였다. 더욱이 일청 양국의 무역 규모도 크지 못하였을 뿐만 아니라, 양국의 무역을 관장하는 무역 창구도 활성화되어 있지 않아 개인이나 회사가 경영하는 중국 지점은 거의 없었다. 1884년 12월 당시 중국 한커우에 개점하여 활동하고 있었던 것은 낙선당 정도였다. "일본 상인의 세력은 어디에도 찾아볼 수 없었다"라고 단정하였을 정도로,[28] 중국 전역에 걸쳐 일본 상인은 극히 소수에 지나지 않았다. 당시 중국 상하이에는 단 49명의 상인만이 활동하고 있었다.

이와 같이 중국에서 일본의 상권은 질적인 측면은 물론, 양적인 측면에서도 열악한 상황에 놓여 있었다. 이러한 일본 상인의 열악한 상황을 누구보다 잘 인지하고 있었던 한커우 영사 마치다(町田實一)는 1888년 3월 외무대신에게, "본관이 처음 중국에 부임한 이래 10여 년간의 견문을 바탕으로, 현지의 상황과 장래의 계획을 작년 기밀보고서 제1호에 보고한 것처럼, 일청 간의 무역을 진작시키기 위해서는 전후 사정을 주의 깊게 파악해서 중국인과 동일하게 전심전력을 다하지 않으면 승산이 없다"[29]라는 내용을 담은 보고서를 제출하였다.

1882년과 1883년을 기준으로 당시 일본의 아시아 무역은 수출이 16.8%에서 31.6%, 수입은 30.3%에서 45.1%까지 상승하였으며, 수출과 수입에 있어서 가장 의존도가 높은 곳은 홍콩을 비롯한 중국 시장이었다.[30] 따라서 일본 정부는 아시아 무역의 비중을 중시하고 아시아

28 松岡恭一·山口昇編, 『沿革史日清貿易研究所東亜同文書院』, 東亜同文書院学友会, 1908年, p. 3.

29 角山榮, 『「通商国家」日本の情報戦略』, 日本放送出版協会, 1988年, p. 151.

30 前揭, 籠谷直人, 「1880年代の日本をとりまく国際環境の変化」, p. 213.

진출은 물론, 중국 진출을 다각도로 검토하고 있었다. 하지만 마치다 영사가 지적한 것처럼, 중국 시장에 있어서 일본 상인의 경쟁력은 그렇게 낙관적이지 못하였다. 특히 중국 상인들은 자국의 정치력 약화와 부재 그리고 서구열강들의 이권 유지와 확대 속에서도 자국의 이점을 최대한 활용하면서, 자국 상권의 방어는 물론 확대에 전력을 기울이고 있었다. 심지어 일본 국내의 고베시조차도 중국 무역은 수출입 모두가 중국 상인의 수중에 있어서 서양인도 감히 넘보지 못하고 있는 실정이었다.[31]

이러한 중국 상인들의 막강한 영향력에 대해 크게 우려하고 있던 일본 정부는 1885년 4월 오사카 상법회의소(大阪商法会議所)에서 일본인 상인을 대상으로 한 전반적인 상업 교육을 위한 모임을 개최하였다. 당시 문부상이었던 모리 아리노리(森有礼)가 회의를 주관하였는데, 그는 "동양의 여러 국가 중에서 중국 상인 이외는 상인이 없다. 일본의 상인들은 중국인과 비교해서 상인이라고 부르기에 부족하다. (중략) 지금 서구와 중국과의 관계를 생각하였을 때, 중국 상인은 서구 상인과 비교해서도 탁월하다. 장래 중국이 붕괴되더라도 중국 상인은 결코 붕괴되지 않을 것이다. 생각컨대 중국 상인의 눈에는 군주도 없고, 정치도 없다. 세계의 어느 곳이든 이익이 있는 곳이라면 중국 상인이 있을 것이다"[32]라고 주장하였다. 모리의 이러한 주장과 인식의 저변에는 중국 상인들은 향후 일본 상권을 고사시킬 것이라는 염려가 있었다. 이것은 당시 모리만의 생각이 아니라, 여러 해 동안 중국에서 활동한 아라오도 같은 인식

31 村田誠治編, 『神戸開港三十年史(坤)』, 開港三十年紀年会, 1897年10月, p. 352.

32 木村匡編, 『森先生伝』, 金港堂, 1899年, pp. 204-209.

을 가지고 있었다. 중국의 거대한 시장과 천연자원은 일본의 근대화와 필요불가분의 관계를 형성하고 있었다. 더욱이 중국에서 활동하고 있는 서구열강과의 중계무역도 자연스럽게 이루어질 수 있다는 점이 무엇보다도 매력적이었다. 따라서 당시 일본인 대다수는 중국이 일본에게 기회의 땅이며 하늘이 주는 대시장 내지는 신천지와 같은 곳이라고 인식하고 있었다.[33]

이러한 사실을 누구보다 잘 숙지하고 있던 아라오는 1889년 12월 하가타(博多)의 연설에서, 지금까지 일본 상인이 중국에서 이익 획득은 커녕 손해만 입었다고 주장하면서, 일청 무역에 종사해온 일본 상인이 왜 실패를 하는지, 중국 상인의 기량은 어느 정도인지, 중국 상인이 어째서 일본 상인보다 우월한지, 종래의 실패를 장래에 만회하기 위해서는 무엇을 해야 할 것인지에 대해 질문을 던지면서 그 해결책은 오로지 중국에 대한 연구와 시장 분석에 있다고 하였다.[34]

이를 실천하기 위해 아라오는 군직을 그만두고, 총리대신 구로다 기요타카(黑田淸隆)를 비롯하여, 군부 실력자인 야마가타 아리토모 그리고 대장대신 마쓰가타 마사요시(松方正義), 농산대신 이와무라 미치토시(岩村通俊), 참모본부의 가와카미 소로쿠(川上操六) 장군 등에게 일청무역연구소 설립의 정당성과 당위성을 설명하여, 그들의 지원을 약속받았다.[35] 한커우 낙선당의 동지인 무네가타 등과는 1890년 봄부터 접촉하

33 井上雅二, 『支那論』, 東亞同文会, 1930年, p. 307.

34 小島麗逸編, 『戦前の中国時論誌研究』, アジア経済研究所, 1978年, pp. 13-14.

35 頭山統一, 『筑前玄洋社』, 葦書房, 1977年, p. 181; 前掲, 王希亮, 「大陸浪人のさきがけ及び日清戰爭への躍動」, p. 63.

여 일청무역연구소 설립에 관한 학생 모집과 선발, 중국 상하이까지의 인솔 문제 그리고 개설 후의 운영에 대한 전반적인 협의를 마쳤다. 이러한 과정을 거쳐서 아라오는 1890년 9월 2일 직원과 학생 200명을 데리고 출발하여, 9월 20일 상하이에 도착해서 일청무역연구소를 설립하였다.[36] 이처럼, 일청무역연구소가 설립된 배경에는 아라오의 경험이 중요한 역할을 하였다.

2. 일청무역연구소의 성격

아라오의 중국에서의 오랜 경험적 토대와 일본 정부의 지원을 바탕으로 설립된 일청무역연구소는 청일전쟁까지 유지, 운영되었다. 이와 같이 정부와 군부의 지원에 의해 설립된 일청무역연구소는 청일전쟁에 대비해서 설립되었으며 일본 정부가 단순히 지원하는 것에 그치지 않고 적극적으로 관여하였다는 주장이 있는데[37] 이는 부정할 수 없는 사실이다. 또한 일청무역연구소 설립의 목적을 단순히 군사적인 측면에서만 이해하고 강조한다면, 동 연구소의 설립취지를 완전하게 파악할 수 없을 것이다.

일청무역연구소는 일본이 중국에 대해 점진적으로 진출, 지배하려는 정치적 수단에 지나지 않는다고 생각할 수도 있다. 이러한 주장의 근거는 아라오와 네쓰 하지메(根津一)의 대중국 정략에서 찾을 수 있다. 1889년

36 前掲, 『巨人荒尾精』, p. 50.

37 馮正宝, 『評伝 宗方小太郎』, 熊本出版文化会館, 1997年, p. 91.

봄, 아라오는 참모본부 중국부에 근무하고 있던 육군 중위 네쓰 하지메(根津一)와 대중국 정략을 협의하면서, 중국 진출의 첫 번째 수단으로 우선 경제적인 사업을 일으키고, 나아가 정치적 방면에 힘을 쏟아야 한다는 결론을 도출하였다.[38] 이는 곧 상하이에 일청무역상회를 설립하여 그곳을 거점으로 삼아 점차적으로 한커우, 진강(鎭江), 광둥, 톈진 등에 지부를 설치하고 재능 있는 지사를 내지로 파견하여 상업 및 각종 영업을 경영케 하는 계획이었다. 물론, 평상시는 장래 일본의 전략, 전술 등에 필요한 지식 습득이나 지리와 지형 등의 현지조사에 집중해야 한다는 것이 그들의 궁극적인 목적이었다.[39]

이처럼 일청무역연구소는 군사적인 첩보 활동과 무역 및 상업 활동이 동시에 요구되는 중국 진출의 전위대의 성격을 띠고 있었다. 따라서 "일청 무역의 주된 목적이 국가의 부강을 증진시키는 것"[40]에 있었기 때문에, 일청무역연구소에는 상업 무역의 기능을 담당하는 '상업부'와 군부의 조사기능을 담당하는 '조사부'가 함께 설치되었다. 상업부는 무역 종사자를 교육하는 상업교육기관으로 출발하였기 때문에, 이것이 결국 나중에 중국 동아동문서원(東亜同文書院)의 전신이 되었다.

일청무역연구소의 성격에 관해서는 노마기요(野間清)의 「日清貿易研究所の性格と業績」[41]에도 상세하게 나와 있지만, 이 연구소의 설립이 아라오 개인의 경험과 의지에 의해서 추진되었다고만 볼 수 없다. 물론,

38 前掲, 翟新, 「荒尾精の中国観」, p. 46.

39 前掲, 『東亜同文会史』, pp. 124-125.

40 森時彦, 「東亜同文書院の軌跡と役割」, 『歴史公論』, 第5巻, 1979年, p. 51.

41 野間清, 「日清貿易研究所の性格と業績」, 『歴史評論』, 第167号, 1964年.

무라카미(村上勝彦, 「産業革命初期の日中貿易」)와 하타나카(畑中ひろ子, 「漢口樂善堂の人々」) 등은 아라오의 절대적인 영향력에 의존하였다고 주장하였지만, 이노우에(『巨人荒尾精』)에 의하면, 설립 자금 4만 엔을 야마가타 수상과 마쓰가타(松方正義) 재무장관으로부터 지원 받았을 뿐만 아니라, 육군 참모차장 가와카미는 의회에서 예산이 통과되는 대로 동 연구소를 계속해서 지원하겠다는 약속까지 하였다.[42] 이러한 일련의 과정을 본다면 아라오가 주체적으로 동 연구소를 설립하였다고는 볼 수 없다. 즉, 정부로부터 4만 엔이라는 거금을 지원 받고 향후 지원금을 약속 받은 사실 등을 참조한다면, 일청무역연구소의 설립부터 활동에 이르기까지 핵심 역할을 담당한 것은 일본 정부, 즉 군부였다고 보아야 할 것이다.

또한 동 연구소가 단순히 아라오의 공명심과 의지에 의해서 설립되었다고 보기가 적절하지 않은 부분이 있다. 특히, 1890년 9월 3일 기존의 일청무역상회소 직원 등을 포함하여 200명의 인원은 아라오 개인이 총괄하기에는 너무나 벅찬 일이었다고 보인다. 같은 해 9월 20일 상하이에 설립된 동 연구소의 창립회원을 보면, 다수가 낙선당의 회원이 포함되어 있음을 알 수 있다. 이로써 아라오의 영향력을 인정할 수 있지만, 구마모토 출신의 무네가타는 정한론의 후계자라고도 말할 수 있는 삿사 도모후사의 문하생이었다는 점과, 비록 구마모토 출신이었지만, 현역 군인 장교로서 참가하였던 네쓰 그리고 고야마(小山秋作)와 니시무라(西

42 前揭, 『巨人荒尾精』, p. 47; 前揭, 『東亜先覚志士記伝(上)』, p. 402.

村忠一)가 모두 현역 육군 장교였다는 점을 고려해 보면, 동 연구소는 당시 중국과의 전쟁을 예상하고 개전을 주도한 참모차장 가와카미의 직속 중국문제 연구소 내지는 중국 내정 조사의 정찰대였다고 판단할 수 있다. 따라서 아라오는 중국 현장을 지휘하는 야전 사령관에 지나지 않았다고 결론지을 수 있다.

일청무역연구소는 이러한 과정을 거쳐 일본에서 선발한 150명의 학생을 받아들여 1893년 86명의 졸업생을 배출하였지만, 졸업생들이 본래의 취지인 일중 무역의 인재로 활용되지는 못하였다. 물론, 1893년에는 중국과의 전쟁 준비로 상업·무역업에 종사할 수 없는 사정도 있었지만, 청일전쟁이 일어나자마자 당시 재학생 및 졸업생은 중국어 통역관으로 선발되어 전쟁터에 즉각 투입되어 대다수가 육군 비밀정보요원으로 활동하였다. 이와 같이 동 연구소는 청일전쟁을 눈앞에 두고 자연히 소멸되어 그 출신자는 전쟁통역관과 비밀정보요원으로 활동하였을 뿐, 상업이나 무역업에 종사한 인물은 단 2명에 불과하였다.[43]

그러나 앞에서 언급한 바와 같이, 아라오 개인으로서는 일청무역연구소의 기능을 오로지 군사적인 역할에만 두지는 않았다. 당시 중국 지배를 둘러싼 열강의 각축전 속에서 후발국인 일본이 중국에 진출하는 것은 극히 어려운 일이었다. 당시 아라오가 선택한 행동은 군사력을 바탕으로 한 물리적인 방법이 아니라, 상업무역에 의한 경제적 교류, 즉 소프트 파워의 방법이었다. 그는 문화나 가치 확신, 국제 교류 등 비물

43 전게, 『아시아연대와 일본제국주의』, p. 65.

리적인 힘을 통해서, 중국에 진출하여 영향력을 행사하고자 하였던 것이다.

표 2. 일청무역연구소 직원 현황

성 명	정치적 계통	학 력	직 업	비 고
荒尾精	참모본부	육군사관학교	군인	연구소 소장
根津一	참모본부	육군사관학교	군인	연구소장 대리
小山秋作	참모본부	육군사관학교	군인	간사
西村忠一	참모본부	육군사관학교	군인	간사
宗方小太郎	동양학관			학생감독
原定吉				서무
山崎羔三郎	현양사	구라데(鞍手) 중학교	초등학교 교사	서무
井上佐太郎	참모본부		군인	서무
猪飼麻次郎		게이오대학	나가사키 현립 중학교 교장	교감
御幡雅文	대륙낭인	도쿄 외국어학교		중국어교사
草場謹三郎	참모본부	도쿄 외국어학교	군무원	중국어교사
小浜為五郎				중국어교사
片山敏彦	대륙낭인			중국어교사
井深彦三郎	대륙낭인	英和학교		중국어교사
木下賢良	참모본부	러시아어학교		교사 러시아 유학생
藩文藻				중국인
桂林				만주인
アストル				영국인

출처 : 『対支回顧録』, 『対支回顧録(下)』, 『東亜先覚志士記伝(下)』

일청무역연구소는 중국과의 상업무역을 중시하고 장래의 상업무역업자를 양성하는 교육기관으로서의 성격을 띠고 출발하였지만, 중국 현지에서의 활동, 동 연구소 학생들이 청일전쟁에 참가한 양상 등 <표 2>의 사항들을 참고한다면, 중국과의 통상무역이 주된 업무라기보다는 오히려 중국전문가를 양성하는 단순한 스파이 양성 학교에 지나지 않았다고 평가하는 것이 더 타당할지도 모르겠다. 그러나 "일본과 중국이 제휴하여 부강을 계획하고, 서구열강에 대항하는 길은 양국의 무역을 진작시키는 방법밖에 없으며, 일중 무역에 종사하는 적당한 인재를 양성할 필요성에서 일청무역연구소를 상하이에 설립한다"[44]라고 밝힌 그들의 목적의식을 고려하면, 동 연구소는 상업무역적인 목적과 군사적인 목적을 모두 가지고 설립 및 활동하였다고 보아야 할 것이다. 따라서 군부와 아라오가 일청무역연구소에 요구한 역할은 상이하였지만, 일본의 중국 침략에 이 연구소를 이용하고자 한 점은 동일하였다. 무엇보다도 일청무역연구소에 관해 주목해야 할 점은 일본의 침략 행위지만, 한편으로는 그들의 도전적이고 개척적인 정신 그리고 성취를 위한 철저한 준비성에 주목하지 않을 수 없을 것이다.

당시 대부분의 동아시아 국가들이 사대질서(事大秩序)에 안주하였던 것과는 달리, 일본은 중국 중심의 중화사상에서 벗어나고자 하였을 뿐만 아니라, 서세동점에 대응해서 부강한 국가, 즉 근대적 주권국가를 이룩하고자 하였다. 이러한 일본의 도전 정신과 주체성을 바탕으로 한, 자주

44 前掲, 『東亜先覚志士記伝(上)』, p. 396.

독립과 근대화의 염원 속에서 일청무역연구소가 설립되었으며, 동시에 일청무역연구소는 타 국가의 희생을 일방적으로 강요하는 일련의 침략 과정 속에서 탄생하였다.

Ⅲ. 동아회와 동문회

1. 동아회

동아회는 1896년 도쿄대학교 일부 학생들에 의해 결성된 동명회(同明會) 그리고 와세다 대학교 일부 학생들에 의해 결성된 동인회(同人會)가 설립 모체이지만,[45] 이들 학생뿐만 아니라 진보당계열의 정치가와 '日本新聞社'의 일부 인사들이 함께 1898년 봄 결성한 단체이다. 동인회는 와세다 대학 내에서 중국에 관심을 가지고 있던 이노우에(井上雅二), 하니와라(埴原正直), 가시와바라(柏原文太郎), 구와다(桑田豊藏), 요시다(吉田俊雄), 오우치(大內暢三) 등의 일부 학생들에 의해 시작되었다. 그들은 당시 태국 공사 이네가키(稲垣満次郎)와 육군 소장 후쿠시마 야스마사(福島安正)를 비롯하여 진보당(進步黨)의 오이시(大石正已)를 초청하여 매주 한 번 동아시아 정세와 중국문제에 대해서 강연을 듣기도 하였으며, 동인회를 통해서 중국의 혁명가인 량치차오(梁啓超), 캉유

45 永見七郎, 『興亞一路 井上雅二』, 大空社, 1997年, p. 138.

웨이(康有爲) 등과 교류를 하기도 하였다.[46]

특히 그들은 참모본부 차장 가와카미의 지원을 받았을 뿐만 아니라, 중국문제에 대한 대응 방안과 중국 사정을 소개받았다. 동인회에는 기존의 회원을 포함하여, 이누카이 쓰요시(犬養毅), 오자키 유키오(尾崎行雄), 하토야마 가즈오(鳩山和夫),[47] 시마다 사부로(島田三郎), 도쿠토미 이치로(德富猪一郎), 다카다 사나에(高田早苗), 이치시마 켄기치(市島謙吉), 우키다 가즈타미(浮田和民) 등이 합류하여, 학생그룹, 정치가, 사상가로 구성된 시사단체로서의 면모를 갖추게 되었다.

동명회는 도쿄대학 내 중국문제에 관심을 가지고 있던 일부 학생들에 의해 시작되었다. 당시 도쿄대학에는 외교문제에 관한 연구회가 있었다. 이것이 동명회의 모태가 되었다. 이 모임에 참석한 회원은 오바타(小幡酉吉), 야마가와(山川端夫), 다카즈키(高月一郎), 무라이(村井啓太郎), 안도(安東俊明), 하라구치(原口聞一) 등이었으며, 이들도 동인회와 같이 량치차오와 캉유웨이 등 중국 개혁파와 교류하였다.[48] 이와 같이 동아회의 전신인 동명회와 동인회는 소규모 중국시사단체로 활동하였지만, 1898년 현양사의 사장인 히라오카 고타로(平岡浩太郎)의 주선에 의해서 양 단체는 통합하게 된다. 「對支回顧錄」에는 동아회의 결성 경위가

---

46 井上雅二, 『興亞一路 井上雅二』, 刀江書院, 1939年, p. 20.

47 하토야마 가즈오(鳩山和夫)는 우익정치 단체인 흑룡회, 현양사와 깊은 관계를 가졌으며 중의원 의장을 역임하였다. 하토야마 이치로 수상(鳩山一郎, 1954년 12월 ~ 1956년 12월, 자민당 초대 총재)의 아버지이며, 하토야마 유키오(鳩山由紀夫) 수상(2009년 9월 16일 ~ 2010년 6월 8일)이 하토야마 이치로(鳩山一郎)의 손자이다.

48 酒田正敏, 「対外硬の運動」, 『法学会雑誌』, 第10巻 2号, 東京都立大学法学部, 1970年 3月, pp. 336-337.

아래와 같이 언급되어 있다.

> 청일전쟁 전후 아라오(荒尾精)와 관련된 인물 및 일본신문사, 정교사(正教社) 동인(同人)들 사이에서 중국문제에 관한 모임이 열렸다. 후쿠모토(福本誠)의 중국 도항 송별회가 열린 자리에 미야케(三宅), 구가(陸), 이케베(池辺) 등 도쿄대학과 와세다 대학의 학생 수십 명도 있었다. 그들은 후쿠모토(福本誠)의 중국 도항 송별회에서 모임에 대한 구체적인 안(案)이 나왔으며, 며칠 후 정교사에서 다시 모임을 열었다. 그들은 중국문제를 연구하는 소규모의 시사단체를 구상하고, 이노우에, 가가와(香川悦次)를 간사로 임명하고 단체의 조직과 목적을 정한 후, 1898년 봄 히라오카 고타로의 중재로 에토 신사쿠 일파와 회동하여 동아회를 결성하였다.[49]

이처럼 중국에 대한 소규모 시사단체로 출발한 동아회는 다음과 같은 결의를 하였다. 즉, "첫째, 기관지를 발행하고 이는 에토 신사쿠(江藤新作)가 담당할 것. 둘째, 시사문제를 연구하고 소견을 발표할 것. 셋째, 요코하마(横浜)와 고베(神戸)에 거주하는 중국인 중에 독지기(篤志家)를 입회시킬 것. 넷째, 광서제(光緒帝)를 보좌하고 변법자강운동을 추진한 캉유웨이와 량치차오를 입회시킬 것" 등이다.[50] 이러한 결의를 가지고, 매달 한 번 도쿄에서 모임을 가졌을 뿐만 아니라, 매달 한 번 잡지 『東亞

49 上揭, pp. 334-335; 東亞同文会編, 『対支回顧録(下)』, 原書房, 1968年, pp. 875-876.
50 前揭, 『対支回顧録(上)』, p. 680.

細亞』를 발간하며 목적의 달성을 꾀하였다. 사무소는 간다(神田)의 정교사에 개설하고 『日本及び日本人』의 주필 가가와와 이노우에가 맡았다.[51] 이와 같이 동 단체는 처음부터 조직적이고 구체적인 정치 단체였다기보다는 처음에는 소규모의 '중국문제연구소'로 출발한 중국 시사 모임에 지나지 않았다.

당시 중국문제를 연구하는 이러한 소규모의 연구단체는 서구열강의 중국 침탈이라는 약육강식의 국제 현실 속에서 일본의 대륙 진출과 일본의 독립이라는 국시(國是)를 실현코자 하는 사회적 분위기와 맞물려, 정치가는 물론 젊은 청년들에게 관심을 불러일으켰다. 그들은 중국에 대해 다음과 같이 인식하고 있었다.

> 중국은 일본과 순치보거(脣齒輔車)의 관계에 놓여 있을 뿐만 아니라, 아시아의 중원에 위치하고 있다. 중국을 보호하고 지킬 수 있다면 아시아를 지배할 수 있다. 중국을 잃어버린다면, 이는 아시아를 잃는 것과 같다.[52]

이처럼 당시 일본은 가까이 있는 중국이 망하면 일본도 위태로워진다며 중국을 운명공동체로 인식하고 있었다. 특히 후쿠모토는 중국을 운명공동체로 볼 수밖에 없는 것은 중국의 멸망이 단순히 중국의 멸망만으로 그치는 것이 아니라, 아시아인 전체의 좌절과 불행으로 이어질 수

51 前揭, 『興亞一路 井上雅二』, p. 20.

52 塙薫藏, 『浦敬一』, 淳風書院, 1924年, p. 176.

있기 때문이라고 보았다.[53] 그는 중국 개혁파의 지도자인 캉유웨이와 량치차오 등은 물론, 중국의 붕괴를 주장하는 쑨원도 일본이 지원 및 보호해야 한다고 주장하였다.[54]

1898년 캉유웨이와 량치차오의 변법자강운동이 보수파 서태후로 인해 실패하여 곤경에 빠지자, 동아회는 개혁파 량치차오에 대한 지원을 결의하는 한편, 안도, 무라이, 사토(佐藤宏) 등은 오쿠마 시게노부(大隈重信) 외무대신, 하토야마 가즈오(鳩山和夫) 외무차관 등을 방문하여 량치차오 등의 개혁파 인사를 보호하고자 일본으로 망명시켜 주기를 부탁하였다. 그 결과, 외무성 및 동아회의 관계자들에 의해 량치차오는 일본에 망명하였으며, 우익 정치단체 현양사의 히라오카와 도야마 미쓰루(頭山滿)의 도움으로 량치차오는 일본에서 자유롭게 망명생활을 할 수 있었다.

이와 같이, 동아회는 중국문제에 대한 뚜렷한 목적의식을 가지고 출발하였지만, 동 단체 및 회원들의 활동은 미미하였다. 그러나 동아회는 아래와 같이 중요한 특징을 지니고 있다. 첫째, 1898년 11월 동아동문회 설립에 있어 인적 구성의 중심축으로 참가하였다는 사실이다. 둘째, 진보당 계열의 정치가, 즉 히라오카, 이누카이, 시바(柴四朗), 고무치 도모쓰네(神鞭知常), 에토, 하토야마 등의 대외강경파가 이에 대거 참여하여 동아동문회의 정책노선에 많은 영향을 미쳤다. 셋째, 동아회의 회원

53 福本誠, 「我等の支那」, 『日本人』, 第7号, 1895年10月.

54 前掲, 『対支回顧録(下)』, p. 878; 翟新, 『東亜同文会と中国』, 慶應義塾大学出版会, 2002年, pp. 70-71.

을 구분하면, 학생그룹, 일본신문사와 정교사 그룹에 속한 구가 미노루(陸実), 미야케(三宅雪嶺), 이케베(池辺吉太郎), 가가와(香川悦次) 등의 언론인 그리고 진보당 계열의 정치가 등으로 구분 지을 수 있다. 넷째, 청조와의 연대 의식은 동문회에 비해 희박하였다. 다섯째, 변법자강운동을 추진한 캉유웨이와 량치차오를 회원으로 받아들였을 뿐만 아니라, 쑨원 등의 중국 혁명파를 지원하면서 중국의 보존이 아니라 청조의 붕괴를 주장해, 중국 보존을 주장한 동문회와 구별되었다.[55]

2. 동문회

동문회는 청년 대학생들에 의해 이루어진 동아회와는 달리, 중국대륙을 실제로 경험한 대륙낭인들과 일청무역연구소의 졸업생인 시라이와 류헤이(白岩龍平)의 주선에 의해 고노에 아쓰마로(近衛篤麿)가 중심이 되어 성립되었다. 즉, 아라오 중심의 한커우 낙선당과 일청무역연구소 그리고 당시 귀족원 의장 고노에가 결성한 중국에 대한 연구 단체였다. 『對支回顧錄(下)』에는 "1898년 3월, 무네가타와 이데(井手)는 한커우(漢口)에서 회합하였다. 이들은 중국인의 마음을 일본 쪽으로 돌리기 위해 일청 양국 유지들 간의 소통에 도움이 되는 동문회를 계획하였다. 무네가타는 상하이에 있는 중국 유지들과의 교류를 주선하기 위해 상하이에 머물고 있었지만, 이데는 일본 유지들과 중국 유지들과의 회동을 주

55 大畑泰次郎·宮本盛太郎, 「東亞文化研究所編集『東亞同文会史』」, 『政法論集』, 第11·12号, 京都大学教養部法政研究室, 1992年, p. 23.

선하기 위해 혼자서 도쿄에 귀향하였다. 도쿄에 있는 유지들 중에 나카니시 마사키, 시라이와 류헤이(白岩龍平) 등과 협력하여 동문회 설립에 이르게 되었다"[56]라고 동 단체의 성립 과정이 밝혀져 있다.

여기서 도쿄의 유지인 시라이와의 협력을 얻어서 동 단체 결성에 이르렀다는 사실은 『近衛日記(2)』에 "1898년 6월 13일 고노에는 오후에 시라이와의 소개로 나카니시, 이데와 면담하였다. 그 자리에는 오우치(大内暢三)도 함께 있었고, 면담의 내용은 중국문제였다"라고 명확하게 기술되어 있다. 이를 통해, 고노에는 시라이와를 통해서 아라오와 연결되었음을 엿볼 수 있다. 그리고 이것이 계기가 되어 다음날 14일 오후, 고노에는 나카니시, 이데, 시라이와, 오우치 등과 면담하면서 동문회 설립에 대해서 논의하였다. 이 자리에서 동문회에 지원할 것을 약속하고, 규약서 초안을 참석자 4명에게 지시한 사실에서 동문회가 고노에를 중심으로 이루어졌음을 알 수 있다.[57] 그리고 고노에는 영향력 있는 정치가를 회원으로 받아들여 단체의 중량감을 갖기 위해 19일 오전, 당시 아시아 연대를 주창한 정치단체 흥아회의 회장 나가오카 모리요시(長岡護美)를 방문하였다. 물론 나가오카를 동문회에 참가시켰을 뿐만 아니라, 정치가인 다니 다테기(谷干城)도 동 단체에 참가시켰다. 또 신문사업가 이데 산로(井手三郎)가 대륙낭인을 대표하여 고노에에게 동문회의 회장직을 맡을 것을 부탁하였고, 고노에는 이를 수락하였다. 고노에 회장 취임과 함께, 동문회는 다음과 같이 「주의서」를 발표하였다.

56 前掲, 『対支回顧録(下)』, p. 359.

57 近衛篤麿日記刊行会編, 『近衛日記(2)』, 鹿島研究所出版会, 1968年, p. 83.

시국의 변천이 일청 간의 문제를 하루라도 빨리 연구하도록 요구하고 있다. 그러나 그 필요성에 대응할 수 있는 기관이 없는 것이 안타까울 뿐이다. 이에 우리들은 동문회를 창립하여 실제로 연구·검토하는 연구 기관을 만들었다. 본 단체는 정당 이외의 목적을 가지고 스스로 일청 양국 간의 의사를 소통하고 상공업, 무역 발달을 조성하는 데 그 목적이 있다.[58]

당시 동 단체가 결성된 배경에는 위의 「주의서」에서도 알 수 있듯이, 일청 양국 간 무역의 중요성이 크게 작용하였다는 것을 알 수 있다. 이것은 당시 이토 히로부미(伊藤博文)가 제국호텔에서 일본 상공업자에게 중국과의 무역을 성공적으로 이끌어내기 위해서는 중국 사정에 밝아야 한다고 주장한 것과 맥락을 같이하고 있다. 이토는 "중국은 하나의 정부가 통치하고 있지만, 지역의 지세나 기후 풍습과 물산 등이 다르기 때문에 중국과 무역하기 위해서는 미리 무역하고자 하는 지역을 구분하여 그 지역의 민심이나 풍습에 맞는 물품을 가지고 시작해야 할 것이다"[59]라고 하였다.

동문회는 일청 간 문제 연구의 필요성과 상공업 무역 발달을 조성하는 데 그 목적이 있다고 밝힌 만큼, 동 단체의 주된 목적은 중국 시장 개척에 있었다고 판단할 수 있다. 그러나 단순히 동 단체의 목적이 중국과의 무역을 증진하는 데에만 있지 않았다. 아래의 「강령」을 살펴보면,

58 『東亞時論』, 第7号, 1898年6月25日, p. 12.

59 『東亞時論』, 第2号, 1898年12月12日, pp. 56-57.

동문회의 목적이 「주의서」에서 언급된 것처럼 단순히 일청 양국의 무역 증진에만 머물지 않고, 정치적인 목적이 함께하고 있음을 알 수 있다.

1. 본 단체는 동문회라고 칭하고 회관은 아카사카(赤坂) 다메이케초(溜池町) 6번지에 설치한다.
2. 본 단체는 중국문제를 연구함과 동시에 중국 각 분야의 조사에 종사하고 각종 사업의 조성을 계획한다.
3. 본 단체는 상하이에 동문회관을 설치하고 일청 양국 유지의 협동을 꾀한다.
4. 본 단체는 도쿄에는 『時論』 그리고 상하이에는 『東亞時報』를 두어, 양 잡지를 통신기관으로 한다.
5. 본 단체는 상하이에 동문학당을 가지고 양국인의 교육기관으로 한다.[60]

위에서 볼 수 있듯이, 동문회의 「강령」에는 무역 증진뿐만 아니라, 중국 각 분야에 대한 조사를 할 것이 명시되어 있다. 이것은 일본의 대륙 진출에 앞서 동 단체의 첩보 활동을 규정하고 있다고 볼 수 있다. 또한 상하이에 설치된 동문회관을 일청 양국 유지 간의 교류 수단으로 이용하고자 한 점은 향후 일본의 정치, 경제, 군사적 진출에 따른 반일정서를 완화코자 하는 의도에서 이루어졌다고 볼 수 있다. 그리고 상하이에 설치된 동문학당을 양국인의 교육기관으로 활용코자 하는 것은 향후 일본

60 『東亞時論』, 第7号, 1898年6月25日, p. 12.

의 중국 진출에 따른 사전 조치로 마련하였으리라 판단된다. 동문학당을 교육기관으로 이용하면 일본으로서는 많은 이점이 얻을 수 있기 때문이다. 동 단체의 후속기관으로 상하이에 설립된 동아동문서원이 좋은 예가 될 수 있다. 일본은 동아동문서원을 통하여 일본어의 보급은 물론, 친일파 육성을 비롯하여 중국전문가를 양성하였다.

당시 동문회가 반드시 중국 침략을 위한 정치단체였다고는 볼 수 없지만, 그 후 그들의 대중국 행보는 연대에서 침략으로 변모하였다는 사실에 주목해야 할 것이다.[61] 동문회의 설립은 능동적이고 조직적인 대중국 정책 마련 차원에서 이뤄졌으며, 그 목적은 중국과의 무역 증진의 필요성뿐만 아니라, 향후 중국을 둘러싼 열강들의 움직임 속에서 일본의 대륙 진출을 원활하게 추진코자 하는 의도에서 비롯되었다고도 볼 수 있다. 이러한 주장을 뒷받침할 수 있는 것이 동아회와 동문회의 통합이다. 두 단체의 통합은 정부의 요구에 의해 이루어졌다. 즉, 정부는 단체 운영의 효율성을 이유로 두 단체를 통합하기를 요구하였고, 두 단체의 수뇌부는 외무성으로부터의 기밀비 지원을 받고 정부의 요구대로 1898년 11월 통합하였다.

61 坂井雄吉, 「近衛篤麿と明治三十年代の対外硬派」, 『国家学会雑誌』, 第83巻 3·4号, 国家学会, 1970年8月 참조.

제 2 부

동아동문회의 성립

Ⅰ. 시대적 배경

1. 러시아의 남하

아편전쟁 이전의 중국은 주변 국가들로부터 문명의 중심지로 인정받았을 뿐만 아니라, 중화 문화를 전파하는 문명의 전도사이자 동양의 맹주로서 군림하였다. 즉, 조선과 일본을 비롯한 주변 국가들은 중국적 세계관인 중화사상을 인정하면서 중국과의 관계 개선과 유지의 일환으로 조공무역을 행하였다. 그러나 1842년 난징조약의 체결로 종식된 아편전쟁은 주변 국가들의 기본적인 중국관을 뒤흔들었을 뿐만 아니라, 중국도 아편전쟁을 통하여 새로운 서양의 물질문명을 간접적으로 경험하게 되었다. 이와 동시에 중국은 영국을 비롯한 열강과 불평등조약을 맺지 않을 수 없었고, 이러한 불평등 조약은 중국을 서구열강의 각축장으로 전락시키는 출발점이 되었다.

중국은 영국을 비롯하여 독일, 프랑스 등 서구세력의 분할점령에 의해 반식민지 상태에 놓이게 되었을 뿐만 아니라, 근대국가로 변신을 시도하고 있던 일본의 관심이 집중하는 지역이 되었다. 한편 러시아도 열강들의 중국 진출에 고무되어, 1851년 7월 일리(伊犁)회담을 통해 통상조약을 체결하고 자유무역 승인권을 비롯하여 치외법권, 거주권 등의 광범위한 특권을 가지게 되었다. 이 조약을 기반으로 러시아는 신장(新疆)과 몽골에 육로 무역을 확보할 수 있었다.[1] 그리고 1858년 톈진(天津)조약을 또다시 체결하여 명실상부하게 러시아는 중국에서 안정된 무역을 유지, 확보할 수 있게 되었다. 즉, 텐진조약은 러시아의 극동 진출을 용이하게 하는 촉매제 역할을 한 것이다. 그러나 러시아의 중국 진출은 무역권 확대에서 멈추지 않고 영토 확장에도 많은 관심을 가지고 있었다. 러시아는 청조의 기반을 뒤흔든 태평천국의 내란을 이용하여 무력으로 애혼(愛琿)조약을 강제로 체결하여 흑룡강 주변을 러시아에 편입시켜 남하의 발판을 마련하였다.

러시아 남하정책의 구체적인 내용은 시베리아 개척과 만주 진출이었다. 당시 시베리아 개척을 진행하면서 러시아는 만주지역에 많은 관심을 가지게 되었다. 이는 척박한 시베리아를 개척하기 위해서는 많은 노동력과 식량 공급원이 절실히 필요하였기 때문이다. 결국 러시아는 만주를 향해 서서히 남진하고 있었다. 일본 정부의 지도자들 사이에서는 러시아의 위협에 대한 인식이 급속하게 확산되어갔는데, 1890년 5월 아오키(靑木周藏) 외상은 러시아의 남하정책에 대항해서 중국 또는 영국, 독일과의 제휴를 강화하고 러시아 세력을 동시베리아에서 몰아내어야 한다고 강하게 주장하였다.[2] 그러나 러시아는 일본을 전혀 의식하지 않은 채 1891년 시베리아 철도 기공식을 시작으로 본격적인 극동 경영에 착수하기 시작하였을 뿐만 아니라, 조선에 대해서도 그 정치력을 강화하고 있었다.

특히 러시아는 조선에 대한 자국의 정치적 위상을 강화시키기 위해

1 채수도, "근대 일본에 있어서 아시아 연대론", 『일본어문학』, 제35집, 일본어문학회, 2006, pp. 579-580.

2 細谷千博, 「日露.日ソ關係の史的展開」, 『國際政治』, 第31号, 有斐閣, 1966年, p. 4.

일본의 대조선 정책에 간섭하는 일이 잦아지게 되었다. 구체적인 예가 1894년 5월 조선에서 영호남을 중심으로 전개된 동학혁명에 대한 두 나라, 즉 일본과 러시아의 대응이다. 이 사건을 계기로 양국의 대립이 한층 더 가속화되었다. 동학혁명이 일어나자 청일 양국은 6월에 조선에 군사를 파견하였지만, 동학당은 자진 해산하게 되었고, 이것을 빌미로 조선 정부는 양국 군대의 철수를 요청하게 되었다. 러시아는 이것을 기회로, "일본 정부가 조선의 요청을 받아들일 것을 권고한다. 만약 일본 정부가 요청을 거부한다면 중대한 책임을 면하지 못할 것이다"라고 경고하였다. 또한 청일전쟁 후, 러시아는 일본에 "일본이 중국과의 강화조약에서 랴오둥(遼東)반도를 일본이 소유하는 것은 중국의 수도를 위협할 뿐만 아니라 조선의 독립을 위태롭게 하는 것"이자 "향후 극동의 평화를 해치는 것"으로 간주하여 "일본 정부에 랴오둥반도를 영유하는 것을 포기할 것을 권고 한다"라고 주장하기도 하였다.[3]

이와 같이 청일전쟁에서 중국의 패전과 러시아 중심의 삼국간섭은 조선반도와 중국을 둘러싼 패권의 흐름을 크게 뒤바꾸어 놓았다. 이와 같은 상황은 중국에서 러시아의 정치적 영향력을 가속화시켰을 뿐만 아니라, 열강의 이권 쟁탈을 더욱 가열시켰나. 러시아는 조선에서 기존의 기득권 세력이었던 중국과 일본을 배제하였을 뿐만 아니라, 중국에 대해서도 기존의 영국과 독일 그리고 프랑스 등을 제치고 정치력을 극대화하는 방향으로 나아갔는데, 실제로 삼국간섭의 대가로 러시아는 중국으

3 外務省政務局弟3課, 『日露交涉史』, 原書房, 1969年, p. 227, p. 235.

로부터 많은 이권을 차지하게 되었다. 이러한 러시아의 정치력 강화는 중국의 근대화를 후퇴시킴과 동시에 동아시아의 권력 구도를 깨뜨려 새로운 군사적 불안을 가중시키는 불안 요소로 작용하였다. 이러한 상황들은 신흥세력인 일본과의 대립을 불가피하게 만들었던 것이다.

특히 1895년 10월 일본인에 의한 명성황후 시해 사건을 계기로 조선은 국왕과 고관대작은 물론, 민심도 러시아로 기울게 되었고, 러시아에 보호를 요청하는 데까지 이르렀다. 러시아는 이를 이용하여 1896년 8월 자국의 군대를 파견하여 서서히 정치적 영향력을 증대시키려고 하였다. 결국 조선의 고종이 일본의 야욕을 피하기 위해 러시아 공사관으로 피난하는, 이른바 '아관파천(俄館播遷)'이 일어나자, 러일 양국의 대립은 크게 증폭되었다. 이와 같이 조선에 관해서도 러일의 정치적 대립은 증폭되어만 갔다.[4]

러시아가 일본을 자극하는 일련의 사건은 조선에서 그치지 않고, 중국에서도 일어났다. 그 구체적인 예가 1896년 러시아의 로바노프(Lobanov)와 중국의 리훙장(李鴻章) 간에 체결된 러청 밀약이었다. 이 조약은 일본이 러시아와 중국 그리고 조선을 침략하여 점령할 경우에는 러청 양국이 서로 무력을 가지고 협력, 원조할 것을 약속한 방수동맹(防守同盟)의 밀약이었다. 여기에는 일본의 침략을 저지한다는 내용뿐만 아니라, 시베리아 철도를 흑룡강성과 길림성을 통과해서 블라디보스토크까지 연결한다는 내용도 포함되어 있었다.[5] 이 비밀조약에 의해 러시아는 다롄

4 A. 말로제모프(Andrew, Malozemoff), 『러시아의 동아시아 정책』, 지식산업사, 2002, p. 137.

(大連)과 뤼순(旅順)항을 포함한 랴오둥반도의 남쪽을 25년 동안 사용할 수 있는 권리를 확보함과 동시에 남북 650마일의 남만주철도 사용권을 획득하게 되어 남하를 가속화하고 중국에 있어서 러시아의 독보적인 지위를 감히 일본이 넘볼 수 없게 만들었다.[6]

동아동문회는 본질적으로 열강의 중국 분할을 견제하고 중국을 보존하기 위한 하나의 방편에서 설립된 것이 아니라, 러시아의 남하를 저지하기 위한 위기의식에서 결성되었다. 물론 동 단체 대부분의 회원들이 중국전문가로 구성되었다고 하는 점은 중국의 정치적 상황에서 찾을 수도 있겠지만, 근본적인 것은 러시아의 남하정책에 대한 대응논리에서 시작되었다고 보아야 할 것이다.

2. 대륙낭인들의 활동

일본은 일찍이 대륙 진출의 전초기지로 조선을 활용하겠다는 목표에서 조선에 대한 지배력을 강화하기 위해 끊임없이 노력해 왔을 뿐만 아니라, 중국에 대해서도 서구열강과 함께 자국의 이권을 확대하는 데 국력을 집중하였다. 그러나 삼국간섭을 기점으로 극동아시아에 대한 러시아의 정치적 영향력은 크게 증대한 반면, 일본의 정치력은 상대적으로 크게 약화되었다. "삼국간섭의 굴욕을 경험한 일본이 더욱 분발하여 러

5 外務省編, 『小村外交史』, 原書房, 1966年, pp. 106-107.

6 大橋興一, 『帝政ロシアのシベリア開発と東方進出過程』, 東海大学出版会, 1974年, p. 381; 전게, 『아시아 연대와 일본제국주의』, p. 98.

시아에 대항하기 위한 수단으로 가장 필요한 것은 군사력을 바탕으로 한 무력이다. 그러나 정당은 군비의 확장에 정면으로 반대하고 있다"[7] 이와 같이 당시 일본은 러시아의 남하를 경계하면서도 무력이 아닌 평화적인 교섭을 통해서 문제를 해결하고자 하였던 것이다.

이렇게 나약한 정부의 대러시아 외교정책에 불만을 가지고 있던 일본 국내의 지식층과 지사(志士)들 중에는 조선뿐만 아니라 중국으로 건너가 현지조사를 하는 사람들이 늘어나고 있었다. 그중에서도 대러 강경 정치가의 한 사람으로 알려진 현양사의 사장이었던 히라오카 고타로는 자신의 조카인 우치다 료헤이(内田良平)를 1895년 러시아에 파견하여 정탐케 하였다. 현양사 회원인 우치다는 동아동문회의 창립회원으로 참가한다. 그는 러시아 남하의 본거지인 블라디보스토크에 도착하여 현지 대륙낭인들과 함께 주변 정세를 탐문하면서 시베리아 횡단을 준비하였다. 우치다는 "러시아의 사정을 연구하고 복수하기 위해 시베리아 횡단을 결심하였다"[8]라고 하였는데, 러시아의 남하를 저지하기 위한 가장 현실적인 방법과 대응책을 러시아의 내정에서 찾고자 하였던 것이다. 그는 약 1년간의 시간을 투입하여 시베리아를 거쳐 러시아의 수도 상트페테르부르크까지 면밀하게 내정을 조사, 검토하여 본국의 정치지도자에게 러시아의 사정을 보고하였다.

이 보고서에서 우치다는 러시아의 동방 경영은 단순히 시베리아 철도와 만주철도 가설에 그치는 것이 아니라, 중국의 본토를 비롯하여 일

7 前揭, 『東亜先覚志士記伝(上)』, p. 559.

8 西尾陽太郎, 『硬石五拾年譜 内田良平自傳』, 葦書房, 1978年, p. 30.

본까지 위협할 수 있으므로 러시아와의 충돌을 피할 수 없다고 지적하였다.[9] 우치다와 함께 장기간에 걸쳐 시베리아를 횡단하고 중국 내지를 시찰한 뒤 동아동문회의 창립회원으로 참가한 이노우에 마사지(井上雅二)도 러시아의 남하를 우려하고 있었다. 그는 서구열강의 중국 진출은 단순히 자국의 이권 보호와 확장에 그치고 있지만, "러시아는 처음부터 중국을 병합하려 하고 있고, 청국 조정은 이것을 깨닫지 못하고 있다"[10]고 지적하면서, 러시아의 야욕을 일본은 경계해야 할 것이라고 강조하였다. 특히 러시아의 시베리아 철도와 만주철도의 연결은 "동방 무역을 위해서가 아니라, 만주 점령을 준비하기 위함"[11]이라고 지적하면서, 철도 가설이 성공적으로 이루어진다면, 일본에 큰 위협이 될 것이라고 강조하였다. 이노우에는 중국이 피폐하여 부흥의 길이 보이지 않고 있기 때문에, "동방 삼천 년 국체(國體)가 완전하여 침략 받지 않은 나라는 단지 하나의 제국만 있을 뿐, 그것은 유일하게도 일본뿐이다"라고 강조하면서, 중국문제에 대해서 "한시도 지체 없이 대청국시를 정하여, 이것에 따라 거국일치하여 준비하지 않으면 안 될 것이다"라고 주장하였다.[12] 러시아의 남하와 청조의 붕괴를 염려한 사람은 비단 우치다와 이노우에 뿐만은 아니었다. 특히 동아동문회 성립에 결정적인 역할을 한 인물인 아라오를 중심으로 한 대륙낭인들도 빼놓을 수 없다.

9 前揭, 『東亜先覚志士記伝(上)』, pp. 579-585.

10 井上雅二, 『支那論』, 東亞同文會, 1930年, p. 186.

11 上揭, pp. 188-189.

12 上揭, pp. 41-44.

Ⅱ. 동아동문회의 정치적 성격

1. 동아동문회의 결성

동아동문회의 성립에는 러시아의 남하와 대륙낭인들의 활동 등이 크게 작용하였지만, 이것에 못지않게 일본 국내의 시사적인 중국문제 연구단체였던 동아회, 동문회, 동방협회(東邦協會)의 활동이 크게 영향을 미쳤다. 동방협회는 규모가 큰 정치단체로 1891년 5월 결성되었다. 소에지마 다네오미(副島種臣), 다카하시 겐조(高橋健三), 고무라 주타로(小村壽太郎), 구가 미노루, 이케베 기치타로(池邊吉太郎) 등이 중심인물이다. 동방협회는 중국문제에 관심을 가지고 있던 기존의 동아회, 동문회와 함께 1898년 10월 27일 동아동문회에 합병된다. 동방협회는 "오늘날 조약 개정을 주장하는 자는 국제 교섭의 방법을 모르고, 항해무역을 논하는 자는 이웃국가들의 지리를 모르며, 세계의 병세(兵勢)를 모르고 국방을 논하는 자가 있다. 해외 상업과 무역을 모르고 산업의 장려를 주장하는 자도 있고, 멀리 서양의 사정을 아는 자는 있어도 가까운 이웃국가들의 정세에는 밝지 못하다. (중략) 기계공업의 진보가 많은 노동자를 실업자로 전락시키고 있으며, 대량의 공산품은 판로를 개척하게끔 하고 있다. 서양의 여러 국가들은 끊임없이 식민지와 무역지를 찾고 있지만, 이미 동양을 제외하고는 한계에 이르렀다. 따라서 일본과 중국은 서양과의 충돌에 직면하고 있다"라고 당시 국제 정세에 대한 일본의 무지와 서세동점(西勢東漸)의 상황을 지적하면서, "동양의 선도국가를 자임하는

일본제국은 이웃국가의 정세를 파악하여 세력을 외부에 떨쳐야 할 것" 이라고 표명하였다.[13]

동방협회는 결성 당시인 1891년 102명으로 출발하였지만 1892년 790명, 1894년 977명, 1898년 1,200명으로 회원 수가 급격히 증가하였다. 하지만 1900년을 기점으로 회원 수가 점점 줄어들어 1914년에는 사실상 유명무실해지게 된다.[14] 이는 기존의 유력회원들이 1898년 11월 성립된 동아동문회에 흡수되었고, 1901년 2월 대러시아 강경단체로 출발한 흑룡회로 많은 회원들이 이동하였기 때문이다. 이와 같이 동 단체가 동아동문회를 비롯하여 흑룡회 등에 흡수되어 그 존재를 명확히 검토하기는 어렵지만, 당시 동 단체의 회원 중에는 일본 정계의 거물들이 총망라되었다고 해도 과언이 아닐 만큼 단체의 무게감이 있었다. 즉, 일본 정계의 최고 실력자인 이토 히로부미를 비롯하여, 수상을 역임한 이누카이 쓰요시와 오쿠마 시게노부 그리고 구가 미노루, 나카에 조민(中江兆民), 기시다 긴코(岸田吟香), 아라오 세이(荒尾精), 고무라 주타로, 도야마 미쓰루, 고무치 도모쓰네 등은 물론, 당시 귀족원 의장인 고노에 아쓰마로(近衛篤麿)를 포함한 정치가와 관료들이 대거 참가한, 일본 최고의 엘리트 정치집단이었다. 또한 국내의 일본인뿐만 아니라 중국의 혁명가인 량치차오를 비롯하여 한국의 박영효와 김윤식 그리고 아시아 삼국 연대를 목적으로 성립된 흥아회의 책임자인 소네 도시토라

13 安岡昭男, 『明治前期大陸政策史の研究』, 法政大学出版局, 1998年, pp. 217-218, 220-221.

14 上掲, p. 225.

(曾根俊虎) 등도 참가한 것으로 볼 때 동방협회는 단순히 일본 국내 문제를 다루기 위해 성립되었다기보다는 동아시아 문제를 조직적이고 체계적으로 다루기 위한 대외문제 전문연구기관으로 출발하였다고 보아야 할 것이다.

특히 중국문제 및 조선문제[15]와 관련하여 러시아 남하를 저지하고자 하는 의도에서 도쿄의 간다(神田)에 러시아어 학교를 개설하여 학생들을 모집하는 등의 교육사업에도 힘을 기울였다.[16] 그리고 동 단체는 조선이나 중국의 사절단이나 친일적인 인물과의 교류나 정보 교환 등의 활동을 하였는데, 이러한 측면에서 보면 아시아의 부흥과 연대를 지향하는 단체였다고 추측할 수도 있다. 그러나 실제 동 단체의 활동은 의전적인 수준에 머물렀으며 조직적이고 구체적인 활동은 크게 눈에 띄지 않았다. 때문에 그 실제적인 역할은 서구열강의 아시아 침략에 대항하기 위해 주변국의 사정을 조사, 검토하고, 이것을 모체로 일본의 국력증대를 이루는 데 동 단체의 목적이 있다고 볼 수 있다. 동 단체의 활동은 회원들의 송별회와 외국 사절단 친목회 그리고 중국 조사를 위한 '중국조사회' 활동 및 해외 사정을 국내에 소개하는 편찬 사업 등에 그쳤으며, 조직적이고 구체적인 대러시아 활동이나 중국을 비롯한 주변국의 활동은 크게 눈에 띄지 않았다.

따라서 동 단체가 방대한 회원들의 참가와 구성원들의 사회적 지위

---

15 본서의 '조선문제(朝鮮問題)'라는 용어는 '조선을 일본의 영향 하에 두는 것' 또는 '일본이 조선을 식민지화하는 것'을 의미한다.

16 前揭, 『東亞同文會史』, p. 29.

를 살리지 못한 채, 동아동문회에 흡수, 통합된 이유와 배경에 대해서는 아직도 학계에서 분명히 밝혀지지 않고 있다. 다만 필자의 추측으로는 단체의 이념과 정책 대안의 부족, 대다수의 회원이 다양한 정당 소속의 정치가라는 현실 문제, 이해관계의 복잡성 등으로 인해 조직적이고 통일된 정책이 도출되기에는 어려운 점이 많았다는 것이다. 특히 일본 최고의 우익 정치단체인 현양사와 흑룡회 등에서 나타나는 강력한 지도력의 부재가 주요 원인이라고 생각된다.

이러한 시대적 변천을 거치면서 동아동문회는 동아회와 동문회 그리고 동방협회를 흡수하여 1898년 11월 회장에 고노에 아쓰마로, 간사에 구가 미노루, 이케베 기치타로, 사토 히로시(佐藤宏), 이노우에 마사지, 상임간사에 다나베 야스노스케(田鍋安之助)가 취임하면서 결성되었다.[17] 특히 동 단체는 현양사의 간부나 동방협회의 거물 정치가 대부분이 참가하는 일본을 실질적으로 움직이는 엘리트 집합체였다. 물론 동방협회의 거물회원인 이토를 비롯하여 다수의 정치가 회원이 명부에는 없었지만, 동 단체의 이념을 지지하고 지원을 아끼지 않았다는 점에서 본다면, 정계의 배후로 영향력을 행사하였다고 추측할 수 있을 것이다. 이와 같이 그들은 기존의 소규모 단체에서 느슨한 정치활동에서 벗어나 보다 큰 조직에 의한 대규모의 활동을 펼치고 정부의 지원을 얻고자 하는 의도에서 정부쪽의 사람들도 적극적으로 포함시켰다. 특히 정치가나 대륙낭인들과의 연대도 시야에 넣고 추진하였다. 이러한 계획과 노력에 의해

17 石田一郎編, 『東亜時論』, 第1号, 霞山会, 1963年, pp. 3-4.

서 동아동문회의 결성이 이뤄질 수 있었다.

동아동문회의 결성과 함께 「主意書」와 「綱領」이 발표되었다. 동아동문회의 「주의서」에는 "일청 양국의 교류가 오래되었다. 서로의 문화가 통하고 풍교가 서로 같아서 정을 가지고 노력하면 형제의 친함이 있고, 형세를 가지고 말하자면 순치의 관계에 놓여 있다. (중략) 서로의 이익을 나누어 인의를 중요시하며 양국의 사대부는 중류(中流)의 중심이 되어 교류하는 데에 신의를 가지고 대도(大道)를 밝히고 위를 돕고 아래를 규율하여 부강을 이루어야 한다. 이것이 우리가 동아동문회를 설립한 이유라고 말할 수 있다"라고 기술되어 있다. 「강령」의 내용은 다음과 같이 요약할 수 있다. 첫째, 중국을 보전한다. 둘째, 중국의 개선(改善)을 조성한다. 셋째, 중국의 시사(時事)를 연구, 검토하여 실행에 옮긴다. 넷째, 국론을 환기시킨다.[18]

동아동문회의 「주의서」와 「강령」을 통하여 동 단체의 성격과 목적을 엿볼 수 있는데, 동아동문회의 모태를 이루고 있는 동아회와 동문회 그리고 동방협회에서 알 수 있듯이, 동 단체는 우선적으로 중국문제 해결에 그 결성 이유와 활동 목표가 있음이 밝혀져 있다. 즉, 서구열강의 아시아 침략과 러시아의 남하를 저지하기 위한 문제 해결의 열쇠를 중국에서 찾고자 한 것이다. 아울러 동 단체는 일본 중심의 지역적 연대를 실천하고자 하였다.[19]

---

18 前掲, 『東亜同文会史』, p. 32; 「會報」, 『東亞時論』, 第1号, 1898年 12月. p. 1.

19 김경일, "범아시아주의의 '다자성'과 동북아시아 지역다자협력", 『한국동북아논총』, 제10권 4호, 2005, pp. 12-13.

2. 회원의 정치적 배경

동아동문회는 1898년 11월 결성된 이후 1946년 3월 연합국 총사령부의 명령에 의해 정식으로 해산하였다. 그 48년간의 회원 모두를 파악하는 것은 지극히 곤란하므로 『東亞時論』에 수록된 결성 당시의 회원들에 한정해서 파악하기로 하였다. 이와 같은 연구 작업은 동아동문회의 역사적 위치나 정치성향을 밝히기 위한 중요한 단서가 된다고 생각하였기 때문이다. 동아동문회의 본질과 정치적 성격을 보다 정확하게 밝히기 위해 <부록 1>에 회원의 정치적 배경을 출생지와 교육 수준, 직업, 나이 등으로 구분하여 분석, 정리해 놓았다.

표 3. 동아동문회 회원의 출생지별 분포 현황

출신지	인원(명)	출신지	인원(명)
교토(京都)	3	효고(兵庫)	2
구마모토(熊本)	14	나가사키(長崎)	3
후쿠오카(福岡)	13	시즈오카(静岡)	1
아오모리(青森)	3	히로시마(広島)	2
야마구치(山口)	5	나가노(長野)	4
돗토리(鳥取)	1	고치(高知)	2
미에(三重)	1	군마(群馬)	1
오사카(大阪)	2	도쿄(東京)	3
오이타(大分)	1	사가(佐賀)	4
지바(千葉)	2	에히메(愛媛)	1

출신지	인원(명)	출신지	인원(명)
오카야마(岡山)	5	모리오카(盛岡)	1
후쿠시마(福島)	4	가고시마(鹿児島)	4
도야마(富山)	1	가가와(香川)	1
이시가와(石川)	3	야마나시(山梨)	1
아키다(秋田)	1	이바라키(茨城)	3
야마가타(山形)	1	사이타마(埼玉)	1

출처 : 『東亞時論』, 『東亞同文會史』, 『東亜先覚志士記伝』 등 참조.

<표 3>에서 보는 바와 같이, 동아동문회의 구성원은 전국적으로 분포되어 있으며, 기존의 현양사 회원의 분포와 차이를 보인다. 즉, 현양사의 회원은 사장을 비롯하여 대부분의 회원이 후쿠오카 출신에 한정되고 있다.[20] 한 가지 특이한 점은 동아동문회의 구성원이 비록 전국적인 분포도를 보이고는 있지만, 메이지 유신의 주역으로 참가한 사쓰마(薩摩, 鹿児島)와 조슈(長州, 山口) 지역을 비롯하여 주변 지역 출신 인물이 다수 차지하고 있다는 사실이다. 이 지역은 오래전부터 조선 진출과 중국 진출을 일본의 국시로서 받아들이고 일본의 대륙 진출을 적극적으로 주장한 사이고 다카모리(西郷隆盛)의 정치적 배경지이기도 하다. 이 사실은 동아동문회가 기존의 현양사처럼 지역적 동질성을 가지고 있지 않았으며, 일본의 대륙 진출을 전면적으로 지지하는 전국적 규모의 대외 강경 정치난체로 출발하였다고 볼 수 있다.

20 전게, 『아시아 연대와 일본제국주의』, p. 114.

표 4. 교육 수준별 동아동문회 회원 분포 현황

학교명	인원(명)	학교명	인원(명)
도쿄(東京)대학	16	니쇼가쿠사(二松學舍) 대학	1
와세다(早稲田) 대학	9	가쿠슈인(學習院) 대학	1
쥬오(中央)대학	5	외국어학교	4
도쿄사범학교	1	호세이(法政) 대학	1
도시샤(同志社) 대학	2	규슈 가쿠인(九州學院) 대학	1
게이오(慶應) 대학	7	기타 일반 학교	8
라이프치히 대학 (오스트리아)	1	릿쿄(立教) 대학	1
		메이지(明治) 대학	1
캠브리지 대학(영국)	3	사법성 법학교	3

출처 : 『東亞時論』, 『東亞同文會史』, 『東亜先覚志士記伝』 등 참조.

<표 4>에서 알 수 있듯이, 당시 동 단체의 운동 방향을 설정하고 실제로 지도한 인물은 도쿄대학을 비롯한 와세다, 게이오, 쥬오 대학 등에서 대학 교육을 받고 해외 유학을 경험한 지식층이었다. 우리가 흔히 일본의 우익 단체를 평가할 때, 학력의 배경이 전무한 무학의 폭력적 집단이라고 인식하는 경향이 있지만, 당시 사회적 상황을 고려하였을 때 동 단체는 교육적 수준이 높았을 뿐만 아니라 실질적으로 근대 일본을 전면에서 지도하고 이끄는 증기기관차의 동력과 같은 역할을 하였다고 볼 수 있다.

<표 5>와 같이 동 단체 회원의 직업은 정치가에서 사업가에 이르기까지 다양하게 나타나고 있다. 특히 회원들 중에는 한국과 중국 그리고 시베리아를 횡단해 러시아 본토까지 나아가 현지의 사정을 염탐하여 동

표 5. 직업별 동아동문회 회원 분포 현황

직 업	인원(명)	직 업	인원(명)
정치가	28	사업가	15
언론인	25	변호사	1
공무원(외무성, 관료)	10	종교인	3
군인	2	혁명가	1
학자 및 교육자	7		
대륙낭인	일정한 직업이나 안정된 직업은 없지만, 조선, 중국, 만주, 러시아 등에서 조사활동을 하면서 일본의 대륙 진출에 일조하였다.		

출처 : 『東亞時論』, 『東亞同文會史』, 『東亜先覚志士記伝』 등 참조.

단체의 정치적 방향 설정과 문제 해결에 도움을 줄 수 있는 현지의 반체제 집단과 반체제 인사를 포섭하는 등 중국문제 해결을 위하여 실천적 행동에 참가한 사람들도 다수 포함되어 있다. 그들 중에는 앞에서도 언급한 바와 같이, 전시에 통역관이나 첩보원으로 최전선에서 활동한 이들도 있었다. 그리고 사업가도 참여하고 있는 것으로 보아, 이들이 동 단체의 국내외 활동에 필요한 자금을 지원하였으리라 판단할 수 있다. 또한 이들은 중국문제가 해결된다면 자신의 사업적 기반과 이익을 중국에서 얻겠다는 계산을 하였다는 것도 추측할 수 있을 것이다.

또한 동 단체의 대다수 회원이 대륙낭인을 비롯하여 정치가와 언론인인 점에 주목하지 않을 수 없는데, 특히 정치가는 자신의 정치적 이념을 동 단체를 통해서 실현하고자 하는 측면과 정치적 기반으로 동 단체를 이용하고자 측면도 있었다. 그리고 언론인들은 자신이 소속하고 있는 신문과 기관지를 통해서 대륙 진출의 여론 조성과 동 단체의 이념과 목적에 맞추어서 활동하였고, 정부에 중국문제를 해결하기 위해 진력할 것을 요구하기도 하였다. 그리고 동 단체의 회원은 대국인 중국과의 전쟁에서 전승을 경험하였다는 것과 삼국간섭이라는 굴욕적인 역사적 사건도 함께 하였다는 점에서, 동북아 상황을 누구보다도 직시할 수 있는 안목을 가지고 있었을 뿐만 아니라 일본의 국가적 방향과 목표도 함께 설계할 수 있는 능력을 갖추고 있었다.

<부록 1>에 나타나는 동아동문회의 초기 회원들의 성향을 근거로, 동아동문회의 성격을 다음과 같이 정리할 수 있다. 첫째, 동 단체는 흥아회, 현양사, 동방협회, 동아회, 동문회, 대륙낭인 그리고 정치가 및 언론인 등으로 구성되었기 때문에 회장인 고노에 아쓰마로를 중심으로 처음부터 강력한 체제를 갖출 수 있는 정치단체가 아니라 여러 파벌의 집합체였다. 따라서 동아동문회는 "1898년 두 개의 흥아(興亜) 단체인 동아회와 동문회의 합병에 의해서 설립되었다"[21]라는 주장이 타당하지 않다.

둘째, 동 단체는 후쿠오카 출신이 다수를 차지하는 현양사와 흑룡회[22]와 같이 조직적이고 역동적인 단체는 아니었다. 즉, 동 단체는 현양사의 '정한론'과 흑룡회의 '소선 병합'과 같은 정치적 문제 해결에 직접

21 栗田尚弥, 「義和団事件と東亜同文会」, 『東アジア近代史』, 東アジア近代史学会, 2001年, p. 41.

22 흑룡회는 현양사, 동아동문회, 자유당좌파, 천우협(天佑俠), 이륙신보(二六新報), 그리고 헌정본당(憲政本黨)의 정치가 중심으로 구성되어 있다. 인적 구성 면에서 보면, 현양사의 중심인물이 다수 참가하고 있으며, 비교적 후쿠오카 출신이 많다. 그러나 한상일 씨가 지적하고 있듯이, 흑룡회는 현양사와 달리 전국적 규모의 단체였다.

적으로 관여하기보다는 각국 인사들과의 친목회와 교류 목적을 내세워 단체의 표면적인 색깔을 문화사업과 교육사업으로 포장하여 현양사와 흑룡회 등과의 차별을 내세웠다. 물론 일본의 '대륙으로의 웅비'라는 궁극적 목적은 같았지만, 그 수단과 방책에는 상당한 차이를 보였다. 즉, 동 단체는 점진적인 방법론인 교육사업과 문화사업을 일본의 대륙 진출을 위한 수단으로 채택하고 있었다.[23]

셋째, 현양사와 흑룡회는 조선문제에 보다 많은 관심을 가지고 있었지만, 동 단체는 중국문제에 보다 많은 관심을 가지고 있었다.[24] 따라서 동 단체는 중국문제 해결을 위한 중국문제연구소로 출발한 정치단체로서 국가정책에 대한 조언과 협력을 아끼지 않았을 뿐만 아니라, 브레인 역할을 수행한 중국문제에 관한 최고의 싱크탱크였다. 넷째, 동 단체는 사상적 측면과 구성원의 인적 측면에서, 현양사, 흑룡회 등 타 단체의 회원들이 중첩적으로 이루어져 있었다. 다섯째, 동 단체에는 다른 정치단체와 달리 국가 중추의 핵심 권력자가 많이 참가하고 있어서, 정부 정책을 보조하는 외곽단체로서의 역할을 뛰어넘어, 국가의 정책을 실천적인 행동으로 추진할 수 있는 강력한 정치단체로서의 역할을 수행하였다. 특

23 阿部宗光·阿部洋編, 『韓国と台湾の教育開発』, アジア経済研究所, 1972年; 前掲, 『東亞同文會と中國』; 愼鏞廈, "우리나라 最初의 近代學校 設立에 대하여"(한국사연구회, 『韓國史硏究』, 亞細亞文化史, 1974년).

24 초기 동아동문회는 중국을 중심으로 한 정치단체였지만, 1899년 조선부 사업을 신설하고, 동 단체의 출판물에서 "중국 및 조선의 개선을 조성한다. 중국 및 조선의 시사를 검토, 연구하여 실행한다"라고 한 점에서 볼 때 조선도 동 단체의 관심 대상이었다고 볼 수 있다. (東亞同文書院編, 『日清貿易研究所·東亞同文書院沿革史』, 東亞同文書院, 1908年, pp. 3-4).

히 <부록 2>에서 볼 수 있듯이, 동아동문회는 역대 일본 수상을 7명이나 배출하였다.

Ⅲ. 동아동문회의 대중국 인식

1. 일중연대론

동아동문회의 대중국 인식은 근대 일본에 있어 중국이 과연 연대의 대상이었는지, 침략의 대상이었는지, 아니면 숙명적으로 연대와 침략을 동시에 받아들일 수밖에 없는 수동적 피치자에 지나지 않았는지를 규명하는 것과 밀접한 관련성을 가진다. 당시 중국은 동아시아 국제정치 속에서 주체적이고 능동적인 외교정책을 펼치지 못하고 있었다. 아편전쟁의 패배는 기존의 대중국 인식을 뒤흔들게 하였을 뿐만 아니라, 중국이 서구열강과의 불평등조약을 맺지 않을 수 없게 하였다. 이러한 불평등조약은 중국을 서구열강의 반식민지로 전락시키는 출발점이 되었다. 결국 중국은 국제정치무대에서 사라지게 되었으며 단지 자국의 안정과 독립을 유지하는 데 국력을 소모하는 노쇠한 국가에 지나지 않게 되었다. 중국의 이러한 현실이 당시 일본의 대중국 인식의 형성에 크게 영향을 끼쳤다. 이렇게 중국의 동아시아 외교정책은 자국 방어에 치중하는 소극적이고 방어적인 수준에 머물고 있었지만, 일본은 국제정세를 면밀히 파악하고 자국의 이익에 맞추어 외교의 강약을 조절하면서 주체적이고 능동적인 외교정책을 펼치고 있었다.

당시 일본에서 중국과의 연대론은 중국 국력의 쇠퇴와 상관없이 정치가는 물론, 일반 지식층 전반에 걸쳐 면면히 흐르고 있었다. 예를 들면, 당시 대부분의 대중국 인식이 그러하듯이, "지금의 청국은 잠자고 있지만, 중국이 각성하면 반드시 단결할 것이다. 만약 영웅호걸이 일어나서 국민에게 충분한 애국심과 충성심을 불어넣는다면 4억의 중국민은 곧바로 당대에 비교할 수 없을 정도로 충신이 될 것이다. (중략) 중국인은 아프리카인, 인도인과는 다른 민족이다"라고 주장하는 정치가도 있었다.[25] 이것은 당시 외무대신 오쿠마 시게노부가 1898년 동방협회 제7차 총회에서 중국보존론을 주장한 연설의 한 대목이다. 그는 중국의 잠재력을 크게 평가하여 양국의 연대를 강하게 주장하였다.

이와 같이 동아동문회와 밀접한 관계를 가지고 있는 오쿠마의 중국 연대론은 동아동문회 상층부의 대중국 인식과 크게 다르지 않았다. 훗날 내각수상을 지내는 동 단체의 간부 이누카이 쓰요시는 청국정부를 침략의 대상이 아닌 연대의 대상으로서 인식하고 있었다. 그는 "청국을 분할하면 그 결과는 어찌될 것인가. 일본은 곧 일위대수(一葦帶水)의 영토에서 열강과 서로 패권을 다투지 않으면 안 될 것이다. 파급되는 영향이 어떠한지는, 내가 보기에 청국 분할은 일본 존망의 큰 문제가 될 것이다. (중략) 청국 스스로가 자각, 혁신을 단행하여 서구열강의 침략의 야심을 봉쇄한다면, 독립과 번영의 목적을 이루는 것은 결코 어렵지 않을 것이

25 渡辺幾治郎, 『日本近世外交史』, 千倉書房, 1938年, pp. 301-306.

다"[26]라고 역설하였다. 그는 중국의 붕괴가 곧 일본의 국가 존망에 관계되므로 일본은 청국정부의 부흥을 도와야 한다고 생각하였다.

이러한 이누카이의 청국정부 부흥론은 중국을 침략의 대상으로 인식하는 것이 아니라 운명공동체와 아시아 연대의 동반자로 받아들이고 있음을 엿볼 수 있다. 물론 중국에서 활동한 아라오도 "서양과 동양은 문화의 차이를 가지고 있으며, 황인종과 백인종은 본래 종족이 같지 않다. 이른바 서방의 동점(東漸)이라는 것은 곧 양자의 경쟁을 의미하는 것이다. 조선의 빈약은 비록 조선을 위해서 슬퍼하지 않을지라도 일본을 위해서 슬퍼하지 않으면 안 될 것이다. 청국의 노후와 쇠퇴는 비록 청국을 위해서 슬퍼하지 않을지라도 일본을 위해서 슬퍼해야 할 것이다. (중략) 빈약한 조선을 구하고, 노쇠한 청국을 도와서 삼국이 연대하여 동아의 쇠운을 만회해야 할 것"[27]이라고 주장하였다. 그의 주장은 서구와 아시아의 양쪽 대륙은 처음부터 문화를 달리하고 있을 뿐만 아니라, 종족도 다르다. 같은 아시아에 속해 있는 조선의 빈약은 조선을 위해서 걱정해야 하지만, 일본을 위해서도 걱정해야 한다는 의미를 내포하고 있다.

또한, 서구에 의한 중국의 반식민지화도 청국정부를 위해서 걱정해야 하지만, 일본을 위해서도 대응하지 않으면 안 된다고 하는 것은 순치보거의 의미와 같은 것이다. 이것은 중국대륙과 조선이 서구열강의 세력권에 포함된다면, 일본의 대륙 진출은 물론, 자국의 독립마저 위태롭게 된다는 운명공동체적인 관계를 의미하며, 나아가서 동아시아 공동의 적인

26 「會報」, 『東亞時論』, 第9号, 1899年, pp. 13-14.

27 前揭, 『巨人荒尾精』, pp. 145-146.

서구열강에 대응하기 위해서는 아시아 삼국이 연대하지 않으면 안 된다는 것이다.[28] 동아동문회의 회장 고노에는 동 단체 결성 이전인 1898년 1월, 잡지 『태양』에 다음과 같이 「同人種同盟, 附支那問題研究의 必要」라는 제목의 글을 발표하였다.

> 동양의 전도(前途)는 이미 인종경쟁의 무대에서 벗어날 수 없다. 설령 일시적인 외교 전략에 의해서 어떠한 변형이 출몰하겠지만, 이것 또한 일시적인 현상으로 출몰한 변형물에 지나지 않을 것이다. 최후의 운명은 황인종과 백인종의 경쟁에 의해서 결정될 것이다. 이 경쟁에는 중국인, 일본인 모두가 백인종의 적이라는 지위에 놓여 있을 뿐이다. (중략) 일본인은 평생 중국인과 우정과 친교를 가지고 교류를 해온 것처럼, 앞으로도 일본은 중국을 개도하여 상호 간의 질투와 시기를 버리고 고난을 함께 극복하기 위한 수단과 방법을 강구하지 않으면 안 될 것이다. 이와 같은 노력을 한다면, 중국인 또한 우리들에게 의지하는 마음이 생기게 될 것이며, 인종 보호의 연대감이 양 국민 사이에 생기게 될 것이다.[29]

즉, 일중 양국의 공동의 적인 서구열강을 아시아에서 몰아내기 위해서는 일중 양국이 서로 불신과 질투를 불식하고, 연대를 구축해야 한다고 주장하고 있다. 따라서 동아동문회의 대중국 인식의 밑바탕에 있는

28 前掲, 『日韓近代史の空間』, p. 13.

29 近衛篤麿日記刊行会編, 『近衛篤麿日記(付属文書)』, 鹿島研究所出版会, 1969年, pp. 62-63; 大森史子, 「東亜同文会と東亜同文書院」, 『アジア経済』, アジア経済研究所, 1978年, pp. 80-81.

운명공동체론, 특히 일중연대론은 단순히 중국이 서구열강에 의해 분할되는 것에 대한 인도적인 입장에서 내놓은 대응책이 아니라, 일본의 생존전략이며 나아가서 일중 양국의 생존책이었다고 볼 수 있다. 동아동문회는 일중 양국이 순치보거의 운명적 공동체 관계에 놓여 있기 때문에 양국 간의 연대는 물론, 중국의 완전한 독립을 희망하고 있었다. 중국의 독립을 지지하고 중국의 개선을 조성한다는 동아동문회의 주장은, 서구열강의 아시아 침략에 따른, 특히 러시아의 남하정책과 청일전쟁 후의 복잡한 극동 정치 상황 속에서 일본의 국익을 안정하게 유지, 확대하고자 하는 측면에서 이루어졌다고 볼 수 있다. 이러한 대중국 인식의 이면에는 경제적인 인식이 크게 작용하고 있었다.

당시 일본인이 보는 중국은 원료공급지 및 대시장으로서의 인식이 강하였다. 정계의 실력자인 이토 히로부미는 "일본제국은 중국과의 무역에 있어서 최고의 위치를 차지하고 있다. 따라서 지금이야말로 일본 국민들이 중국과의 무역 확장을 기도하는 최적기이다"[30]라고 주장한 것처럼, 중국을 일본의 시장으로 생각하고 있었다. 또한 동 단체의 회원인 아리가 나가오(有賀長雄)도 "중국의 영토는 아시아의 대부분을 차지하며, 4억의 인구를 가지고 있다. 4억의 인구 모두가 여유를 가진다면 구매력 또한 대단할 것이다. 따라서 무역거래에서 큰 이익을 가져다줄 수 있는 국가는 중국밖에 없을 것이다"[31]라고 할 정도였다.

당시 일본의 대중국 수출액은 청일전쟁 직전인 1893년의 1억 8,000

30 『東亞時論』, 第2号, 1898年12月, pp. 58-59.

31 『東亞時論』, 第1号, 1898年12月, p. 10.

만 엔에서 1897년에는 4억 5,000만 엔까지 오르고 있었다. 중국이 일본의 근대화에 크게 기여하고 있는 것에 대해 이노우에도 "중국 무역을 확장하면, 중국이 장래 일본의 유일한 생산지 및 시장으로서 기능할 것을 의심하지 않는다"[32]라고 한 것에서, 그가 중국과의 무역 활성화를 자국의 부국강병의 발판으로서 생각하고 있었음을 알 수 있다. 이처럼, 당시 동 단체의 대다수가 중국을 장래 일본의 시장으로 이용하고자 생각하고 있었던 점은 정부의 대중국 인식과 그 맥락을 같이하고 있음을 알 수 있다.

오쿠마의 주장에서도 이를 알 수 있다. 그는 "일본제국도 점점 진보하여 문명도 발달하고 점차 상공업이 번창하였다. 일본 내지의 상공업이 전진하면 국제적 상공업, 즉 대외적 상공업으로 발돋움할 수 있지만, 오늘날 일본의 상공업이 미국 및 유럽에서도 활동하고 있는가 자문하였을 시, 분명히 미국과 유럽이 아닌 중국대륙에 한정되어 초보적인 수준에 머물고 있다"[33]라고 기술하고 있다. 당시 동아동문회에 관계된 인물이나 일본 정계의 실력자 대다수는, 서구열강 중심의 국제사회 속에서, 일본은 섬나라 소국에 지나지 않는다는 냉철한 자기인식이 존재하고 있었다. 이러한 국제사회에서 앞으로 일본이 취해야 할 정치적, 경제적 방침, 일본인이 가져야 할 삶의 방식과 태도는 아시아대륙, 특히 거대한 시장인 중국대륙을 향해야 한다고 설정하고 있음을 엿볼 수 있다.

동아동문회는 일중 양국은 어디까지나 아시아라는 지역성과 한자문

32 井上雅二, 『支那論』, 東亜同文会, 1930年, pp. 305-306.

33 早稲田大学編集部編, 『大隈伯演説集』, 早稲田大学出版部, 1907年, pp. 57-58.

화권 그리고 서구열강에 의한 피압박국가로서의 운명공동체라고 보았다. 한편으로는 운명공동체인 중국은 광활한 토지와 인구 그리고 풍부한 천연자원을 가지고 있는 대륙국가로서 일본 상품의 시장은 물론, 상품의 원료 공급지로서 손색이 없는 기회의 땅으로 인식하고 있었다. 이러한 인식의 저변에는 중국을 침탈의 대상으로 중국을 인식하고 있었던 것이다. 즉 동아동문회의 일중연대론은 서구열강의 아시아침략이라는 국제정세 속에서 국가의 안보와 독립을 위하여 공동의 적인 서구열강의 아시아 잠식을 막는다는 대의명분 측면에서는 상호 연대하는 형태로 전개되었지만, 일본의 대륙진출이라는 국시(國是)와 결합하면서 중국과의 대등한 연대가 아니라 서구열강의 침략으로부터 중국을 보호, 유지한다는 '중국보존론' 형태로 변질되어갔다.

2. 중국보존론

동아동문회는 결성과 함께 기관지 『東亞時論』을 간행하였을 뿐만 아니라, 조선과 중국 그리고 만주와 시베리아 등에 회원을 파견하여 현지의 사정을 조사, 보고하도록 하여 그 내용을 이 잡지에 게재하였다. 그리고 『동아시론』를 통해서 자신들의 주장이나 의견을 정부나 군부에 주입시키기 위한 여론 조성을 위해 적극적으로 활동하였다. 당시 일본의 지식층이나 언론에서는 중국문제에 대한 의견이 보존론과 분할론으로 양분되어 있었다.

이에 대해 동아동문회의 에토 신사쿠는 "청국을 보존하려고 한다면,

우선 청국을 개선하지 않으면 안 된다"라고 전제한 뒤, 개선책으로 2가지 안을 제시하였는데, 그것은 바로 자주권자인 청국 황제와 군사력을 가진 혁명군이었다. 그는 군사력에 의해 청국 정부를 붕괴시켜 신정부를 수립하면 정치, 사회적으로 개혁을 이루어낼 수 있지만 혁명군의 역량이 아직 부족하여 기다리지 않으면 안 될 뿐만 아니라, 폭력과 군사력에 의한 중국 개선은 많은 희생을 가져오기 때문에 이웃국가의 한 사람으로서 바라지 않는다고 하면서, "주권자인 황제의 힘으로 개선을 도모하는 것이 혁명군의 군사적 폐해를 낳지 않을 것이다. 평화롭게 그 목적을 이루어낼 수 있다면, 그것이 내가 가장 희망하는 바이다"라고 주장하였다. 이처럼, 에토는 서구열강과 함께 중국을 분할하는 것보다는 장래의 국가적 이익을 위해 청국 정부 스스로가 부흥하고 자강할 수 있도록 일본이 지원할 것을 주장하였다. 여기서 일본의 이익은 무엇을 지칭하고 있는 것일까 하는 문제에 직면하게 된다. 중국의 개선에 있어서 러시아의 방해를 의식하여 "베이징에 있는 일본 공사는 외교상의 모든 수단을 동원해서 러시아의 방해를 배제해야 할 것이다"라고 지적한 데에서, 러시아의 중국 지배와 분할을 염려하고 있었음을 알 수 있다.[34]

이것은 중국의 독립이 서구열강과 러시아에 의해 무너지면, 그 영향이 일본의 안전에도 미친다는 운명공동체의 논리에서 접근하고 있는 것으로 중국의 안전과 독립은 결국 일본의 안전과 독립에 보호막이 되어 일본의 국익에 기여한다는 것이다. 당시 동 단체의 중심회원으로 참가한

34 前揭, 石田一郞編, 『東亞時論』, pp. 7-9.

나카이 기타로(中井熹太郎)는 "청국의 분할은 동양의 평화를 파괴하는 것으로 일본제국에 큰 해를 가져올 것이다. 따라서 중국을 보전하지 않으면 안 된다"라고 하였는데, 이는 중국 분할이 곧 일본의 독립을 위협하는 것으로 인식하고 서구열강의 중국 분할을 저지하지 않으면 안 된다는 것이다. 그는 "일본은 일찍이 혼자의 힘으로 조선을 돕고자 하였지만, 실패로 끝난 것을 교훈으로 삼아 중국 보존에 있어서는 타국과 동맹을 해야 한다"고 강조하였다. 여기서 타국과의 동맹은 당시 중국에서 영향력을 행사하고 있던 영국과 미국 그리고 독일을 염두에 둔 것이라고 볼 수 있다. 나카이가 이런 주장을 한 것은 영국의 대중국 정책이 분할로 이어지지 않을 것이라는 확신과 영국 역시 중국을 보존하는 것이 자국의 이익에 도움이 될 것이라고 인식하고 있었기 때문이다.[35]

그러나 나카이는 "일본이 반드시 중국분할론자인 것은 아니지만 지금 청국의 상황은 서구열강의 분할정책에서 벗어날 수 없다. 따라서 일본도 중국 영토의 일부를 취해서 세력 균형을 이룩해야 한다"라는 주장도 함께하고 있음으로 보아, 중국의 보존론보다는 분할론에 많은 무게를 두고 있음을 알 수 있다. 아리가도 나카이와 같이 "일본이 독자적으로 중국을 보존할 수 없다"고 전제한 뒤, 이해관계가 있는 열강과의 동맹관계를 이끌어내어 공동으로 중국을 운영하는 것이 일본에 유리하다고 보았다. 만약 일본이 단독으로 중국을 보존하려고 한다면, 열강의 견제와

35 中井熹太郎, 「支那に対する四国同盟」, 『東亞時論』, 第2号, 1898年12月, p. 9; 山田良介, 「東亞同文会の中国「保存」論に関する一考察」, 『九大法学』, 第85号, 九大法学会, 2002年, pp. 166-167.

시기에 직면하게 되어 거대한 군사력이 필요하게 될 것이며, 이는 오히려 서구열강의 군사력을 증대시키는 결과를 초래하여, 일본의 대륙 진출에 큰 장애 요소로 작용하여 국익에 어긋나기 때문이라고 하였다. 여기서 아리가의 동맹관계론은 구체적으로 일영 동맹을 지칭하고 있다. "러시아와 프랑스를 중심으로 하는 세력은 오히려 중국의 분할을 희망하고 있다"라고 지적한 것처럼, 당시 일본은 러시아의 남하를 크게 의식하고 있었다.[36]

특히 러시아의 시베리아 철도 건설을 일본에서는 큰 위협적인 요소로 간주하고 있었다. 러시아의 본토는 물론 시베리아를 횡단한 우치다 료헤이가 "시베리아 횡단 철도를 완성하고 만주를 통해서 남쪽 뤼순(旅順)으로 이어지는 동청(東清)철도와 연결할 때에는 러시아의 대동맥에 연결하는 것과 같다. 이것은 마치 혈액이 전신으로 순환하는 것과 같다"라고 언급하였듯이, 일본은 러시아를 자신들의 대륙 진출의 장애물로 인식하여 철저하게 견제하고 있음을 알 수 있다. 그러나 이와는 반대로, 유럽에서뿐만 아니라 아시아에서도 러시아를 견제하고 있는 영국에 대해서는 대단히 호의적인 면을 엿볼 수 있다. 즉, 영국과 미국을 중심으로 하는 세력은 어느 쪽도 상대 국가의 경제적 이익을 저해하는 관세의 장벽을 중국 내지에 설치하는 것을 원하지 않고, 이른바 문호개방주의를 취하여 영국과 미국 제품의 대시장으로 삼고자 하는 것에서 이해관계가 서로 일치하고 있다"라고 하였다.[37] 또 "영국이 아편전쟁에서 난징을 공

36 「會報」, 『東亞時論』, 第2号, 1898年, pp. 9-12

37 「會報」, 『東亞時論』, 第4号, 1899年, p. 26; 「會報」, 『東亞時論』, 第2号, 1898年, p. 12.

격하고, 영불 연합국이 베이징을 함락하는 등 여러 가지로 중국에 손해를 입혔지만 그 목적은 단지 이권 확장에 있을 뿐이다. (중략) 러시아는 적극적으로 중국을 병합하려 하는데, 단지 청국 정부가 알지 못하고 있을 뿐"이라고 하면서 러시아를 강하게 경계하고 있는 것을 알 수 있다.[38] 이와 같이 러시아를 분할주의자로 인식하여 일본의 적대자로 내세우고, 반대로 영국과 미국을 보존주의자로 인식하여 일본의 대청무역을 활성화하고자 하였다.

이것에 대해 동아동문회의 회장인 고노에는 중국문제에 대해서 보존론과 분할론, 어느 한쪽에도 치우치 않는 조심스러운 의견을 제시하였다. 그는 일본의 "유식자 대다수가 일청 연대론으로 돌아가야 한다고 말하고 있다. 이것은 동아의 큰 행운이다. 그렇지만 오늘날의 동아는 일청만의 동아는 아니다. 서구열강 모두가 동아를 직시하고 있기 때문에 단지 이웃국가라는 이유만으로 청국정부에 관여할 수 없다"라고 주장하면서, 일본이 취해야 할 입장은 아리가와 나카이가 주장하는 것처럼, 일본의 명확한 태도를 보이는 것보다는 우선 사교상(社交上) 일본과 청국이 더욱 긴밀하도록 노력하는 데 있다"라고 하였다. 고노에는 일본이 중국에 취해야 할 태도는 항간에 여론화되고 있는 보존론과 분할론에 대해서 보다 조심스럽게 접근해야 한다는 인식을 가지고 있었던 것으로, 우선 청국정부와의 우호관계를 중요시해야 할 것을 강조하고 있다. 따라서 동 단체의 대중국 입장은 중국분할론이 우세하기보다는 중국과의 우호

38 井上雅二, 『支那論』, 東亜同文会, 1930年, p. 186.

관계를 증진하여 중국보존론으로 나아가는 형세를 취하였다. 물론 중국의 보존을 위해 일본이 단독으로 지원하거나, 서구열강과 함께 중국의 부흥을 지원하는 것보다는 "청국 스스로가 자각하고 개혁을 촉진해서 열강의 야심을 꺾으면, 독립, 자강의 목적을 이루는 것이 결코 어렵지 않다"라는 중국의 보존과 자강책을 지지하고 있다.[39]

그러나 그가 이와 같이 서구열강으로부터 중국의 독립과 자주개혁을 희망하였던 것은 단순히 청국 정부의 부흥과 자주독립을 위한 것은 아니다. 서구열강의 중국 잠식 경쟁과 러시아의 남하를 경계한 나머지, 일본의 군사, 안보적인 측면에서 중국의 장래를 걱정하고 염려하였던 것이다. 이와 같이 동 단체의 지도부 인사 대다수가 중국보존론에 무게를 두고 일본의 대중국 정책을 추진할 것을 일본 정부에 요구하였다. 반면 극히 일부에 지나지 않지만, 중국 현지에서 조사와 연구에 몸담은 대륙낭인들 중에는 서구열강이 중국에 대한 식민지 지배를 강화하기 전에 일본도 열강과 함께 분할 내지는 단독으로 중국에 진출해야 한다는 주장을 한 이도 있었다. 일찍이 한커우 낙선당에서 중국의 내정을 조사하여 아라오에게 보고한 다나베 야스노스케는 "유신정부의 초기 정한론을 물리치고 내정의 개혁을 국시로 정한 당시의 목적은 이미 달성하였으므로 지금은 밖으로 나아가 정한론의 목적을 취할 시기이다"라고 주장하면서, "국시를 일전(一轉)하고 외교정책을 활성화시켜 역외 활동으로 국민의 웅지를 펼쳐야 할 것이다. 유신혁명의 정신을 선양하여 일본제국의 대의

39 「會報」, 『東亞時論』, 第3号, p. 4, p. 14.

를 사해(四海)에 떨쳐야 할 것이다"라고 하였다.[40]

그의 이러한 주장은 타 회원들과 거리를 두고 있는 것으로, 일본의 대륙 진출을 공공연하게 촉구하고 국외 활동 시기가 이미 왔다고 강조하는 것이다. 따라서 일본의 대중국 정책의 첫번째 목적은 중국을 보존하여 개선, 지도하는 것이지만, '아시아는 하나'라는 심정이나 이념 혹은 서구열강의 아시아 침략에 대항해서 아시아가 연대해야 한다는 신념 위에 성립된 것만은 아니다. 즉, 중국 보존론의 이면에는 빈약하고 쇠퇴한 중국을 일본의 이익선상에 놓고 그 앞날을 설정하고 있는 것이다. 당시 동방협회의 회원이었던 이토 히로부미와 대외강경파였던 야마가타 아리토모 그리고 자유당의 호시 도오루(星亨) 등은 "언젠가 열강에 의해 중국이 분할될 운명에 있다면, 일본이 중국의 분할을 저지하기는 불가능하기 때문에 일본도 분할에 가세할 준비를 해야 한다"[41]고 주장하였다.

또한 당시 현양사의 최고 간부인 동시에 일본 우익의 대부로서 동아동문회에 핵심 회원으로 참가한 도야마는 "대(大)를 취하면 소(小)는 노력하지 않아도 취할 수 있다. 중국을 취하면 조선은 초대하지 않아도 온다. 소국인 조선을 도모하는 것보다 대국인 중국을 도모하는 것이 좋다"[42]라고 말하기도 하였다. 이것은 당시 일본인들의 대중국 인식을 엿볼 수 있는 단편에 지나지 않으나, 동 단체의 성격을 규명하는 데 중요한 단서가 될 수 있을 것이다. 이처럼, 동아동문회의 중국보존론은 서구

---

40 「會報」, 『東亞時論』, 第1号, pp. 15-16.

41 伊藤之雄, 「日清戦争以後の中国·朝鮮認識と外交論」, 『名古屋大学文学部研究論集史学』, 第40号, 1994年, p. 282.

42 前掲, 『東亜先覚志士記伝(上)』, p. 310.

열강과의 세력균형 정책의 일환으로 성립되었다고 볼 수 있다. 이와 같이 동아동문회는 중국을 서구열강의 침략으로부터 일본의 독립을 지키는 방벽으로 생각하고 있었을 뿐만 아니라, 일본의 국익과 관련하여 이해하려고 했기 때문에 시간과 상황의 변화에 따라 일중연대론에서 중국보존론, 심지어 중국분할론까지 주장하게 되었다.

제 3 부

동아동문회의 대외정책

Ⅰ. 동아동문회와 의화단 사건

아편전쟁과 청일전쟁에서 패한 중국이 열강에 배상하여야 할 금액은 방대해졌고, 그것은 곧 증세로 이어져, 국민의 생활을 압박하는 결과가 되었다.[1] 게다가 서구열강이 중국에서의 경제적 진출을 목적으로 추진한 철도 건설은, 중국 산업에 대한 압박은 물론, 대다수의 농민이나 수공업자를 빈곤으로 몰아넣는 결과가 되어 그들의 불만은 절정에 달하였다. 특히 1899년 화북지방의 가뭄과 흉작으로 농민의 생활은 돌파구를 찾을 수 없는 상황에 빠졌으며, 가뭄의 피해는 다음 해에도 이어졌다. 이러한 민중의 참담한 생활고와 증세의 부담은 중국 국민의 내셔널리즘을 자극하게 되었다. 이것은 반제국주의, 반서양주의 운동으로 전개되었으며, 1900년 산둥성(山東省)의 농민은 독일 선교사의 횡포와 철도 공사에 반대해 '부청멸양(扶清滅洋)'을 주장하면서 폭동을 일으켰다.[2]

이 폭동의 중심에 '의화단(義和団)'이 있었다. 이들은 점차 톈진이나 베이징의 외교공사관을 공격해 갔다. 의화단은 부청멸양과 편법, 부정으로 재물을 축적한 부정 관리를 처벌할 것을 슬로건으로 내걸고 세력 확대를 꾀하였으나, 이러한 자신들의 외세 배격 운동과 탐관오리의 처벌을 봉기의 정당성에 포함시키면서 국민들의 동참을 호소하였다. 이와 같이 의화단의 봉기는 배외주의(排外主義)와 국가 및 사회의 정의를 실현하려고 하는 의도로부터 시작된 측면이 강하지만, 청조(清朝) 옹호의 입장

1 上村伸一, 『日本外交史(17)』, 鹿島研究所出版会, 1971年, p. 29.
2 中村新太郎, 『日本と中国の二千年(下)』, 東邦出版社, 1978年, p. 592.

도 있었다. 또한 청 왕조 내부에도 같은 사고방식, 즉 배외주의 사상이 감돌고 있었기 때문에, 의화단에 대한 청 왕조의 태도는 지극히 동정적으로 흐르고 있었다. 게다가 배외 감정은 일반 민중에서도 높아져만 갔고, 상황은 의화단에 유리하게 진행되어 갔다. 의화단은 1900년 6월, 베이징에 입성하여 서구 외교단의 거류지인 공사관 구역과 다수의 크리스트 교도가 피난해 있던 베이징의 교회를 포위하기에 이르렀다.[3]

이러한 긴박한 정치 상황에 놓여 있던 서구 각국은 중국과 가장 가까운 일본에 군사 출병을 요청하였다. 일본은 군사, 정치적 측면에서 군사를 파견하는 것이 국가의 이익이 될 것이라고 판단하여, "제국정부는 병력 수에 있어 서구열강과 균형을 유지할 필요가 있다고 판단되며, 파병 명령을 신속하게 해당 사단에 통보하는 것이 상책이 될 것"[4]이라면서 2만 2,000명을 파견하기로 7월 6일 결정하였다. 이러한 신속한 결정에 대해 일본 국내의 여론은 둘로 나뉘었다. 특히 권력의 중추에 있었던 이토와 야마가타 등을 비롯한 자유당계의 정치가들은 중국이 머지않아 서구열강에 의해 분할될 것이라고 예측하고 있었다. 그들은 어차피 열강에 의해 중국이 분할되는 운명에 놓여 있다면, 중국 분할에 함께 참여해야 한다고 주장하였다.[5] 이러한 의견에 대해 동아동문회와 밀접한 관계를 유지하고 있었던 오쿠마와 동 단체의 회원인 이누카이 등의 정치가는 중국분할론에 적극적으로 반대하였다. 이러한 정부 내의 의견 대립 속에

---

3 前揭, 『日本外交史(17)』, pp. 30-31.

4 外務省編, 『小村外交史』, 原書房, 1966年, p. 161.

5 伊藤之雄, 「日清戦争以後の中国·朝鮮認識と外交論」, 『名古屋大学文学部研究論集史学』, 第40号, 名古屋大学文学部, 1994年, p. 282.

서 동아동문회도 의화단 사건에 대한 일본의 관여 방법에 대한 의견이 두 가지로 나뉘어 있었다.

당시 한커우 지부에서 활동하고 있었던 동 단체의 보고에 의하면, "일본제국은 어떠한 경우에도 병력을 파견하여 의화단을 진압하는 우를 범해서는 안 될 것이다. 왜냐하면, 의화단 진압은 결코 용이하지 않으며 러시아의 군사력에 의해서도 도저히 막을 수 없다. 청국 정부에 의해서는 더욱 진압하지 못할 것이다. 지금 의화단 규모는 20만의 대병력으로 이루어져 있지만, 그 형체는 누구도 알 수 없다. 단체를 이룰 때는 토비(土匪)이지만, 해산하였을 때는 선량한 양민이기 때문이다"[6]라고 하여, 일본의 출병은 바람직하지 못하다고 말하였을 뿐만 아니라, 만약 출병해서 연합군과 함께 진압한다면 이후 일본이 중국 진출을 하는 데 매우 불리하다고 보고하였다. 이렇듯 의화단에 대하여 신중한 태도를 취해야 한다고 하는 의견도 있었지만, 서구열강에 의한 중국 분할이 이루어질 때는 즉시 조선을 점령하거나 서구열강과 함께 중국 분할에 동참할 것을 강조한 의견도 있었다.[7] 특히 이데는 "일본제국도 충분한 준비를 갖추어서 의화단의 움직임을 주시하는 한편, 서구열강의 기세를 제압하지 않으면 안 될 것이다"라고 하여, 동 단체의 최초 취지이기도 하였던 '중국의 개도(改道)'와는 다른, 중국분할론을 공공연하게 주장하였다.[8]

이처럼 중국의 보존론이 분할론으로 이어진 것은 당시 러시아의 만

---

6 近衛篤麿日記刊行会編,『近衛篤麿日記(3)』, 鹿島研究所出版会, 1968年, p. 184.

7 前掲,『近衛篤麿日記(3)』, p. 190.

8 井手三郎,「義和団の閙起」,『東亜同文会第8回報告』, 1900年6月, p. 11.

주 진출을 우려하고 있었기 때문으로 보인다. 참모본부는 러시아의 만주 진출을 조사하기 위해 베이징 공사관의 무관 보좌관이었던 모리타(守田利遠) 대위를 파견하는 등, 중국 내의 움직임도 조사하면서 만주 주변을 보다 철저하게 조사케 하였다. 또한 러시아의 만주에 대한 움직임을 탐색하기 위해 동아동문회의 오고시 헤이리쿠(小越平陸)는 러시아의 움직임을 공사관에 보고한 적도 있다. 이러한 만주의 분위기를 반영하듯이 동 단체의 일부 회원들은 러시아의 남하를 막는 하나의 방법으로 우선 중국과 연계하는 것으로써 러시아의 남하를 막으려고 하였다.

특히 청국정부의 붕괴를 기대하는 혁명파인 쑨원과의 연대를 모색하기도 하였다. 현지에 있던 회원들 중에서 구 동아회원이었던 우치다, 히라야마(平山周), 후쿠모토(福本日南), 미야자키(宮崎滔天) 등은 의화단 사건을 이용해서 쑨원과 함께 청국정부의 붕괴를 계획하고 있었다. 그들은 당시 난징에 설치되어 있었던 난징 동문서원의 교직원이나 학생들에게 혁명에 참가할 것을 호소하였다. 결국 우치다 등의 현양사계의 회원들이 의도하였던 것은 중국 혁명의 성공을 이루기 위해서는 지금과 같은 혼란을 이용하는 것이 좋다는 것이었다. 그들은 난징 동문서원의 교직원이나 학생들은 물론, 국내의 현양사계의 지사들도 혁명에 참가해야 한다는 인식을 가지고 있었다. 그리고 이번 기회에 쑨원의 반대파인 리홍장과 유곤일(劉坤一)을 암살함으로써, 화중과 화남 지역을 혼란에 빠뜨려 쑨원의 혁명을 지원하려고 하는 계획도 가지고 있었다.[9]

9 前掲, 『東亜先覚志士記伝(上)』, pp. 668-669.

이러한 움직임에 불안감과 경계심을 느끼고 있었던 도쿄의 고노에는 "청국의 장래를 위해서 신중한 행동을 취하는 것은 일본의 지사들을 위해서도 필요하다. 일본인으로서 특히 동아동문회의 회원 중에서 이 것을 선동하려고 하는 움직임이 있다면, 모든 수단과 방법을 동원해서 중지시키지 않으면 안 될 것이다"[10]라고 경고하였다. 특히 고노에는, 중국 현지의 교육기관인 난징 동문서원이 혁명에 참가하고 혁명 거병의 중심이 되는 것에 대해 크게 불안해하였다. 왜냐하면, 난징 동문서원의 출발점은 정치적 목적이 아니라, 장래 일중 관계의 친선을 유지하고 지속하고자 하는 목적에서 설립된 것이었기 때문이다. 특히 동아동문회는 난징 동문서원의 교육기관을 통해서 일중 양국의 인재를 양성하여, 향후 양국의 무역을 활성화하고자 하는 목적을 가지고 있었다. 따라서 난징 동문서원의 목적은 "중국과 일본의 영재(英才)를 교육하여 중국 부강의 기초를 세우고, 동아의 화합을 구축하며 중국을 보존하여 동아의 항구적인 안정과 평화를 모색하는 것"[11]에 있었기 때문에, 동 서원의 본래 취지인 교육사업으로부터 벗어나는 것을 우려한 것이다. 무엇보다도 당시 동아동문회는 난징 동문서원이 정치적인 문제에 얽히는 것을 가장 경계하고 있었다. 즉, "동문회 학생 중 반수 정도가 혁명 봉기에 가담하려는 움직임"[12]이 있었기 때문에, 이것이 향후 동아동문회의 대중국 정책에 대한 중국인들의 반일감정을 초래하지 않을까 하는

10 前掲, 『近衛篤麿日記(3)』, p. 195.

11 大學史編纂委員会編, 『東亜同文書院大學史』, 滬友会, 1982年, p. 715.

12 前掲, 『近衛篤麿日記(3)』, p. 275.

경계심을 가지고 있었다.

더욱이 동아동문회의 중견 간부 무네가타는 오랫동안 중국 내지의 사정을 조사하면서 의화단 사건의 향방을 주시하고 있었다. 그는 "의화단이 주장하는 바는 흥청멸양(興清滅洋)이지만, 반드시 청조의 안정과 독립을 위해서 궐기한 것이 아니며 언젠가 청조를 전복할 목적에서 발발하였다"고 판단하고, "일본이 단독 혹은 영미 여러 국가와 연합하여, 청국이 러시아의 병력을 이용하지 않고 청국 스스로 진압하도록 해야 할 것이다"라는 자신의 견해를 1900년 5월 31일 도쿄에 보고하였다.[13] 이러한 현지의 사정을 파악하고 있었던 도쿄의 간부들은, 간사회를 개최하여, 난징 동문서원의 후쿠모토 등과 학생 일부가 의화단 봉기에 가담하고자 하는 징조가 있기 때문에, 다나베를 파견하여 이를 중지토록 결정하고, 다나베에게 동문서원 간사 및 교장 대리로서 적절한 조치를 취할 수 있도록 권한을 위임한다고 결정하였다.[14] 결국, 다나베의 난징 파견에 의해 난징 동문서원은 중립적인 자세를 견지하게 되었지만, 야마다(山田良正, 純三郎) 형제와 미야자키(宮崎寅蔵, 彌藏) 형제, 기쿠치(菊地良一), 가야노(萱野長知) 등은 쑨원의 혁명파를 적극 지원하였다.

한편, 도쿄의 동아동문회는 일본 정부가 서구열강의 중국분할론을 지지하는 방침을 크게 우려하고 있었기 때문에 중국보존론을 국시로 받아들일 것을 정부에 호소하였다. 특히 에토는 "이 기회에 일본제국은 중국

13 神谷正男編, 『宗方小太郎文書』, 原書房, 1975年, pp. 81-82.

14 前揭, 『近衛篤麿日記(3)』, p. 273.

보존을 위한 특단의 조치를 세우지 않으면 안 될 것이다. 그 실행에 있어서는 당국자의 의지가 없으면 불가능하겠지만, 당국자의 대중국 정책에 일관성이 없다면 우리들의 동지들이 크게 국론을 환기시켜서 정부당국자에게 경고, 각성케 하여 오늘날 동아의 위기를 구하고 일본제국의 백년대계를 결정하지 않으면 안 될 것이다"라고 하면서 중국을 보존하는 정책안의 필요성을 강조하였고, 서구열강의 중국분할론에는 찬성하지 않는다고 강조하였다. 또한 같은 해 6월 19일 간사회 결의에서는 "중국보존주의를 더욱 선명하게 제시함과 동시에 여론 수렴에 노력하였다"라고 하였다.이로써 추측하건대, 회원 대부분은 중국보존론을 지지하여 일본의 출병을 반대하고 있었다.[15]

이러한 동 단체의 대중국 방침에 근거해서, 같은 해 7월 고노에는, "남청(南清) 양자강 일대의 청국 관민과 일본 관민의 관계는 화기애애하여 화목한 가운데 통상무역을 행하였다. 그런데 하루아침에 선전을 포고하면, 중국대륙의 모든 지역에서 통상은 사절되고 일본 관민은 중국에서 물러나지 않으면 안 될 것이다. (중략) 실로 일본제국의 경제적 측면에서 본다면 많은 영향을 가져올 것이다. (중략) 현 시점에 있어서 일본이 취할 바는 오로지 평화주의를 견지하여 나아갈 수밖에 없다고 생각한다"[16]라고 『중앙신문』에서 동아동문회의 방침을 밝히고 있다. 즉, 7월 6일 내각회의에서 군사 파견을 결정하기 며칠 전, 고노에는 6월 31일부터 7월 1일에 걸쳐서 출병 반대를 국민 여론에 호소한 것이다.

---

15 上掲, p. 186, 195.

16 上掲, pp. 203-205.

또한 7월 9일 동아동문서원장인 네쓰로부터 의화단 사건에 대한 일본의 대응안으로 세 가지가 나왔지만, 중국분할론보다는 중국보존론을 지지하는 내용이었다. 중국을 보존하기 위해 내놓은 네쓰의 '중국 처분안'을 보면, 첫째는 '현상보존책', 둘째는 '연방보존책', 셋째는 '방임보존책'이었다. 네쓰는 세 개의 보존책이 실현될 가능성이 없어지면 일본이 중국을 보호하는 형식을 취한다는 것이다. 중국 보호정책에는 일본의 '인정(仁政)'을 헤아린 분할론'을 주장하는 부분도 있지만,[17] 그가 의도하는 것은, 서구열강과 함께 중국을 분할하는 것이 아니라, "국가의 전도, 동양의 대계에 부합하는 만전의 특책을 세워서 현재의 방침을 정하는 것"에 있었다.[18] 즉, 그는 눈앞의 이익에 의해 군사를 파견하는 것보다 장기적인 안목에서 행동을 취하지 않으면 안 된다고 주장하며, 더욱이 아시아의 평화와 독립을 고려하면 중국은 서구열강에 의해 분할되어서는 안 된다고 강조하였다.

이렇게 동아동문회의 대체적인 흐름이 중국보존론으로 기울고 있는 것을 헤아려 알고 있었던 고노에는 같은 해 7월 19일, "본회는 현재의 의화단 사건에 대한 중국보존론이 정당한 것으로 믿고 있으며, 중국 사회의 질서가 회복되어 통상무역이 보호받고 세계 만국에 개방되기를 바란다"고 하였다.[19] 즉, 고노에는 동 단체가 지향하는 바는 어디까지나 중국 분할이 아닌 중국 보존에 있을 뿐만 아니라, 통상무역을 통한 중국과

17 栗田直弥, 「義和団事件と東亜同文会」, 『東アジア近代史』, 東アジア近代史学会, 2001年, p. 51.

18 前掲, 『近衛篤麿日記(3)』, pp. 217-221.

19 上掲, 『近衛篤麿日記(3)』, p. 244.

의 소통에 있음을 주장하였다. 동아동문회는 의화단 사건에 대한 대응책에서 정부의 강경책과는 어느 정도 선을 긋고 있었던 것이다. 물론, 동 단체의 모두가 고노에 등의 중국보존론에 찬성하는 것은 아니었지만, 최초의 설립 취지이기도 한 중국의 문화 및 교육사업에 전념하고자 한 대다수 회원의 생각이 중국보존론에 근접하고 있었다.

당시 일본은 근대 국가로서 서구열강과 대등하게 국제정치를 논할 수 있는 국력을 갖추는 것이 국시였지만, 국력의 열세를 단기간에 증강시킬 수 없었다. 이러한 상황에서 취할 방법론으로 떠오른 것이 해외시장의 개척이었고, 조선을 비롯해 거대시장으로서 매력이 있던 것이 중국이었다. 그러나 조선과 중국은 서구열강의 영향력 아래에 있었기 때문에 일본의 대륙 진출 전망은 그다지 밝지 않았다. 메이지유신에 의해 사회 전반에 걸쳐 어느 정도의 근대화가 진행되어 서구의 일본에 대한 인식도 조금씩 평가되기에 이르렀지만, 여전히 일본은 아시아의 작은 섬나라라는 차디찬 대우밖에는 받지 못하였다.

특히, 청일전쟁에 승리하였음에도 불구하고, 러시아의 삼국간섭에 의해 일본의 중국 진출이 좌절된 경험을 한 동아동문회의 고노에 등의 신중파로서는 서구열강의 대중국 정책을 의식하지 않을 수 없었다. 따라서 당시 거물 정치가로서 동아동문회를 운영하고 있던 고노에를 비롯한 정치가들은 보다 신중한 입장에서부터 중국에 접근할 필요가 있다고 인식하고 있었다. 이러한 동아동문회의 대응 논리는 어디까지나 장기적인 대중국 전략으로 내놓은 것이라고 할 수 있다.

Ⅱ. 동아동문회와 국민동맹회

1. 국민동맹회의 결성

국민동맹회는 1900년 9월 24일 동아동문회의 회장인 고노에를 비롯해서 이누카이, 히라오카, 고무치, 도야마 등 동아동문회의 핵심 회원이 중심이 되어 결성되었다.[20] 물론, 동맹회 결성의 사전 작업으로 같은 해 7월 4일 이누카이, 하세바(長谷場純孝), 사사키, 고노에, 도야마 등이 호시오카(星岡茶寮)에서 회합하였다. 여기에서 "기회에 편승하여 조선을 점령할 것"[21] 등 다양한 의견이 나왔지만 결론에 이르지 못하였다. 그러나 9월 11일 국민동맹회의 발기준비회가 개최되어, 「선언안」과 「약관」이 결정되었다. 동맹회의 「선언안」 속에는 중국을 보존하고 조선을 보호하는 것은 일본의 국권과 국익을 자위할 뿐만 아니라, 동양의 평화에도 기여하며, 이것은 일본 국민의 천직이다. 따라서 우리들은 국민적 대동맹을 조직하여 국론 통일을 도모하는 것이 주된 목적이라는 내용이 담겨 있다.[22] 또한 「약관」에는 "제1조, 일본 국민은 어디까지나 평화를 지키는 데 그 목적이 있으며 이번의 시국에 있어서 강력한 대응책을 수립하여 끝까지 추진할 것이다. 제2조, 우리들의 국민동맹회는 전조(前条)의 주지(主旨)를 주장하여 국론 통일에 노력할 것이다. 제3조, 우리

20 前揭, 『東亜同文會史』, p. 58.

21 前揭, 『近衛篤麿日記(3)』, p. 207.

22 前揭, 『東亜同文會史』, pp. 187-188.

들의 동맹회는 그 목적을 달성하기까지 동 단체를 유지해야 할 것이다"[23]라고 대외강경운동 방침을 밝히고 있었다.

이처럼 국민동맹회가 대외강경운동을 내외적으로 주장하게 된 것은 동 단체의 결성 배경과 크게 관련되어 있다. 국민동맹회의 결성에는 의화단 사건의 발발과 이에 따른 중국의 혼란과 러시아의 만주 점령이 크게 영향을 미쳤다. 즉, 중국의 이권을 둘러싼 국제관계 속에서 서구열강의 중국 반식민지화와 러일의 대립이 주된 원인이 되었다. 이러한 중국을 둘러싼 국제정치가 일본의 국내 정치로 파급됨에 따라, 이토의 정우회(政友会)와 헌정본당은 크게 대립하게 되었는데, 대립의 원인은 일련의 사태에 대한 대응책의 차이에 있었다. 따라서 국민동맹회의 성립은 이토의 번벌정치(藩閥政治)에 대항하기 위한 수단과 러시아의 만주 점령에 대한 조직적인 대응책에서 이루어졌던 것으로, "국내외의 새로운 상황에 대응코자 하는 전형적인 대외강경운동이었다"라고 지적되고 있다. 물론, 국민동맹회는 "의화단 사건에 대한 열국 연합 출병에 의해 유동화한 중국, 조선을 둘러싼 국제적 이해관계" 속에서, 만주를 자국의 세력권에 포함시키려는 러시아에 대해 일본에서 일어난 "강한 적개심을 가지면서 대러 결전의 각오"에서 출발하였다.[24]

국민동맹회의 젊은 회원은 "일본은 국가 생존을 위해 반드시 식민지를 인접한 대륙에 만들지 않으면 안 될 것이다. 러시아가 만주철도를 필요로 하는 것과 같이 일본은 만주 식민지가 필요하다"[25]라고 주장하는

23 『大帝国』, 第3巻 6号, 1900年9月, p. 4.

24 酒田正敏, 『近代日本における対外硬運動の研究』, 東京大学出版会, 1978年, p. 133.

한편, 러시아의 만주 점령은 절대로 묵과할 수 없는 사항이라고 말하였다. 특히 국민동맹회는 러시아의 남하를 저지하기 위한 수단으로 "청국을 보존하고 조선을 돕는다"[26]라는 구호 아래, 러시아 남하 저지와 러일 개전을 뒷받침할 수 있는 국민 여론 형성에 주력하였다. 동 단체의 대러 강경 선동에 의해 민중의 여론도 "러시아의 만주 점령은 중국대륙에서의 일본의 경제적 발전을 방해할 것이다. 만약 러시아의 만주 점령을 일본 정부가 묵인한다면, 장래 일본의 세력은 팽창의 기회를 잃게 될 것이다. (중략) 전력을 다하여 러시아 남하를 저지하지 않으면 안 될 것이며, 당연히 개전에 의해 해결해야 할 것"[27]이라는 전쟁 불사의 대러강경론이 급속히 확대되었다. 당시 국민들은 이토 내각의 우유부단한 러시아 외교정책에 크게 실망하였다. 헌정본당도 동아동문회의 대다수 회원이 본 당에 소속되어 있는 관계로, 이토 내각의 나약한 대러 정책을 비판하기 시작했다. 실제로 이토 내각의 본질적인 대러 정책은 대러 협상과 전쟁 반대 그리고 영일동맹 반대에 주안점을 두고 있었다. 이러한 이토 내각의 대러 정책은 국민동맹회에는 공격의 대상이 되었다.[28]

동아동문회의 핵심간부인 이누카이는 1901년 2월 28일 "귀족원의 증세 반대도 증세 그 자체에 반대하는 것이 아니라 내각의 우유부단한 외교정책을 비판하고 대외강경 내각을 구성하기 위해서 반대한 것에 지

---

25 黒龍会, 『発禁　黒龍会々報』, 皇極社出版部, 1989年, p. 77.

26 「國民同盟會の前途」, 『万朝報』, 1901年9月10日.

27 前揭, 『東亞先覚志士記伝(上)』, p. 712.

28 木下恵太, 「政友会成立期における大隈重信と憲政本党」, 『早稲田大学史記要』, 第35卷, 早稲田大学, 2003年, p. 167.

나지 않는다"[29]라고 하였다. 국민동맹회 및 동 단체 관계자들은 원로나 대신을 직접 면회하여 자신들의 주장을 전달하며 적극적으로 대러 강경 운동을 펼쳐갔다.[30] 이들의 활약상을 당시 『万朝報』에서 밝히고 있는데, 특히 『万朝報』는 "국민동맹회는 청국 보존, 조선 부액(扶掖)의 주장을 실현하기 위해서 설립되었다"[31]라고 주장하는 한편, 대러 강경운동을 공개적으로 지지하였다.

그러나 1902년 8월, 총선거를 눈앞에 두고 국민동맹회는 결성 취지에서 벗어나고 있었다. 즉, 1901년부터 국민동맹회는 헌정본당의 전위대 성격을 띠는 정치단체로 흘러갔고, 특히 나카에 조민은 국민동맹회를 헌정본당의 당세 확장과 관련해 정치적으로 이용하려고 하였다.[32] 또한 국민동맹회의 전국적인 조직 구성에서도 공공연하게 헌정본당의 당원으로 채워지고 있었다. 이것에 대해 고노에는 "지방 회원 중, 혹은 선거 준비 등에 있어서, 때때로 국민동맹회의 이름을 사용하는 사람이 있다고 전해지고 있다. 이것은 국민동맹회의 창립 취지에 위배되는 것이다"[33]라고 헌정본당을 강하게 비난하였다. 하지만 동아동문회도 국민동맹회의 정치적 이용을 숨길 수 없었다. 동아동문회 간부인 도야마의 증언에 의하면, "고노에를 중심으로 하는 국민동맹회는 반러시아 운동의 원동력

---

29 坂野潤治, 『大系日本の歷史』, 第13권, 小學館, 1989年, p. 258 재인용.

30 酒田正敏, 「對外硬の運動(その二)」,(東京都立大學法學會編, 『東京都立大學法學雜誌』, 第11권 1号, 1970년, p. 297).

31 「国民同盟会の前途」, 『万朝報』, 1901年 9月10日.

32 前揭, 酒田正敏, 「對外硬の運動(その二)」, p. 189.

33 前揭, 『近衛篤麿日記(4)』, p. 277.

이었다고 보는 사람도 있지만, 사실 동맹회는 국권 옹호, 국위 선양을 위한 러시아 징벌만의 단체는 아니었다. 단체의 정신은 고노에를 중심으로 하는 국혼(国魂), 국풍(国風)을 발휘하는 내각 조직에 있었다. (중략) 고노에 내각을 만들어 그들의 목적을 실행한다고 하는 커다란 포부에 가득 차 있었다"[34]라고 하였다.

결국 국민동맹회는 헌정본당과 동아동문회의 정치적 이용에 의해 내부갈등에 빠지게 되었을 뿐만 아니라, 정우회는 "국민동맹회의 행동은 외교상 국가에 이롭지 못하다고 판단된다. 정우회는 전적으로 반대한다"[35]라며, 이토의 정우회로부터도 해산의 압력을 받게 되었다. 더욱이 국민동맹회 해산 수일 전인 1902년 4월, 국민동맹회의 「전국대회 선언」에서 그들은 자신들이 주장하는 영일동맹과 만주문제가 해결되었기 때문에 해산한다고 하는 것에서 알 수 있듯이, 국민동맹회의 존속 명분이 사라지게 되었다. 따라서 동아동문회는 국민동맹회 해산을 발표하고, 1902년 4월 27일 동아동문회의 회장 고노에는 국민동맹회를 해산하였다.[36]

2. 국민동맹회의 목표

국민동맹회는 러시아 남하에 의한 위기감을 국내 여론에 호소하여,

---

34 頭山満, 「近衛篤麿公の思出」, 『支那』, 第25巻 2号, 1934年2月, pp. 18-21.

35 小林雄吾編, 『立憲政友会史(1)』, 立憲政友会編纂部, 1924年, p. 40.

36 前掲, 『東亞同文會史』, p. 195-197; 前掲, 『 東亞先覺志士記傳(上)』, p. 713.

대러 강경 여론을 형성하고자 하였다. 이렇게 형성된 여론에 의해 그들은 두 가지 목적을 달성하고자 하였다. 즉, 이토의 러일동맹을 좌절시키고, 영일동맹을 이끌어내는 것, 또한 영일동맹을 기초로 해서 만주문제를 해결하고 러일전쟁을 일으키는 것이었다. 이러한 의도에서 동아동문회는 9월 11일 국민동맹회의 발기준비회를 열고, 9월 24일 동아동문회를 중심으로 국민동맹회를 결성하였던 것이다. 따라서 동아동문회는 이토가 추진한 러일동맹의 좌절과 러일 개전을 관철시키기 위해, 우선 국가이익에 어떻게 연결시킬 수 있을 것인가, 또 하나는 전 국민에게 대러 강경 여론을 어떻게 더욱 강렬하게 선동할 수 있을 것인가에 중점을 두지 않으면 안 되었다.

그들이 주장해 온 조선을 돕는 것과 중국 보존은 상황적 논리로 내놓은 것에 지나지 않으며, 무엇보다도 국가적 이익을 근본으로 하는 정치적 선전 문구에 지나지 않았다. 즉, 애당초 중국 보존을 주창한 근본적인 이유는 단순히 중국의 이익만을 생각하여 행해진 것은 아니며 일본의 국익을 위한 판단에서 이루어진 것이다. 즉, 이미 중국 보존을 주창한 이상 일본은 중국보존론을 고수할 수밖에 없다고 판단하였다.[37] 이는 동아동문회가 중국 보존 쪽이 장래 일본의 대륙 진출의 지름길을 확보할 수 있는 최상의 방법론이라고 생각하였기 때문이다. 그리고 동아동문회의 국민동맹회 참여는 또 다른 목적에서 이루어졌다고 볼 수 있다. 당시 동아동문회에는 헌정본당 소속의 당원이나 정치가의 다수가 참여하고

37 前揭, 『近衛篤麿日記(3)』, p. 339.

있었기 때문에 당세의 확장에 이용하려는 의도가 있었다고 볼 수 있다. 그리고 고노에 개인의 정치적 야심 등이 작용하여 국민동맹회에 참여하였다고 볼 수도 있다. 그러나 이러한 주장은 그들의 국민동맹회 참여의 궁극적인 목적에서 벗어난 지엽적인 것에 지나지 않는다. 실제로 동아동문회의 대러 강경운동의 숨겨진 의도에는 당시 러일 간의 비밀회담이 크게 작용하였다. 즉, 당시 러일 양국은 양국 문제를 원활하게 해결하기 위한 외교적인 협상 조치로 '중국 개조', 혹은 '만한교환론'에 몰입하고 있었다.

중국 개조는, 1900년 7월 5일 의화단 사건이 발발하자, 일본 공사인 하야시(林權助)가 외무대신인 아오키에게 건의하면서 구체화되었다.[38] 하야시의 중국 개조안이 일본 정부에 건의되었지만, 정부에서 구체적인 지시나 대응책은 내놓지 않았다. 그러나 동아동문회 회장 고노에(近衛)는 "지난 19일 일본 주재 러시아 공사 이스보레스키와 이토와의 회견에서 조선을 양분하여 러일 양국 모두가 수비병을 파견하도록 하는 의견이 있었다. (중략) 이에 대해서 이토와 야마가타 수상은 찬성의 의향을 보이고 하야시의 중국 개조가 정착하는 듯 보였지만, 아오키 외상과 나는 이에 대해 조금도 망설이지 않고 동 단체원의 내각 유력자에게 반대운동을 하도록 지시함과 동시에, 만한교환론의 전말을 수시로 보고토록 하였다"[39]라면서 조선 분할과 중국 개조에 강하게 반대했다.

38 外務省編纂, 『日本外交文書 第三十三卷別冊二 北清事変中』, 日本国際連合協会, 1956年, pp. 379-380.

39 前掲, 『近衛篤麿日記(3)』, p. 247.

물론 이 반대운동의 중심에는 고노에는 물론, 당시 정계의 원로인 이토마저 마음대로 할 수 없었던 대외강경파의 최고 간부라고 할 수 있는 도야마도 있었다.

동아동문회의 대다수 회원들은 이 기회를 이용해서 조선을 점령 할 것을 생각하고 있었기 때문에, 이토나 야마가타의 조선분할론에는 조금도 동의할 수 없었다. 더욱이 동아동문회는 조선분할론을 주장하는 하야시 공사를 곧바로 소환함과 동시에, 만주 방면에 불온한 움직임이 있을 때, 1개 여단 병력을 조선에 투입하여 주둔케 한다면, 조선은 이미 일본에 수중에 있는 것과 같다고 주장하였다.[40] 그러나 일본 정부는 1900년 5월, 고무라 주타로를 주 러시아 일본 공사로 파견하여 의화단 사건에 대한 러시아의 동향을 본국에 보고케 하였는데, 고무라 역시 7월 22일 만주와 조선문제에 대해 만한(滿韓) 교환을 건의하였다. 이 만한 교환에 가장 적극적인 자세를 보이던 이토 등의 정부 관계자들은 8월 12일 "러시아는 조선에 있어서 일본의 우월권을 인정하고, 일본은 만주의 철도 경영에 있어 러시아의 우월권을 인정한다. (중략) 러일 양국은 각자의 이익을 보호하기 위해 필요한 조치를 취할 수 있다. 일본이 조선에 대해 권리를 행사함에 있어 러시아는 이를 인정해야 하며, 반대로 러시아가 만주에 대해 권리를 행사함에 있어 일본은 이를 인정해야 한다"[41]라는 러일 양국의 상호이익을 도모하는 협상안을 내놓았다.

당시 일본 정부는 만한 교환이 실현되면 국력을 사용하지 않고도 한

40 上揭, 『近衛篤麿日記(3)』, p. 243.

41 德富蘇峰, 『公爵桂太郎傳(坤卷)』, 原書房, 1967年, pp. 166-167.

반도를 지배할 수 있는 최상의 외교방법론이라고 인식하고 있었다. 그리고 러시아가 실질적으로 지배하고 있는 만주에 대해 대항하기보다는 조선을 지배하는 것이 우선 중요하다고 판단하였다. 극동의 섬나라 일본으로서는 대국인 러시아와의 전쟁으로 혹시라도 조선 지배권마저 잃는 것보다는, 대륙 진출의 발판인 한반도를 우선 손에 넣는 것이 보다 현명한 판단이라고 생각하였기 때문이다. 그러나 러시아는 불균형을 이유로 일본의 이 협상안을 거절하였다. 러시아는 만주가 일본의 세력권 밖에 있다고 주장하고 일본과의 협상을 거절하였다. 나아가 조선에 대해서도 조선 영토를 군략적 목적에 사용치 못하며 게다가 북위 39도 이북을 중립지대로 하자고 주장함과 동시에, 한국에 대한 일본의 권리를 제한한다고 주장하였다.[42]

이에 대하여 만한 교환론의 실무 담당자인 고무라는 10월 6일부터 26일까지 러시아의 실무 담당자인 로젠 공사와 협상하려 하였지만 실현되지 않았다. 또한 러일 양국은 그 후로도 계속해서 협상에 임하였지만, 러시아의 거절로 결국 무위로 끝났다. 따라서 당시 러시아에 대한 일본 여론의 방향은 이토를 중심으로 하는 러일 동맹론자와 가쓰라를 중심으로 하는 영일동맹론자라는 두 가지의 조류로 나뉘어 있었다.[43] 러일 개전만은 피해야 한다고 생각하고 있던 이토는 1900년 11월, 직접 러일 교섭에 참가하였다. 이토의 목적은 러시아와의 평화적인 협상을 통하여 조선과 만주 문제를 해결하고자 하는 것과 한편으로는 러일동맹도 생각

42 前掲, 『公爵桂太郎傳(坤巻)』, pp. 174-175.

43 前掲, 『東亜先覚志士記伝(上)』, p. 686.

하고 있었던 것으로 짐작된다. 이토는 러시아와의 동맹은 대등한 관계에서 유지될 수 있다고 생각했지만, 영국과의 동맹은 대등한 동맹이 되지 않을 것이라고 예측하고 있었다. 만약 영일동맹이 아닌 러일동맹이 성립되었다면 동아시아의 역사는 달라졌을 것이다.

이토는 무엇보다도 영국과 보조를 맞추면서 아시아 정책에 주력하고 있는 미국에 대해서 조금씩 경계심을 가지고 있었던 것으로 보인다. 즉, 미국의 아시아 진출은 일본의 이해관계와 중첩되는 것으로 양국은 결국 대립할 수밖에 없었다. 이를 예견하고 있던 이토는 러일동맹이 일본의 대아시아 정책에 도움이 된다고 생각하고 있었을 것이다. 이토가 유럽으로 건너가 러일 협상을 진행하려고 하였지만, 가쓰라 등의 영일동맹론자가 비밀리에 추진하고 있던 영국과의 협상이 먼저 성립됨으로써, 이토의 러일동맹은 이루어지지 못하였다.[44] 1902년 1월 30일 일본과 영국 사이에 비밀리에 영일동맹이 체결되어 러일전쟁의 길을 내딛게 되었다. 당시 대러 강경운동을 주도한 국민동맹회는 영일동맹이 체결된 후인 1902년 4월 27일 해산하게 되었다.[45]

---

44 「井上宛桂書簡」, 伊藤博文関係文書研究会編, 『伊藤博文関係文書』, 塙書房, 1901年8月28日.

45 국민동맹회가 러일 개전운동의 최고 절정기에 도달하였을 때, 돌연 해산하게 되었다. 이 부분에 대해서 간단하게 설명하면, 당시 국민동맹회에는 고노에 중심의 그룹과 헌정본당의 그룹이 존재하여, 이들 간에 주도권 다툼이 있었다. 또한 이토의 입헌정우회의 정치적 비난 공격이 크게 작용하였다. 특히 헌정본당계 회원들은 국민동맹회의 대러 강경운동을 당세 확대에 이용하려는 의도가 있었기 때문에 이것을 간파한 고노에는 해산을 단행할 수밖에 없었다. (酒田正敏, 「対外硬の運動」(その四)(東京都立大學法学会編, 『東京都立大學法学雑誌』, 第11巻 1号, 京都立大學法学会, 1970年, p. 180; 小林雄吾編, 『立憲政友会史』, 第1巻, 立憲政友会史編纂部, 1924년, p. 40).

동아동문회가 국민동맹회를 결성하여 대러 강경운동을 추진한 목적을 살펴보면 다음과 같다. 첫째, 도야마는 동아동문회가 중국 중심의 정치단체로 교육사업을 지향하는 취지에서 결성된 것이기 때문에 대외강경운동을 주도하는 것은 바람직하지 못하다고 생각하였다. 따라서 도야마는 동아동문회가 대러 강경운동을 주도하는 것은 좋지 않다고 판단하였고, 대러 강경운동을 전국적으로 전개할 수 있는 새로운 단체가 필요하다고 생각하여 국민동맹회를 결성한 것이다.[46] 둘째, 국민동맹회는 이토의 러일동맹론에 대해 반대하였다. 당시 러시아 남하에 대한 정부 및 대국민적인 대응안에는 러일동맹론과 영일동맹론이 있었다. 두 가지 방법론을 두고 양측의 심한 논쟁이 있었지만 최종적으로는 영일동맹론이 국시로 채택되었다. 특히 동아동문회는 지난 날의 삼국간섭 등 러일 대립의 역사를 되새기면서 이토 등의 러일동맹론을 저지할 필요성이 있었으며, 또한 러일동맹론은 일본의 대륙 진출 방향과도 전혀 맞지 않는 정책이었다고 판단하였다. 셋째, 국민동맹회는 기존의 '대러 공포증'을 제거하고자 하였다. 즉, 국민동맹회의 대러 강경운동에는 러시아에 대한 일본 국민의 공포증을 일소하고자 하는 의도가 숨겨져 있었다. 따라서 국민동맹회의 대러 강경운동이 일본 정부나 국민들에게 직간접적으로 영향을 끼친 결과 이토의 러일동맹을 무산시켰으며, 나아가 정부의 대러 외교정책을 기존의 나약한 외교에서 강경외교로 선회시켰다고 볼 수 있다. 그러나 1902년 4월 발표된 국민동맹회의 「전국대회선언」을 보면,

46 平塚篤, 『伊藤博文秘録』, 原書房, 1982年, p. 137.

“국론은 이미 우리들의 주장처럼 통일되었으며 국시는 우리들의 의견을 채택하였다. 이미 영일동맹이 성립되었으며 만주문제도 해결되었다”라고 나와 있다. 이를 통해서 동아동문회의 국민동맹회 참가 목적이 영일동맹과 만주문제 해결에만 있었다고 볼 수도 있다.

Ⅲ. 동아동문회와 러일전쟁

1. 러일 개전운동

러시아의 만주 점령을 둘러싸고 당시 정부 내의 여론은 이토 등의 온건파와 가쓰라 수상 등의 강경파가 양분되어 있었다.[47] 특히 가쓰라 등의 강경파는 만한교환론에 대해서 강하게 부정하고, 러시아에 대항하는 방법으로 영일동맹을 체결하고 개전 준비에 착수하기 시작하였다. 한편 일본 외무성이 러시아의 만주 점령의 부당성을 영국뿐만 아니라 세계 각국에 알리는 데 노력한 결과, 러시아의 만주 불법 점령에 관해 미국의 대러시아 항의를 이끌어내는 외교적 성과도 거두었다. 이와 같이 영일동맹과 미국의 항의에 의해 러시아는 1902년 4월 8일 청국정부와 만주 철병 협정을 맺고 10월 8일까지 제1차 철병을 행하였지만,[48] 철병 예정

47 前揭, 『公爵桂太郎傳(坤卷)』, pp. 166-167.

48 淸水靖久, 「日露開戰と非戰論」, 『比較社會文化』, 第8卷, 九州大學大學院比較社會文化學府, 2002年, p. 3.

시기인 1903년 4월 8일 만주 철병은 이루어지지 않았다. 4월 8일은 만주환부조약(満州還附条約)에 의한 제2차 철병예정일이었다. 이 날을 기념해서 도쿄 우에노(上野) 공원에서 '대러동지회(対露同志会)'가 개최되었다. 이 대회의 참가자 140명 중에는 동아동문회의 회원도 다수 포함되어 있었다.[49] 특히 동 단체의 중견 간부인 나카니시 마사키는 "러시아는 만주 점령에 대해 지금까지 많은 이유와 변명을 해왔지만, 분명한 것은 여전히 러시아가 불법으로 만주를 점령하고 있다는 것을 우리가 인지해야 한다는 것이다. 따라서 일본과 영국은 신속하게 만주의 지배권을 원상회복하도록 청국정부에 권고하고, 나아가서 만주를 개방하여 동아시아의 평화가 보장되기를 바란다"[50]라고 러시아의 만주 철병을 주장하였다.

동아동문회의 회장인 고노에는 1903년 5월, 러시아의 만주 철병 불이행에 대한 대러시아 결전의 의지를 정부에 전달하기 위한 우회적인 수단으로 당시 일본의 최고 지식층이자 학자들인 '칠박사(七博士)', 즉 도미이(富井政章), 가나이(金井延), 데라오 도루(寺尾亨), 나카무라 신고(中村進午), 도미즈 히론도(戸水寛人), 오노(小野塚喜平次), 다카하시(高橋作衛) 등에게 대러강경론 유세를 촉구하였다.[51] 칠박사의 데라오, 나카무라, 도미즈는 1900년 7월 19일 동아동문회의 젊은 회원들에 의해 설립된 '동양구락부(東洋俱楽部)'의 회원이며, 그 후 도미이, 가나이, 오

49 前揭, 『近代日本における対外硬運動の研究』, p. 229.

50 『日本』, 1903年4月9日.

51 山本茂樹, 『近衛篤麿』, ミネルヴァ書房, 2001年, p. 188, p. 292.

노, 다카하시도 여기에 참가하여 동 단체의 회장인 고노에와 깊은 관계에 있었다. 이들 칠박사는 동년 5월경 고노에의 지시를 받고 대러 결전의 의지를 담은 「開戦意見書」를 아래와 같이 수상 및 각 대신, 원로에게 제출하였다.

> 조선을 지키고자 한다면 만주를 러시아의 지배에서 벗어나게 해야 할 뿐만 아니라, 특히 주의가 필요한 것은 외교 분쟁의 중심을 만주와 조선에 두는 것은 좋지 않다. 아마 틀림없이 러시아는 양국 현안의 해결을 조선에서 시작하려고 할 것 같다. 왜냐하면 논쟁의 중심을 조선에 두면, 만주는 당연히 러시아 세력 내에 포함시킬 수 있는 편리함이 있기 때문이다. 따라서 현 시점에서 극동아시아의 문제 해결은 반드시 만주 보존에 한정해서 해결하지 않으면 안 된다. (중략) 만주문제는 조선의 이익과 관련해서 논할 필요는 없다. 만주문제는 만주문제로서 해결해야 할 것이다. (중략) 만주 철병의 불이행에 의해 위급존망(危急存亡)의 관계에 놓여 있는 일본은 최후의 결심을 가지고 만주 철병을 요구할 권리가 있다.[52]

동 단체의 오가와 헤이키치(小川平吉)는 제18회 의회에서 "만주의 개방과 폐쇄는 일본의 통상에 매우 중대한 영향을 미치며, 동양의 평화와 깊은 관계를 가지고 있는 일본은 만주에 공통의 이해관계를 가지고

52 『東京朝日新聞』,1903年6月24日; 前掲, 『近衛篤麿日記(付属文書)』, p. 377;大津淳一郎, 『大日本憲政史(5)』, 原書房, 1969年, p. 642.

있는 열국과 연대해서 만주를 모든 국가에 개방해야 할 것이다”라는 「質問主意書」를 제출하였다.[53] 또한 동아동문회의 회장인 고노에 자신도 러시아의 만주 점령에 대해 아래와 같이 주장하였다.

> 일본제국의 이익선은 조선반도라는 것을 지금 열국도 인정하고 있다. 이주민(移住民)의 입장에서 본다면, 일본인의 만주 거주가 러시아의 만주 거주보다도 훨씬 오래되었다. 더군다나 만주에 있어서 일본 이주민의 숫자는 러시아보다 많으며, 또한 무역은 일본제국의 대부분을 차지하고 있다. 따라서 만주문제의 해결은 장래 일본의 이해뿐만 아니라 지금 현재의 이해에도 관련되어 있다. (중략) 만약 일본이 러시아의 만주 지배를 허용한다면 다음에 오는 것은 분명히 조선에 대한 압박일 것이다. 조선 정부가 이 압박을 견디지 못하고 일본의 조선반도 이익선 경영에 반항하고, 나아가서 일본의 기득권에도 큰 장애가 될 것이라는 예상은 청일전쟁의 삼국간섭보다도 훨씬 클 것이다. (중략) 만약 청국을 대신하여 러시아가 만주의 주인이 된다면, 조선 정부에 대한 압박은 지금의 청국처럼 완만하지 않을 것이다. 조선 정부를 강압하여 남부 해안의 요충지를 점령하여 일본해와의 연결을 획책하려는 것이 너무나도 당연한 행동일 것이다. (중략) 공공연하게 만한교환을 주창하는 사람이 있지만, 위의 예상을 한 번쯤 생각한다면 이해할 수 있을 것이다.[54]

---

53 岡義武編, 『小川平吉関係文書(1)』, みすず書房, 1973年, pp. 29-30.

54 近衛篤麿日記刊行会編, 『近衛篤麿日記』(付属文書), 鹿島研究所出版会, 1969年, pp. 339-400.

러시아의 만주 점령에 대한 해결방법을 조선을 둘러싼 일본과 러시아의 지배권 다툼과 결부시켜서 해결하려는 것은 결국 러시아의 조선반도 침략을 가능케 할 뿐만 아니라, 장래의 일본의 독립에도 큰 영향을 가져올 것이라고 고노에는 예견하고 있었다. 따라서 그는 이토 등의 친러파의 만한교환론에 결코 동의할 수 없었다. 이러한 고노에의 주장은 1902년 12월 8일 도미즈와의 회담에서도 찾아볼 수 있는데, 그는 "러시아가 만주를 개척하여 행정적인 지배가 이루어진다면, 반드시 조선을 향한 정치적 압박이 올 것이다. (중략) 러시아의 지금까지의 행동을 본다면 안심할 수 없는 상황이다. 만주 경영을 완성한 뒤에는 조선을 침략할 것이 명백하다. (중략) 이와 같은 상황이므로 결국 러시아와 일본의 전쟁은 피할 수 없다고 생각한다"[55]라고 의견을 피력하였다. 이것은 만주문제의 해결은 만한교환론에 의해서 해결할 수 있는 사항이 아니라 러시아와의 전쟁으로만 해결할 수 있다는 것으로 고노에의 결사적인 전의를 엿볼 수 있는 대목이기도 하다.

이렇듯 고노에가 결사 전의를 갖게 된 배경에는 2가지가 있다. 그중 하나는 러시아의 만주 영구 점령 획책이며, 다른 하나는 개전 준비의 징조였는데, 이것이 중국에 파견된 동아동문회 회원에 의해 도쿄에 보고되고 있었기 때문에 누구보다도 러시아의 의도를 정확히 파악하고 있었다는 점이다. 실제로 러시아는 만주 점령과 함께 1903년 4월 말경부터 의주(義州)에 병력을 투입하고, 병영 건설 및 식량 비축에 힘쓰는 한편,

55 上揭, p. 346.

만주 영구 주둔을 꾀하고 있었다.[56] 물론 동 지역의 러시아군 동향은 참모본부의 관계자를 비롯하여 동아동문회의 회원들에 의해서 철저하게 분석되고 있었다. 동 단체의 회원인 무네가타는 동년 6월 5일 압록강 연안의 용암포 지역에 주둔 중인 러시아군 병영을 시찰하였으며,[57] 이데는 1903년 7월 14일 만주에 주둔하고 있는 러시아군의 상황을 구체적으로 기록하여 그것을 도쿄의 동 단체 본부에 다음과 같이 보고하였다.

> 요양(遼陽)에는 러시아군 5천 명이 주둔하고 있다는 소문이 있지만, 사실은 2천 명의 주둔군이 있을 뿐입니다. 봉천지역의 병력 대부분은 이곳에 와 있습니다. 러시아 육군성 장관이 오는 것에 대비하여 검열 준비를 하고 있습니다. 요양의 서쪽 밖에는 넓은 벌판이 있으며 훈련병과 검열 준비에 분주한 움직임을 볼 수 있습니다. (중략) 또한 병영을 마련하기 위해 장대한 건물도 짓고 있습니다. (중략) 하얼빈에서는 계속해서 마을도로 공사를 진행하고 있고, 증축에 착수하여 러시아의 관사는 현재 3천 채에 이르고 있습니다. (중략) 이 지역에 주둔하고 있는 러시아 병력은 17, 18 연대 외에 기병대와 포병을 포함해서 1만 이상의 병력입니다. 이 지역의 정보 조사에 의하면, 관성자역(寬城子駅), 즉 장춘에서 길림성 지역을 통하는 지선은, 다음달 1일부터 공사에 착수한다고 합니다. (중략) 길림성 지역 내에는 러시아군의 병참간부를 배치하여 출입자의 신분을 철저히 조사하는 등 엄중한 경비를 하고 있습니다. 이 지역에 주

56 「露国の義州進兵」, 『日本』, 1903年5月9日.
57 馮正宝, 『評伝宗方小一郎』, 熊本出版文化会館, 1997年, pp. 316-317.

둔하고 있는 러시아 병사들은 러일 개전을 공공연하게 유포하면서, 이미 일본은 안동현 부근에 많은 식량을 비축하여 병참부를 설치하였다고 선전하고 있습니다.[58]

한편 동 단체의 회원 구니토모(国友重章)는 일찍이 서울에서 『漢城新報』를 창간하였으며 명성황후를 살해한 대륙낭인으로 알려진 인물로, 1903년 7월 5일 잡지 『日本人』에 러일 개전을 촉구하는 사설을 게재하였다. 그는 러시아의 만주 점령에 대해서 "결코 이것을 외무성만의 문제로 가볍게 넘겨서는 안 될 것이며, 결국 러일의 충돌은 피할 수 없는 일"[59]이라고 단언하였다. 또한 도미즈도 러시아와의 개전은 "일본의 자주독립을 위해서 반드시 필요하며, 과감하게 러일 개전을 주장한다"[60]라고 하면서 개전의 필요성을 역설하였다.

이와 같이 칠박사의 「開戰意見書」를 시작으로 동 단체의 개전 여론은 전국적으로 확대되어 갔다. 마침내 같은 해 8월 9일 동아동문회는 흑룡회 관계자들과 함께 러일 개전운동을 조직적이고 체계적으로 전개하기 위한 모임을 개최하였다. 회장 고노에와 위원장 고무치 그리고 오가와 등의 대외강경파 회원들은 대러동지회를 결성하였다. 동 단체는 같은 해 10월 5일 도쿄에서 전국동지대회를 개최하고, "우리들은 오늘의 사태 추이를 관찰, 주시하고, 하루속히 최후의 수단을 취할 시기를 찾고

58 前揭, 『近衛篤麿日記』(付属文書), pp. 502-505.

59 国友重章, 「日露の衝突は免る可らざる事」, 『日本人』, 政教社, 1903年7月5日.

60 戸水寛人, 「新趨勢に伴ふ日本の国是」, 『日本人』, 政教社, 1903年10月20日.

있다. 결코 당국자의 소극적인 태도에는 동감하지 않을 것"[61]이라며 대러 결전의 의지를 대내외적으로 과시하였다. 이러한 대러동지회의 대러 강경론을 측면에서 지원하고, 정부와 국민으로부터 동정과 지지를 이끌어내려는 의도에서 동 단체의 간부인 네쓰는 8월 하순경 러시아의 만주 경영을 타파하기 위한 적절한 수단과 방법은 오로지 전쟁밖에 없다고 단언하는 「対露主戦策」을 발표하였다. 그는 서언에서 대러 개전이야말로 만주문제를 신속하게 해결할 수 있는 유일한 방책이라고 언급하면서, 러시아의 만주 점령은 일본의 독립을 위협하는 동시에 조선과 중국의 독립마저도 위태롭게 하는 최대의 군사적 도발 사건이라고 단언하였다.[62] 그는 자신의 주장을 정부 당국자에게 건의하는 한편, 대러 개전의 정당성을 대외에 선전하기 위해 일본 및 중국 각 지역에 책자를 배포하였다.

러일 개전 강경론은 정부의 개전반대론에도 불구하고, 동아동문회의 중견 간부인 우치다 등의 젊은 회원들에 의해 더욱 강렬하게 확산되어만 갔다. 그들은 동 단체의 회원이기도 하였지만, 1901년 설립된 흑룡회의 중심인물이기도 하였다. 그들은 정부의 감시망을 피해 안전하게 개전운동을 전개하기 위해 흑룡회의 부산지부에서 "러시아는 이미 철병 약속을 무시하고 만주 경영에 착수하고 있다. 지금 만약 만주 점령을 허용한다면 그들은 동청철도를 이용해 더욱 주변 지역을 침략하고 지배하

---

61 前掲, 『東亜先覚志士記伝 (上)』, p. 717.

62 東亜同文書院滬友同窓会編, 『山洲根津先生伝』, 根津先生傳記編纂部, 1930年, pp. 293-311.

여 결국 만주는 영원히 러시아의 점유가 되는 것이 명백한 사실일 것이다. (중략) 지금 일본이 러시아에 대항하기 위한 유일의 수단과 방법은 오로지 전쟁뿐이다"[63]라는 개전 촉구 내용이 담긴 책자『대러위기』를 발행하면서 정부당국자에게 최후의 결단을 요구하였다.

동아동문회를 비롯하여 많은 사람들이 왜 만주에 집착하였는지 그리고 만주문제를 해결하기 위해 왜 개전을 요망하였는지에 대해 경제적 측면에서 살펴보았다. 당시 일본 정부는 물론 대다수의 지식층은 만주가 일본의 식량 수입처 혹은 원자재 공급처, 나아가서 무역시장으로서 유망한 지역이라고 인식하고 있었다. 이러한 인식은 일본 국내의 심각한 경제 사정을 잘 반영하는 것으로, 영세 자영업자는 물론, 대기업에 이르기까지 더 이상 감당하기 힘든 상황을 잘 반영하고 있었다. 청일전쟁 후, 일본은 중국으로부터의 배상금에 힘입어 경제적 호전을 기대하였지만 경제 상황이 좀처럼 나아지지 않았다. 특히 군비 증강에 따른 무거운 세금과 높은 이자 그리고 노동자 임금의 착취로 가내수공업이나 공장제 수공업이 유지되는 수준에 머물고 있었다. 물론 산업혁명에 힘입어 노동자 계급의 임금은 상대적으로 상승하였지만 그만큼 국가에 내는 세금도 무거워졌다. 열악한 자본과 기술력 그리고 노동자의 저임금에 의해 겨우 지탱돼 온 국내 산업은 서구 선진국과의 경쟁으로 침체되고 노동자의 임금은 점차 줄어들게 되었다. 예를 들면 1900년 3월 섬유 여직공의 임금은 38전이었지만 1903년 3월에는 20전까지 낮아졌다.[64] 이와 같

63 長陵書林篇集部, 「黒龍会日露戦争期論策集に就て」,(葛生修吉他編, 『復刻対露の危機·和局私案』, 長陵書林, 1981年).

이 섬유 여직공의 임금처럼 도시 노동자 모든 직종의 임금이 적어졌지만, 상대적으로 쌀값은 22%까지 상승하는 기현상이 일어나 도시 노동자의 생활은 점점 궁핍해지기만 하였다. 이와 같은 열악한 후진 자본주의 구조 아래에서는 국민의 상품구매력은 현저히 낮을 수밖에 없었고 국내시장 역시 원활한 기능을 다하지 못하였다.[65]

무엇보다도 감당하기 어려운 현실은 1897년부터 1900년까지 연이어 발생한 흉작에 의한 식량난이었다. 특히 1902년부터 1903년에 걸쳐 동북지방의 기아는 대단히 어려운 상황에 놓여 있었다. "지금 동북의 가난한 백성은 백만 명에 달하고 있으며, 지금 그들은 견디기 힘든 기아에 빠져 고양이와 쥐를 식용으로 이용하고 있을 뿐만 아니라, 개와 말은 물론 나무껍질과 풀로 연명하고 있는 실정이다"[66]라는 기록에서 당시의 식량 부족 상황의 심각성을 들여다 볼 수 있다. 이러한 경제적인 어려움을 극복하고자 하였던 개전론자들은 일반민중의 불만을 해소하고 국가경제를 반석 위에 세우기 위해 러시아와의 전쟁은 불황 타개책 및 불만 해소의 근본적인 해결책이라고 인식하고 있었다. 실제로 당시의 영세업자는 물론, 상공업자들마저도 이러한 심각한 경제 상황을 극복하기 위해서는 전쟁이야말로 장기불황을 만회할 수 있는 기회 내지는 적절한 방안이라는 극단적인 인식을 가지고 있었다.[67] 따라서 개전론자들은 국내외에 산적한 모든 문제를 러일전쟁으로 한꺼번에 해결하고자 하였다.

---

64 信夫清三郎·中山治一編, 『日露戦争史の研究』, 河出書房新社, 1972年, p. 190.
65 井上清, 『日本の歴史(下)』, 岩波書店, 1988年, pp. 67-68.
66 「天明の飢饉と刻下の飢餓」, 『東洋経済新報』, 第294号, 1904年 2月.
67 信夫清三郎·中山治一編, 『日露戦争史の研究』, 河出書房新社, 1972年, p. 193.

특히 일본 국내 문제는 개전론 확산에 호재로 작용하였고, 점차 국내의 여론 방향도 개전론으로 나아가고 있었다. 이것을 예의 주시하고 있던 동아동문회의 최고 간부 삿사 도모후사, 고무치, 도야마 등은 이토를 방문하여 개전론을 건의하였다. 이것에 대해 이토는 "여러분의 충정 어린 건의를 분명히 받아들이겠다"[68]라고 암묵의 승낙을 하였으며, 여기서 긍정적인 대답을 얻은 그들은 이번에는 네쓰와 함께 가쓰라 수상을 방문하고 개전을 촉구하였다. 이와 같이 동 단체 회원들은 개전론의 정당성과 당위성을 전국유세와 책자를 통해서 국민에게 호소하는 한편, 정부 당국자로부터 러일 개전의 승낙을 얻은 결과, 고무치 이하 회원 59명이 서명한 건의서를 1903년 12월 16일 메이지 천황에게 제출하였다.

한편, 내각은 1월 12일 어전회의를 개최하고, 제국의 지위를 유지하고 기득권을 지킨다는 명분 아래 전쟁을 결의하였다.[69] 정부의 전쟁 결의에 대해 『평민신문』은 1904년 1월 17일 "우리는 끝까지 전쟁을 반대한다"[70]라고 개전 반대를 발표하였지만, 정부의 정책 방향을 확인한

---

68 前掲, 『東亜先覚志士記伝(上)』, p. 720; 개전운동이 활발하게 전개되는 동안, 1903년 가을에는 동아동문회를 중심으로 하는 정치단체 '사쿠라다(桜田) 구락부'가 결성되었다. 여기에는 동 단체의 가시와바라 분타로(柏原文太郎), 오우치 조소(大内暢三), 고무치 도모쓰네(神鞭知常), 와타나베(渡辺国武), 사토(佐藤正), 이오키(五百木良三), 구가 미노루(陸実), 모리무라(森村市左衛門), 미야케(三宅雄二郎), 노자키(野崎武吉郎) 등이 참가하고 있었다. 고노에 자신은 병마와 싸우고 있었기 때문에 개전운동에 직접 참가하지 못하였다. 그러나 각 회원들은 개전운동 및 만주 방면의 정보 수집 활동에 많은 노력을 기울였다. (近衛篤麿日記刊行会編, 『近衛篤麿日記』,(付属文書), 鹿島研究所出版会, 1969年, pp. 421-422).

69 「軍事公債発行に就て」, 『東洋経済新報』, 第262号, 1903年3月15日.

70 「吾人は飽くまで戦争を非認す」, 『平民新聞』, 1904年1月17日.

동아동문회의 중견 회원 도쿠토미는 1904년 2월 7일 『국민신문』에서 “지금 국민의 의분은 하늘을 찌르고 있다. (중략) 조선을 지키지 못하면 일본제국 또한 지키지 못할 것이다. 조선을 보존하지 못하면 일본도 보존하지 못할 것이다. (중략) 지금 일본이 해야 할 일은 극히 간단하다. 만주문제는 곧 조선문제이기도 하며, 조선문제는 곧 일본의 독립과 관련되어 있다. 일본제국 생사존망의 문제이기도 하다. 우리는 이와 같은 자각과 확신을 가지고 과감하게 국운을 걸고 러시아에 대항해야 할 것이다”[71]라고 발표하였다. 이러한 내용이 발표된 후 얼마 지나지 않아 1904년 2월 10일 대러 선전포고에 앞서 동년 2월 6일 일본 해군이 인천 앞바다와 뤼순항에 있던 러시아 함대에 기습공격을 가하였고 이로써 러일전쟁이 시작되었다.

대러 개전의 계기나 개전여론의 형성을 반드시 동아동문회에 의해서 이루어졌다고 단언할 수는 없지만, 항상 개전운동의 중심에는 동 단체나 회원이 존재하고 있었다. 특히 동 단체의 회장 고노에가 개전 여론 형성을 주도하였으며, 당시 최고 지식인으로 존경받았던 칠박사들을 이용한 점은 효과적이었다. 개전론이 국민적 합의점과 대내외적인 정당성을 이끌어낼 수 있었던 것은 국내의 어려운 현실문제가 기여한 점도 있지만, 무엇보다도 동아동문회의 뛰어난 정치적 감각이 있었기 때문에 가능하였다고 볼 수 있다.

71 「義憤論」, 『国民新聞』, 1904年2月7日; 安藤英男, 『蘇峰徳富猪一郎』, 近藤出版社, 1984年, pp. 123-124.

2. 군부와의 협력

당시 러시아의 만주 점령에 대한 일본 국내의 여론은 러시아와 평화적인 협상을 통해 해결해야 한다는 신중론과 만주문제의 근본적인 해결책은 오로지 개전밖에 없다는 강경론으로 나뉘어졌다. 신중론의 대표자는 정부 원로인 이토였지만, 강경파는 가쓰라 수상 등 군인 출신자가 대부분을 차지하고 있었다. 강경파를 측면에서 지원한 것이 동아동문회였다는 점은 앞에서 언급하였지만, 동 단체는 개전운동 뿐만 아니라 전쟁실무자로서 전쟁기획에 참여하고 실전에 투입된 회원들도 있었다. 예를 들면, 전쟁기획을 획책한 '호월회(湖月会)' 결성과 '특별임무반(特別任務班)'과 '만주의군(満州義軍)' 활동이다.

당시 동아동문회에는 외무성의 관계자는 물론, 육군 관계자들도 다수 참가하고 있었다. 이들 중에는 참모본부 제2부장인 후쿠시마 야스마사 소장과 외무성의 중국 공사 우치다 고사이(内田康哉), 정무국장 야마자(山座円次郎), 서기관 혼다(本多熊太郎), 고이케(小池張造), 오카베(岡部三郎), 오바타(小幡酉吉), 시마가와(島川毅三郎) 등이 있었다. 특히 정무국장 야마자와 서기관 혼다는 개전 직전 육해군 참모본부의 소장파들과 도쿄의 가라스 모리(烏森)에 있는 요정인 호월에서 개전 준비에 관한 밀담을 주고받고 있었다.[72] 당시 외무성대신 고무라는 야마자와 혼다를 가장 신임하여 대러 문제에 있어서는 차관이나 통상국장보다도 더 신뢰하

72 谷壽夫, 『機密日露戰史』, 原書房, 1966年, pp. 36-37.

고 상담하는 관계였기 때문에 그들의 모임 자체는 대러 문제에 큰 영향을 미칠 수 있었다.[73] 그들은 러일 개전 직전의 1903년 5월 29일 외무성과 참모본부의 관계자 일부 그리고 육해군의 관계자 일부를 포함시켜 '호월회'를 결성하였다.[74]

호월회는 당시 러시아의 정세를 분석한 결과, "일본제국이 지금 당장 전쟁을 결심하여 러시아의 침략적 야욕을 물리치지 못한다면, 일본제국의 앞날은 암울할 것이다. 따라서 지금 개전의 기회를 놓친다면, 국운을 회복할 기회를 잃어버리고 말 것이다"[75]라며 개전결의를 모았다. 이 단체의 가미이즈미 도쿠야(上泉德彌) 중좌는 자신들의 개전결의를 육군참모본부의 후쿠시마 소장에게 신속하게 보고하였다. 물론, 후쿠시마는, "지금 개전을 통하여 동양에서 러시아를 퇴출시키지 않는다면, 만주를 거점으로 조선반도까지 침략의 손길을 뻗치는 것은 명확한 사실일 것이다. (중략) 일본의 세력은 대륙에서 도태되는 것은 물론, 이키(壹岐, 나가사키), 쓰시마를 포함한 규슈까지 침략의 손길을 뻗치려 할 것이다. (중략) 설령 전쟁에 패하는 최악의 경우를 맞이하더라도 일본 국민이 분발하여 노력한다면 백 년을 기다리지 않아 반드시 국운을 회복할 수 있을 것이다. 결코 러시아와 타협해서는 안 될 것이다"[76]라고 호월회의 개전결의를 강하게 지지하였다.

73 前掲, 『東亜先覚志士記伝(上)』, p. 728.

74 上掲, 『東亞先覺志士記伝(上)』, p. 738.

75 前掲, 『機密日露戰史』, p. 36.

76 前掲, 『東亞先覺志士記伝(上)』, p. 733; 宿利重一, 『兒玉源太郎』, 国際日本協會, 1942年, pp. 522-526. ; 一又正雄, 『山座円次郎伝』, 原書房, 1974年, pp. 31-33.

후쿠시마 소장은 첩보부의 중심기관인 참모본부 2부의 첩보 담당 책임자였다. 그는 개전 직전, 만주 주변에서 활약하고 있던 외무성 파견 무관 및 대륙낭인을 중심으로, 첩보부대 내지는 유격대 형태의 '만주의 군'을 계획하고 있었다. 물론 중국 현지의 베이징 주재 공사 우치다 고사이와 외무성 파견 무관 아오키 노부주메(青木宣純) 대좌 등도 대본영(大本営)의 지령에 의해 소규모의 부대를 구상하고 있었다.[77] 그것은 요코가와 쇼조(横川省三), 동아동문회 회원인 오키 데이스케(沖禎介) 등이 참가하는 요서(遼西) 특별임무반 계획이었다.

당시 우치다 공사는 본국으로부터 중국의 정황을 보고할 것을 지시받고 있었기 때문에, 텐진의 총영사이자 동아동문회 회원인 이주인 고로(伊集院彦吉)와 함께 중국 국내에 산재하고 있던 대륙낭인들과 수시로 연락을 주고받고 있었다. 그러나 당시 주기적인 만남이 이루어지고 있었던 대륙낭인은 요코가와와 동아동문회 회원인 나카지마(中島裁之) 등을 비롯하여 수 명에 지나지 않았으며 공사의 관원도 5, 6명을 넘지 않았다.

이러한 사정 때문에 우치다 공사는 만주문제 해결에 있어서는 공사관 무관 아오키 대좌를 비롯하여 동아동문회 회원인 가와시마 나니와(川島浪速)와 긴밀한 협조체제를 구축하면서 해결하고자 하였다. 가와시마는 1901년 4월 일본의 경찰 제도를 모방하여 베이징 경찰학당을 창설한 인물로 청국정부의 고관은 물론 몽골의 귀족들과도 친분이 두터

---

77 利岡中和, 『眞人横川省三傳』, 大空社, 1996年, p. 141.

운 중국대륙의 전문가로 알려져 있었다. 이러한 가와시마의 인맥 때문에 우치다 공사와 아오키 대좌는 언제나 가와시마와의 관계를 돈독하게 유지하고 있었다.

이러한 경과를 거쳐서 1904년 1월 특별임무반이 조직되었다. 이는 우치다 공사와 아오키 대좌 개인의 판단에 의해서 이루어진 점도 있지만, 그 배경에는 고다마 겐타로(兒玉源太郎) 참모차장과 후쿠시마 소장이 있었다. 고다마 참모차장은 아오키 대좌에게 다음과 같은 중요한 임부를 부여한다. "첫째, 중국과 협력하여 적군의 동향을 탐지할 수 있는 기관을 조직할 것. 둘째, 적군의 배후 교통선을 파괴할 것. 셋째, 마적단을 이용하여 적의 측면을 위협할 것" 등의 3가지 사항이었다.[78]

아오키 대좌는 고다마 참모차장의 지시대로, 우선 톈진에서 위안스카이와 회견하여 첩보 활동 및 마적단의 이용 등에 대해서 협력을 요청하고 승낙을 얻는 데 성공하였다.[79] 그 후 아오키 대좌는 베이징에 도착하여 특별임무반 편성에 따른 대원 모집에 착수하면서, 가와시마에게 도움을 요청하였다. 가와시마는 먼저 경찰학당의 교사인 마쓰모토(松本菊熊)와 상담하고 대원의 규합을 의뢰하였다.[80] 이때 가와시마는 러시아의 감시를 피하기 위해 마쓰모토를 경찰학당의 교사에서 파면하는 속임수를 사용하였다. 즉, 가와시마는 신년회를 개최한 자리에서 마쓰모토에게 만취케 하여 주변 사람에게 폭력을 행사하도록 지시하였다. 인민의 모범이

78 會田勉, 『川島浪速翁』, 文粹閣, 1936年, p. 94.
79 前掲, 『機密日露戰史』, p. 281.
80 前掲, 『川島浪速翁』, pp. 94-96.

되어야 할 관리가 난폭한 행위를 한 것에 대해 절대로 허용되어서는 안 된다는 대의명분을 내세워, 마쓰모토를 경찰학당에서 파면하는 절묘한 속임수였다.[81] 결국 마쓰모토는 경찰학당 교사에서 파면되어 자유롭게 첩보 활동을 할 수 있었다. 그는 중국 각지에서 중국 내정을 조사하고 있던 대륙낭인들을 베이징으로 소집하는 데 성공하였고, 1904년 1월 특별임무반이 베이징에서 편성되었다.

이와 같은 과정을 거쳐서 편성된 특별임무반은 모두 8반으로 구성되었다. 만주를 주 무대로 하는 특별임무반이 조직적이고 체계적으로 활동할 수 있었던 것은 동아동문회의 후쿠시마 소장, 우치다 공사 등 외무성 관계자, 대륙낭인 등의 유기적인 협력체제 그리고 『機密日露戰史』에서의 지적처럼 러일전쟁에 있어서 원활한 첩보 활동을 가능케 한 위안스카이의 공로와 그의 협조를 이끌어낸 아오키 대좌의 외교력이 크게 작용하였기 때문이다.[82] "위안스카이, 옥곤(玉昆), 철량(鐵良)은 비밀계획을 세우고 러시아군의 평양 진입을 기점으로 만주 전체의 마적을 봉기시켰다"[83]라는 기록이 있으며, 러시아군의 후방 및 측면 공격에 마적을 이용하여 많은 피해를 입혔다는 사실이 『滿州義軍』에 기술되어 있다.[84]

---

81 上揭, p. 97.

82 前揭, 『機密日露戰史』, p. 280; 前揭, 『眞人橫川省三傳』, p. 161.

83 당시 러시아는 몽골 마적과 만주 마적을 만주 지배의 최대 장애물로 간주하고 있었으며, 특히 만주 주변의 마적 토벌을 철저하게 이행하였다. 게다가 민심을 얻기 위해 마적을 토벌하면서도, 한편으로는 마적을 러시아군이 지배 조종하여 장래에 군사적으로 이용하려는 의도도 있었다. 그러나 만주 마적은 일본군보다는 러시아군에 보다 많은 적대감을 가지고 있었다. (前揭, 『機密日露戰史』, pp. 109-110; 山名正二, 『滿州義軍』, 大空社, 1997年, pp. 39-40).

84 上揭, 『滿州義軍』 참조.

표 6. 특별임무반 현황

구분	반원의 구성	활동 지역 및 목적	그 외
1반	伊藤柳太郎 외 5명	海拉爾(하이라얼, 東清鉄道) 지역의 철교 파괴.	동 지역의 철교 파괴 실패.
2반	沖禎一, 横川省三 외 4명	齋齋哈爾(치치하얼)지역의 철도 및 전선 절단.	동 지역의 철도 파괴 실패 및 하얼빈에서 러시아군에 의한 사형 집행.
3반	津久井 대위 반	봉천 북방 지역에서 활동. 러시아군의 교란 및 첩보 활동.	봉천과 철령(鐵嶺) 지구에서 러시아군의 측면 및 배후 교란.
4반	井戸川 대위 반	鐵嶺, 昌圖, 康平에서 활동 및 마적 지휘.	黒林子, 鄭家屯 지역에서 마적을 이용하여 러시아군의 교란 및 첩보 활동. 法庫門 주변에서 러시아기병대 공격.
5반	橋口 소좌 반	遼陽, 昌圖朝陽 지역에서 활동 및 마적 지휘.	奉天, 遼陽, 昌圖 및 康平을 근거지로 첩보 활동 및 마적 지휘.
6반	宮内 대위 반	봉천 북방에서 활동. 러시아군의 배후 교란 및 첩보 활동.	동 지역의 첩보 활동.
7반	花田 소좌 반	鳳凰城, 寨馬集 및 朝陽鎮지역에서 러시아군의 배후 교란 및 첩보 활동.	동 지역의 러시아군과의 전투 및 첩보 활동.
8반	馮馬隊 반	遼陽과 昌圖 지역에서 활동.	동 지역의 러시아군과의 전투 및 첩보 활동.

<표 6>에 나타난 것처럼, 오키 데이스케(沖禎一)와 요코가와의 철도 파괴의 실패 등, 특별임무반의 계획과 활동이 모두 성공적이었다고는 볼 수 없다. 그러나 "러시아군이 철도보호를 위해 경계군에 투입한 병력 수를 정확하게 파악할 수는 없지만, 적어도 몇 개 사단의 병력이 후방 수비를 위해 새롭게 투입되었을 것이다"라고 베이징의 우치다 공사는 추측하였다. 또한 특별임무반의 활약은 대담무쌍하여 러시아군의 배후 및

측면에 많은 타격을 입혔다. 당시 러시아군 참모이었던 곤다치 중좌가 특별임무반의 활동사항을 만주군 총사령관 구로바토킨 대장에게, "러시아군 우측에 위협을 주고 있을 뿐만 아니라, 러시아군에게 현재 막대한 피해를 입히고 있습니다. 이를 격멸하여 러시아군 우측의 안전을 유지하기 위해서는 우선 이동경계대를 증가시키지 않으면 안 될 것입니다. 철도 선로는 물론, 각 병참선의 수비병을 증가시키고 특별수색대를 편성하여 만주와 몽골의 경계선에 배치함으로써 적의 공격에 대비하지 않으면 안 될 것입니다"라고 보고하였으며, 특히 하시구치(橋口)반과 이도(井戸川)반 등의 몽골 마적과 만주 마적 3천 명이 러시아군에게 치명적인 피해를 입히고 있다고 지적하였다.[85]

표 7. 만주의군 현황

성 명	소 속	출신지	성 명	소 속	출신지
花田仲之助	보병 소좌	가고시마	安永東之助	동아동문회 현양사	후쿠오카
堀米代三郎	보병 대위	나가노	柴田麟次郎	현양사	후쿠오카
林介彌	보병 대위	기후	萱野長知	현양사	고치
関時太郎	부병 소위	나가노	福島熊次郎	현양사	사이타마
神吉常吉	보병 특무조장	효고	小野鴻之助	현양사	후쿠오카
横井六三郎	보병 특무조장	나가노	福住克己	현양사	나가사키
光岡義一	공병 특무조장	지바	真藤慎太郎	현양사	후쿠오카
広瀬寅三郎	보병 조장	이바라키	大川愛二郎	일청무역연구소	사가

85 上掲, 『眞人横川省三傳』, pp. 220-222.

'만주의군'은 동년 4월에 참모본부가 러시아군의 철도 선로 및 병참선 파괴를 목표로 만든 부대이며, 동아동문회의 후쿠시마 소장과 외무성 정무국장 야마자 등에 의해 추진되었다. 만주의군의 현황은 <표 7>과 같으며, 이 부대는 마적단을 포함하는 유격대로 편성되었다. 만주의군의 결성 배경과 과정을 살펴보면, 도야마와 동아동문서원장 네쓰, 육군 참모차장 고다마, 우치다 등 많은 사람들이 직간접적으로 관련되어 있음을 엿볼 수 있다.

예를 들면, 1903년 11월을 기점으로 러일 양국의 전운이 국내에 알려지자마자, 우치다는 히라오카의 소개로 육군참모차장 고다마를 방문하고, "러일전쟁이 시작되면 러시아가 본국에서 극동의 만주로 수송하는 운송 능력에 대해 군부는 어떠한 생각을 갖고 있는지 알 수 없지만, 나의 생각으로는 시베리아 철도가 비록 단선이지만 복선에 뒤떨어지지 않는 수송 능력을 가지고 있다. 그것은 우랄산맥을 넘어 시베리아를 거쳐서 만주에 도달할 때까지 장거리에 걸쳐서 수운을 이용할 수 있기 때문이다. 물론 베르흐네우진스크에서 치타까지 수운을 이용할 수 없는 지역도 있지만, 단거리이기 때문에 큰 장애는 되지 않는다. 따라서 그들이 수운을 병용할 경우는 처음 러시아 본국에서 출발한 병참물이 만주에 도착할 때까지는 3, 4개월이 필요하지만, 그 후는 수륙 양면에서 연속해서 도착하기 때문에 그 운송 능력은 대단하다"라고 설명하는 한편, 만주에서 조달 가능한 물자는 러시아군 백만의 병시를 보충할 만한 여력이 있다고 강조하였다.[86]

우치다는 이번 전쟁의 승패는 러시아의 병참물 수송능력에 달려 있는 만큼 러시아의 수송력을 저지할 대책, 즉 "만주 마적을 이용해서 적의 수송을 방해하는 방책으로, 지금 마적과 행동을 함께 하는 자가 만주, 시베리아 각지에 산재하고 있고, 또한 은밀히 연락을 취하고 러일의 개전을 기다리고 있는 자도 있습니다"라고 보고하면서, 러시아의 수송능력을 마비시키지 않는 한 전쟁에서의 승리는 어렵다고 하였다.[87] 우치다의 건의는 참모본부의 후쿠시마 소장에게 전달되었음은 물론이며, 이것이 만주의군 구상의 단초를 열었다. 이 같은 우치다의 러시아 수송력 파괴 건의가 만주의군 결성에 하나의 계기가 되었음은 의심할 여지가 없다.

동년 5월 7일 참모본부의 후쿠시마 소장으로부터 특별임무반을 편성하라는 명령이 하나다 주노스케(花田仲之助) 소좌에게 내려졌으며, 하나다는 참모본부의 중국 파견 명령을 받았다.[88] 그가 중국에서 대원을 규합한 것은 6월 5일 쓰루오카(鶴岡永太郎)와 합류한 시점부터이다. 그리고 6월 21일 정지바오쯔(鄭家堡子)에서 만주의군이 정식으로 발족되었다.[89] 쓰루오카는 1902년 9월 이미 외무성의 야마자와는 물론, 베이징공사 우치다의 지시를 받고 봉천을 근거지로서 동청철도 연선, 동변도(東邊道) 일대, 동부 내몽골 지방을 정탐하여, 러시아의 군사적, 정치적 그리고 경제적 침략을 상세히 조사하고, 1903년 11월 귀국 직전에 그

---

86 玄洋社社史編纂會.『玄洋社社史』, 覆刻版, 近代史料出版會. 1977年, p. 550; 黒龍倶楽部,『國士内田良平傳』, 原書房, 1967年, pp. 269-270.

87 上掲,『國士内田良平傳』, pp. 270-271.

88 前掲,『滿州義軍』, p. 84.

89 前掲,『日本近代史の空間』, p. 131 ; 前掲,『滿州義軍』, p. 130.

간의 정탐 기록을 외무성에 보고하였다.[90]

보고서의 일부에는 "치타, 니코리스크, 노우케이스쿠, 훈춘 방면의 러시아군은 보세토, 양치카 방면과 다롄, 피자와(皮子窩) 방면으로 이동하여 완벽하게 전투 준비를 마친 것처럼 그 위용이 대단하다. (중략) 지금 현지 상황을 살펴보면, 러시아군의 철병은 커녕 새롭게 병력 증강이 이루어지고 있을 뿐이다. 러시아군의 안중에는 일본제국의 존재는 없는 것처럼 보인다. (중략) 신속하게 대책을 강구할 것을 경고하는 바이다"라는 내용과 러시아군의 이동로, 병력 상태, 지역 배치에 대해서도 상세하게 나타나 있었다.[91] 그는 상하이에 도착한 후 잠시 동안 압록강 주변에서 정규군과 함께 전투에 참가하면서 본국의 선발대를 기다리던 중 6월 5일 본국에서 파견된 하나다 소좌와 합류하여 부대 편성에 착수하였다. 이와 같이 만주의군 편성은 참모본부와 동아동문회, 외무성의 관계자 등의 의해 계획, 추진되었지만 대원의 인적 구성 면에서 본다면 현양사 및 대륙낭인 등에 의해서 이루어졌다고 보아야 할 것이다.

하나다는 6월 21일 정지바오쯔에서 80명의 대원으로 만주의군을 발족시켰지만, 그 후 대원은 점차 증가하여 150명의 중견부대로 성장하였고, 더욱이 만주 마적을 편입하는 과정을 거쳐서 부대의 규모는 1,200명에 이르는 대규모의 전투부대로 발전하였다.[92] 만주의군은 러시아군의 교통을 차단하는 것이 주요한 목적이었지만, 철도 파괴 및 전선 절단

---

90 山名正二, 『滿洲義軍』, 月刊滿州社東京出版部, 1932年, p. 12.

91 上揭, pp. 47-52.

92 前揭, 『滿洲義軍』, p. 115.

은 물론, 배후 교란 등의 단독작전을 수행하기도 하였다. 때로는 정규군과 함께 전투를 수행하는 합동작전에도 투입되어, 압록강 주변의 천합령(千合嶺)전투에서는 정규군과 함께 빛나는 전공을 세웠다.[93] 또한 정규군 부대의 손길이 미치지 못하는 산간 밀림지역 및 계곡 등지에서의 기습공격이 러시아군에게 큰 피해를 줌으로써 일본군의 전력 증강에 크게 기여하였다.[94] 이러한 활동을 빗대어, 그들이 당시 러시아군의 눈엣가시와 같은 존재로서 인식되었으며,[95] 러시아군에서 섬멸 대상 중 최고의 목표물이 되기도 하였다.

이와 같이 개전과 함께 동아동문회의 회원들은 특별임무반 및 만주의군에 직간접으로 관여하여 군부에 협력하였지만, 한편으로는 통역이나 정찰 임무 등을 수행하면서 군부에 협력한 회원들도 다수 있었다. 예를 들면, 다나베는 금주(金州) 방면에서 전투를 치르고 있는 부대를 위해서 위험을 무릅쓰고 중국인 행세를 하면서 주변 지형과 정세를 살피는 정찰 임무를 수행하였다. 또한 같은 회원인 이부카(井深彦三郎)도 만주군 사령부에 배속되어 봉천 지역의 정찰 임무에 종사하였다. 이처럼 회원들의 일부는 오랜 중국 내정 정탐 경험을 살려서 정찰 임무에 종사하였으며, 오랜 중국 생활에서 터득한 중국어 실력을 이용해 통역관으로 활약한 회원도 있었다. 가타야마(片山敏彦)는 개전과 함께 육군 통역관

93 上揭, pp. 312-316.

94 邊見勇彦, 『滿州義軍奮鬪史』, 先進社, 1932年, p. 130 ; 만주의군의 활동에 관해서는 『東亞先覺志士記伝(上)』(pp. 815-836)와 石瀧豊美, 『玄洋社發掘』, 西日本新聞社, 1997年(pp. 168-173) 참조.

95 前揭, 『東亞先覺志士記伝(上)』, p. 815.

으로 랴오둥 수비군 사령부에 배속되어 전장을 누비면서 활약하였고, 같은 통역관으로 전쟁에 참가한 도다(戸田義男)도 보병 제1연대에 배속되어, 득리사(得利寺)를 비롯해, 해성(海城), 요양(遼陽), 사하(沙河) 등의 전투에 참가하였다. 동아동문회 회원들은 일본의 전쟁 승리를 향해서 위협을 무릅쓰고 군부에 협력하였을 뿐만 아니라, 오키, 요코가와 등 젊은 청년들은 자신들의 귀중한 목숨마저 일본의 군부에 바쳤다. 이들의 전쟁 협력이 요구된 것은 현역 군인 중에서 러시아어 및 중국어에 능통한 자, 현지 지형 및 지물에 밝은 인물을 선별하는 것이 대단히 어려웠기 때문이라는 것이 오늘날의 일반적인 평가이다.

3. 러일강화조약 반대운동

러일전쟁은 조선반도의 지배권과 만주의 이권을 둘러싸고 일어난 양국 간의 전쟁이었으며 동아시아의 역사를 바꾼 사건이었다. 일본은 러시아와의 결전을 예상하고 수년에 걸쳐서 러시아 내정을 조사한 결과 내정의 실패는 물론, 시베리아 개척과 만주 경영에 따른 철도 건설비의 증액으로 국가재정이 파탄 직전이라는 것을 알게 되었다. 이러한 사실을 증명하듯이 러시아는 1901년 각 지역에서 추진되고 있는 철도 공사를 대부분 중지하였다. 여분의 자본을 시베리아 철도와 동청철도 공사에 전용하지 않으면 안 될 재정적 위기에 봉착하였으며,[96] 전비의 조달을 국

96 内田良平(宮川悌二郎解説), 『ロシア亡國論』, 覆刻版, 大東塾出版部, 1977年, pp. 82-83.

내 자체적으로 해결하지 못하고 프랑스와 독일에 의지하지 않으면 안 되었다.[97] 일본은 본국과 멀리 떨어진 만주의 지리적 약점이 러시아의 전력을 약화시키는 주요한 요인이 될 것이라고 판단하고 있었다. 따라서 당장 러시아와 개전을 한다고 해도 전승에는 문제가 없다고 자신하고 조선반도와 랴오둥반도에서 러시아와의 전쟁에 돌입하였다.[98]

일본은 1904년 2월 10일 공식적인 절차에 통하여 대러시아 선전포고를 하지만, 2월 6일 이미 일본 해군은 인천 앞바다와 뤼순항에 정박하고 있던 러시아 함대를 기습 공격함으로써 기선을 제압하여 유리하게 전쟁을 치를 수 있는 기반을 마련하였다. 기선을 제압한 일본군은 1905년 1월 2일 뤼순 함락을 기점으로, 3월에는 봉천을 점령하고, 특히 5월 도고 헤이하치로(東郷平八郎)의 쓰시마 해전의 승리에 의해 각 전선의 전황은 일본에 유리하게 전개되었고, 결국 러일전쟁은 일본의 승리로 종결되었다. 일본의 승리로 끝난 러일전쟁은 세계사는 물론, 동아시아 역사까지 변모시킨 사건이었다. 즉, 러일전쟁은 동아시아 역사를 변모시키고 나아가 일본의 조선 식민지화와 중국 침략을 본격화하는 침략의 원동력으로 작용하였다. 본 장에서는 전쟁의 종결을 의미하는 강화조약에 대한 동아동문회의 대응 및 행동에 대해서 언급하기로 한다. 특히 러일강화 반대운동의 '히비야 야케우치(日比谷焼) 사건'과 관련해서 동 단체원들의 활동 및 목적에 관해서도 언급하고자 한다.

이미 알려진 바와 같이, 개전과 동시에 이토는 자신의 심복인 가네코

97 信夫清二郎·中山治一編, 『日露戦争史の研究』, 河出書房新社, 1972年, pp. 346-353.
98 小林英夫, 『日本のアジア侵略』, 山川出版社, 1998年, p. 11.

겐타로(金子堅太郎) 귀족원 의원과 다카하시 고레키요(高橋是淸) 일본은행 부총재를 미국에 파견하고, 또한 자신의 사위인 쓰에마쓰 가네즈미(末松謙澄)를 영국에 파견하여 일본의 입장을 설명하면서 종전 및 전후 처리에 착수하였다. 미국에 파견된 가네코는 정전 후의 강화 알선을 자신의 하버드대학교 학우이자 당시 미국 대통령인 루즈벨트에게 의뢰하는 임무를 띠고 있었으며, 다카하시는 전비 조달 목적을 가지고 도항하였다.

이러한 이토의 행보는 러시아와의 전쟁이 길어지면 길어질수록 일본에 불리하게 작용하리라는 것을 누구보다도 명확하게 숙지하고 있었기 때문이다. 당시 개전 직전 일본의 전체 인구는 4천6백만 명을 넘지 않았지만, 러시아는 비록 단일민족은 아니어도 1억 2천만 명에 달하는 인구를 가지고 있었으며, 시베리아를 포함한 넓은 면적의 영토를 가지고 있었다. 또한 러일 양국의 연간 세입을 비교하면, 일본은 2억 5천만 엔에 지나지 않았지만 러시아는 20억 엔이었다. 특히 군대병력 면에 있어서도 많은 차이가 있었다. 일본의 상비병력은 20만 명 정도였지만 러시아의 상비병력은 300만 명으로 전력 면에서도 압도적으로 러시아가 우위를 차지하고 있었다.

이러한 국력의 열세를 인지하고 있던 이토는 개전과 동시에 종전을 생각하였다. 전황은 일본에 일면 유리하게 전개되고 있었지만, 당시 참모총장 야마가타가 만주 주변의 전황을 적어서 가쓰라 수상에게 보낸 보고서에는 비관적인 내용이 많았다. 보고서의 일부에는 "첫째, 적군은 본국에 강대한 상시 병력을 보유하고 있지만, 일본은 이미 사용할 수 있는 모든 병력을 전선에 투입하였다. 둘째, 적군은 장교의 결손이 아직

크지 않지만, 우리는 개전 이후 이미 다수의 장교가 결손되어 향후 결손을 보충하는 것이 쉽지 않다. 이 두 가지는 현재의 전세를 유지하기 위해 반드시 보충하지 않으면 안 될 것이다"라고 병력 손실에 대한 신속한 조치의 요구와 "군기군계(軍器軍械)의 보충과 증강은 어떠한 경우에 있어서도 신속하게 대처하지 않으면 안 될 것이다"라는 절박한 전장의 상황이 기술되어 있었다.[99] 1905년 2월 12일 이토는 제1회, 제2회 외채 모집이 정부 재정의 한계라고 인식하고, 일본은행 부총재 다카하시에게 "이번 2억 엔의 외채를 모집하면 일본제국의 국채는 국내외를 포함해서 7억 엔에 이르러 이자만 해도 연간 3천5백만 엔 정도를 지불해야 할 것이다. 이번의 외채로 전쟁을 종결시키지 못하면 일본은 최대의 국난에 빠질 수 있을 것이다"[100]라고 재정의 심각함을 알리고 있었다.

이러한 재정적인 압박과 전장에 있어서의 절박한 상황 속에서, 이토 추밀원 의장은 3월 29일 전승국이라도 강화를 제의할 수 있다고 천황에게 상주(上奏)하였고, 일본 정부는 1905년 4월 21일 러일강화조건을 예정하고 6월 30일 정식으로 결정하였다. 결정된 강화조건 안은 절대적 필요조건에 해당하는, "조선은 절대적으로 일본이 자유로이 처리한다"라는 조항을 비롯하여, "러시아의 만주 철병과 랴오둥반도 조차권, 하얼빈과 뤼순 사이의 철도를 일본에 양도한다"라는 것이 주요한 내용이었지만, 배상금은 물론 사할린, 캄차카 반도 등의 영토를 강화조건의 범주로 포함하고 있었다.[101] 이와 같이 강화조건을 일본에 유리하게끔 한 데

99 大津淳一郎, 『大日本憲政史(6)』, 原書房, 1970年, pp. 31-32.
100 高橋是清, 『高橋是清自傳』, 千倉書房, 1936年, p. 704.

에는 쓰시마 해전에서의 일본의 일방적인 승리가 크게 작용하였다. 즉, 같은 해 5월 27일과 28일 양일간 일본 해군의 도고 연합함대 사령관이 전함 4척, 장갑순양함 8척을 이끌고 러시아 발틱 함대의 전함 8척, 해방 전함 3척, 장갑순양함 3척 등 총 38척을 쓰시마 섬 동쪽 바다에서 맞이하여 승리하였다.[102]

이 해전에서의 승리에 의해 일본은 6월 1일 재미 공사 다카히라 고고로(高平小五郎)를 통해서, 미국 대통령 루즈벨트에게 러일 강화의 알선을 요청하였다. 일본 측의 강화 요청에 대해서 6월 8일 루즈벨트는 가네코에게, "강화 담판이 성립되기 전에 사할린을 취하는 것이 좋다고 일본 정부에 연락하기를 바란다"라고 충고하는 등 일본에 우호적이었다.[103] 다음 날, 루즈벨트는 러일 양국에 강화권고서를 송부하여 승낙을 얻자마자, 6월 26일 강화교섭회의장을 미국 포츠머스에 지정하고 준비에 착수하였다.[104]

한편 일본에 대한 미국의 우호적인 태도를 충분히 숙지하고 있던 도

---

101 外務省編, 『日本外交年表並主要文書(上)』, 原書房, 1986年, p. 239.

102 쓰시마 해전에서 일본함대의 사령관 도고가 채택한 전법은 '丁字戦法'으로 러시아 함대는 이 해전에서 큰 피해를 입고 전력의 대부분을 손실하였다. 그러나 일본 측의 손실은 아주 경미하여, 해전사에서 매우 드문 일방적인 일본의 승리를 기록하였다. 최종적으로 확인한 바에 의하면, 당시 일본 주력함대의 손실은 없었지만, 러시아 함대는 침몰 21척, 나포 6척, 중립국 억류 6척 등 목적지인 블라디보스토크 군항에 도착한 군함은 최초 38척 중에서 겨우 순양함 1척과 구축함 2척에 불과하였다. 수병 5천명이 전사하고 포로는 6천 명 이상이나 되었다. 당시 후진국으로 인식되던 일본의 승리는 세계를 놀라게 하였다.(http://ja.wikipedia.org/wiki/日本海海戦 참조).

103 前揭, 『日露戦争史の研究』, p. 395.

104 長田彰文, 『セオドア・ルーズベルトと韓国』, 未来社, 1992年, p. 99.

쿄의 동아동문회 관계자들은 정부의 전향적인 강화 자세에 적극적인 지지 의사를 표명하였다. 특히 같은 해 6월 10일 동 단체의 회원들이 다수 참여하고 있는 흑룡회의 기관지인 『黑龍』에는 “러일 양국 상호 간의 의사소통을 원활히 하여 러시아와 화합하고, 문호개방, 기회균등의 이념을 만주에 적용하여 동방의 평화를 유지하는 것에 있다. (중략) 오늘날 우리는 러일 협상에 의해 만주의 평화적인 경영을 전제로 영토 보존 및 문호 개방을 바라고 있다. 즉, 우리들의 목적은 만주 전부를 개방하여 세계적 상업지역을 만들어 러일 양국 분쟁의 씨앗을 제거하는 데 있다”[105]라면서 러일 강화를 찬성하는 취지의 기사를 게재하였다.

동아동문회의 중견 회원인 도쿠토미도 정부의 러일 강화 결정에 대해서 “강화가 이루어진다면 다행스러운 일이다. 일본이 강하다고 하지만, 이번에 전쟁을 치러 모든 전력을 소진하였다. 게다가 전비를 확보하더라도 병력의 부족은 어찌할 수가 없다. 불완전한 평화가 완전한 전쟁보다는 유익하다”[106]라는 의견을 영국과 미국에서 외채 모집에 분주하던 후카이(深井英五)에게 밝혔다. 후카이는 일본은행 부총재인 다카하시를 수행하면서 런던과 뉴욕에서 외채를 모집하였다. 도쿠토미의 이러한 의견은 단순히 신문기자 동료로서 언급한 것은 아니었다. 그는 가쓰라 내각의 정보국 총재로서 국가정책 수행에 크게 기여하였으며,[107] 당시 가쓰라 수상의 조기 강화 방침을 지지하고 여론 형성에 착수하였던

105 『黑龍』, 第2号, 1905年, pp. 1-3.

106 安藤英男, 『蘇峰 德富猪一郎』, 近藤出版社, 1984年, pp. 128-129.

107 早川喜代次, 『德富蘇峰』, 大空社, 1991年, p. 172.

것이다. 그는 『국민신문』을 창간한 책임자로 가쓰라 수상과 친밀한 관계였다. 따라서 타 신문사보다 빠르게 정부정책의 방향을 이해할 수 있었기 때문에 『국민신문』은 정부 기관지로서의 역할을 수행하였다. 그는 『국민신문』에서 "한국과 만주에 관한 일본의 당초 목적이 달성되었을 뿐만 아니라, 일본은 뤼순과 다롄의 조차권을 얻었으며, 동청철도까지 할양받았다"라고 주장하였을 뿐만 아니라, 사할린까지 일본에 귀속되는 만큼, 정부의 강화 방침에 찬성해야 한다는 논설을 실었다. 특히 강화조약의 불만이 최고조에 달하였던 9월 1일 그는 "지금 우리들은 전쟁 승리의 결과로서 평화조약을 맺어 목적을 달성하였다"라는 내용으로 정부의 강화조약 방침을 강하게 지지하는 사설을 게재하기도 하였다.[108]

한편, 강화조약이 당초 기대에 미치지 못할 것이라는 소문이 세인들 사이에 만연하자, 러일강화 반대운동이 도쿄를 중심으로 확산되어 갔다. 특히 강화조약의 내용을 누구보다 정확하게 파악하면서 조약의 향방을 주시하고 있었던 동아동문회의 최고 간부인 고무치 도모쓰네, 도야마, 고노 히로나카(河野広中), 오가와 등은 러일 강화회담 예정일인 6월 19일 도쿄 교바시(京橋)에 있는 개화정(開化亭)에서 '강화문제동지연합회'를 결성하였다. 이 연합회에는 대러동지회, 일동구락부(日東倶楽部), 동지기자구락부(同志記者倶楽部), 청년국민당(青年国民党), 무소속국회의원(無所属代議士), 강호구락부(江湖倶楽部), 남좌장(南佐荘), 사쿠라다(桜田)구락부, 흑룡회 등 9개의 정치단체가 참가하였지만,[109] 동아동문회의 단체명

108 上掲, pp. 183-184; 戸沢鐵彦教授還暦記念論文集刊行会, 『ブルジョア革命の研究』, 日本評論新社, 1954年, p. 345.

은 찾아볼 수 없었다. 하지만 동아동문회 회원들은 강호구락부, 남좌장, 사쿠라다구락부, 흑룡회, 동지기자구락부 등 5개 단체에 각각 소속되어 활동하고 있었다. 즉 고무치, 도야마, 고노, 오가와 등은 동아동문회의 핵심인물로서 활동해 왔으며 연합회를 결성한 장본인이기도 하다.

여기서 동아동문회의 회원들이 참여한 단체들에 대해 살펴보면 다음과 같다. 첫째, 강호구락부는 변호사를 중심으로 하는 정치가 예비 집단으로 1898년 봄 결성되었다. 여기에는 동아동문회의 중심회원으로 참여한 오가와, 후쿠다(福田和五郎), 우라베(卜部喜太郎), 하나이(花井卓蔵), 나카니시, 나카이 등이 참가하였다.[110] 둘째, 사쿠라다구락부는 1903년 가을 고노에의 직계 정치단체로 결성되었다.[111] 여기에는 칠박사의 도미이, 가나이, 데라오, 나카무라, 도미즈, 다카하시 등을 비롯하여, 고무치, 오타게 간이치(大竹貫一), 오가와, 구가 미노루, 와타나베(渡辺国武), 사토(佐藤正), 고토 신페이(後藤新平), 가시와바라(柏原文太郎) 등이 참여하였으며 이들 대부분이 동아동문회의 회원들이었다. 셋째, 남좌장도 고노에의 직계조직으로 1903년 4월 고노에 본인에 의해 결성되었다. 여기에는 고노에는 물론 칠박사의 와타나베 등이 참여하고 있었다. 특히 남좌장의 목적은 도쿄대학 교수들과의 교류 및 고노에 본인은 물론 와타나베 등의 대외 강경활동을 지원하는 것이었다.[112] 넷째, 동지기자구

109 酒田正敏, 「対外硬の運動」, 『東京都立大学法学会雑誌』, 第14巻 1号, 東京都立大学法学部, 1973年, p. 100.

110 「宣言」, 『江湖』, 第5号, 1898年7月31日, p. 1; 近衛篤麿日記刊行会編, 『近衛篤麿日記(4)』, 鹿島研究所出版会, 1968年, p. 73.

111 前掲, 酒田正敏, 「対外硬の運動(その五)」, p. 110.

락부는 1898년 도쿄의 일부 신문기자들에 의해서 결성된 단체였지만, 동아동문회 회원인 고무치, 다카다, 쓰에나가(末永純一郎), 야마다(山田烈盛), 나카이 등이 참여하였으므로 이 단체 역시 동아동문회와 밀접한 관계에 놓여 있었다고 볼 수 있다.[113]

러일강화 반대운동 연합회에 동아동문회의 단체명이 빠져 있었던 이유는 다음과 같다. 즉, 오랫동안 동아동문회의 제1인자로 있었던 고노에 아쓰마로 회장과의 단절에서 찾아볼 수 있다. 고노에는 1863년 6월 26일 좌대신 고노에(近衛忠房·貞姫)의 장남으로 교토에서 태어나 중국어는 물론, 독학으로 영어에도 능통하였다. 1885년 독일에 유학하여 라이프치히와 본 양 대학에서 수학하고 1890년 귀국하여 귀족원 의원이 되었다. 그리고 1892년부터 1904년 1월 사망할 때까지 귀족원 의장으로 활약하면서, 가쿠슈인(學習院) 대학원장에 취임하였을 뿐만 아니라, 민간단체를 규합하고 국가주의, 아시아주의 대동단결운동을 표방한 동아동문회를 결성하여 대외 활동에도 전념한 매우 드문 거물 정치가였다. 실제 당시 이토의 삿초번벌정치(薩長藩閥政治)[114]에 대항할 수 있는 유일한 정치가는 귀족원 의장인 고노에밖에 없었다고 볼 수 있다.

이러한 고노에 개인의 정치적 역량 때문에 정치가는 물론, 수많은 인재가 끊임없이 찾아와 정국을 함께 논의하거나 친분을 돈독히 함으로써

112 上掲, 酒田正敏, 「対外硬の運動(その五)」, pp. 112-113.

113 『大帝国』, 第1巻 2号, 1899年7月1日, p. 78.

114 일본의 메이지 유신은 사쓰마(薩摩) 번(藩)과 조슈(長州) 번(藩)이 중심이 되어 단행되었기 때문에, 사쓰마(가고시마) 출신자와 조슈(야마구치) 출신자들이 중앙정치권력을 독식하게 되었음.

고노에의 정치적 위상은 이토와 견줄 만큼 높았다. 이러한 고노에의 정치적 위상 때문에 동아동문회에는 많은 거물 정치가를 비롯하여 대륙낭인의 거물인 도야마 그리고 현양사 사장인 히라오카 등이 참여하였다. 따라서 동아동문회는 고노에 개인의 정치단체라는 인상이 강해질 수밖에 없었으며, 동 단체 내 다양한 인물과 세력들 간의 갈등이 많이 존재하고 있었다. 결국 1904년 1월 1일 고노에의 병사 이후, 대외강경운동은 고노에 계열의 구 동문회가 아닌 구 동아회 계열에 의해 이루어졌다. 이것은 동 단체의 회원으로부터 고노에의 존재를 삭제함과 동시에, 대외문제와 관련해서는 동아동문회의 역할이 점점 사라지고 있음을 의미하였다. 구 동아회의 핵심인물인 도야마 및 히라오카 등은 대외문제를 기존의 동아동문회에서 그 역할을 찾기보다는, 자신들의 개인 정치단체이기도 한 현양사와 흑룡회를 통해서 해결하고자 하였다.

이러한 배경 속에서 동아동문회는 최초 설립목적이었던 교육사업에 전념하는 단체로 되돌아가게 되었다. 결과적으로 고노에 사후 동 단체의 역할과 기능은 많이 축소되었고, 심지어 고노에의 측근으로 활동하였던 사람들마저 고노에의 그림자를 지우기 시작하였다. 특히 고노에의 최측근으로 활동하였던 오가와조차도 구 동아회에 급속히 접근하였다. 고노에 사후에 이러한 회원들의 변심은 쉽게 찾아볼 수 있다.[115] 그리고 동아동문회의 교육사업이 지향하는 목적과 취지는 대외강경운동에 부합될 수 없다는 판단도 있었다고 볼 수 있다. 앞에서도 언급한 바

115 http://ja.wikipedia.org에서 近衛篤麿 항목 참조.

있지만, 동 단체의 최고 간부인 도야마는 동아동문회가 대러 강경운동을 주도하는 것은 좋지 않다고 판단하여,[116] 동아동문회를 통하여 대러 강경운동을 추진치 않고, 새로운 정치단체인 국민동맹회를 결성한 경험을 가지고 있었다. 이러한 이유와 배경 때문에 러일강화 반대운동 연합회에 동아동문회의 단체명은 보이지 않았지만, 그들은 과거 자신이 몸담았던 단체나 새롭게 결성한 대러동지회 그리고 흑룡회 회원으로 연합회에 참여하였다.

연합회는 7월 5일 강화반대 집회를 열고 "우리들은 결코 임시방편의 평화는 원하지 않으며. 적어도 개전의 목적을 관철하기 위해서 전쟁이 몇 년 걸린다고 해도 국민은 각오하는 바이다"라는 격문을 강화 전권위원인 고무라 외무대신에게 제출하였다.[117] 이와 같이 그들은 격문을 외무성 담당자에게 제출하는 한편, 강화반대여론을 확산시키고자 하는 의도에서 정치가 및 유력 군인을 비롯하여 지방의 유력자에게도 격문을 배포하여 정부에 압력을 가하였다. 특히 7월 30일 도쿄 가부키자(歌舞伎座)에서 동아동문회의 쓰네야, 오가와, 우치다, 오타게 등이 연설회를 가졌으며,[118] 8월 6일에는 연합회의 다카하시, 야마다, 오다니 등이 지방 유세에 나서기도 하였다.

또한 8월 17일 대회를 메이지좌(明治座)에서 개최하고 스즈키(鈴木重遠)가 좌장으로 연설하면서, "일본 전권위원이 제출한 강화조건은 당

---

116 平塚篤, 『伊藤博文秘録』, 原書房, 1982年, p. 137.

117 前掲, 『大日本憲政史(6)』, p. 151; 昭和十三年度思想特別研究員検事松本武裕報告書, 『所謂日比谷燒打事件の研究』, 司法省刑事局, 1958年, p. 32.

118 村松恒一郎, 「媾和問題活動始末(上)」, 『大国民』, 第17号, 1905年9月5日.

초 일본의 요구와 주장을 담지 않았기 때문에 동양의 영구평화를 보증하지 못할 것이다. 만약 더욱 양보한다면 정부당국자는 전쟁승리의 효과를 상실하고, 국가 백 년의 화근을 만든 책임을 면치 못할 것이다"[119]라고 항의하면서 고무라 외상에게 결의문을 제출하였다. 이러한 그들의 행동은 강화 전권위원에게 강건한 외교를 주문하는 동시에, 개전의 목적이 달성되지 않은 채로 조기에 강화가 성립되는 것을 막고자 하는 정부에 대한 시위이기도 하였다.

그러나 8월 10일 강화회담이 정식으로 개시되어 일본은 12개조를 러시아에 요구하였지만, 러시아가 강화조약의 핵심이라고 할 수 있는 배상금 지불과 영토 할양 등에 강하게 반발하여 교섭은 일본에 불리한 방향으로 흘러가고 있었다.[120] 당시 일본은 영토는 물론, 막대한 배상금까지 기대하면서 강화회담에 임하였지만, 러시아 측의 교섭 책임자인 전 재무장관 위테와 로젠 주미 대사는 좀처럼 일본의 요구를 받아들이지 않았다. 왜냐하면, 그들은 일본이 현 시점에서 전쟁의 승자이기는 하나, 전쟁의 지속은 불가능하다는 일본의 속사정을 누구보다 정확하게 파악하고 있었기 때문에, 최소한의 요구에서 타협점을 찾을 수 있다고 자신하고 있었기 때문이었다.

결국 러일 양국의 포츠머스 조약은 8월 29일 타결되어 일본의 한국에 대한 지배권 인정, 관동주[121]의 조차권 인정으로 뤼순, 다롄 등 랴오

119 前掲, 『大日本憲政史(6)』, p. 152.

120 高橋哲夫, 『河野広中小伝』, 歴史春秋社, 2004年, pp. 115-116.

121 관동주는 중국 랴오둥반도 남쪽 지역을 말하는 것으로, 면적은 3462km^2, 뤼순, 다롄, 금주 등의 지역을 포함한다. 1915년 베이징 조약에 의해 그 조차권이 99년간으

둥반도 남쪽 지역 대부분을 일본이 차지하고, 남만주철도, 사할린 남부, 연해주의 어업권을 일본이 획득하는 등 9월 5일 양국 전권위원의 조인만 남겨져 있었다. 특히 강화조약의 수락이 가쓰라 내각의 방침이었다고 하는 것이 밝혀지자, 지금까지 전쟁수행의 고난을 함께 참아왔던 대다수의 국민들은 굴욕 조약이라고 강력하게 비난하면서 전국 각지에서 강화반대 및 전쟁 계속의 국민대회를 개최하였다.[122] 연합회는 일본 정부가 기존의 요구조건에서 전쟁 배상금 포기를 비롯하여 많은 것을 양보한 채 매듭짓는다는 것을 전해 듣고, 8월 31일 또다시 회합을 갖고 정부의 나약한 외교를 비난하면서 대책을 강구하였다.[123] 그리고 9월 4일 전국대회를 흑룡회 회원인 다카다 산로쿠(高田三六)의 명의로, 9월 5일 오후 1시부터 히비야(日比谷) 공원에서 옥외집회를 연다는 취지서를 고지마치(麴町) 경찰서에 제출하였다.[124] 이는 9월 5일에 발생한 일명 '히비야 야케우치 사건'의 서막이기도 하다.

『河野磐州傳(下)』에 의하면, 9월 5일 연합회 회장 고노에가 "강화 조건은 전쟁 승리의 효과를 무시하고 국가의 대사를 그르치게 하였다. 우리들은 현 내각 및 전권위원에게 강화 교섭 실패에 대한 사과는 물론, 조약의 불성립을 기대하는 바이다"[125]라는 내용을 담은 「강화조약 부인

로 연장되었다. 일본이 조차한 후 이곳의 통치기관은 군정서, 관동도독부를 거쳐 1919년 관동청이 되었으며 그 육군부는 독립하여 관동군이 되었다.

122 国会審議調査会編, 『日本外交百年史』, 国会審議調査会, 1984年, p. 130.

123 前揭, 『大日本憲政史(6)』, p. 152.

124 河野磐州傳編纂會, 『河野磐州傳(下卷)』, 1926年, 中正社, p. 664.

125 上揭, p. 666.

결의안」을 낭독함과 동시에 히비야 야케우치 사건이 발발하였다. 당시 연합회의 강화조약 반대의 국민대회가 개최된다는 소식을 접한 수만의 민중이 히비야 공원 주변에 몰려들었다. 이것에 대해서 정부는 공원의 6개 문을 폐쇄하고 350명의 경찰관을 배치하여 야외집회를 저지하려고 하였다.[126] 당시 이러한 경찰관의 경비와 단속이 엄중하다는 것을 느낀 오가와는 회의장을 미쓰비시(三菱) 소유의 들판으로 변경하고자 하였지만, 우치다의 설득에 의해 계획대로 진행되었다.

당시 천여 명의 민중이 문 앞에 모여서 문 안에서 경계를 서고 있던 경찰을 향해 기왓장과 작은 돌을 던지면서 혼란이 일어났다. 민중은 시시각각 증가하였고, 돌진의 시기가 왔음을 확인하자마자 우치다는 흑룡회의 동지들을 향해서 환호성을 지르고 돌격할 것을 명하였다. 즉, 우치다의 명령에 의해 히비야 야케우치 사건이 발발한 것이다.[127] 이와 같이 연합회의 강화조약 반대 국민대회는 7일까지 폭동으로 이어져 시타야(下谷)와 후카가와(深川)의 2개 경찰서가 파괴되었으며 경찰분소 및 파출소는 260여 개가 소실 및 파괴되었고, 민가 역시 53채나 소실, 파괴되었다.[128] 그리고 정확하게 파악할 수는 없었지만, 사상자는 경찰관 454명, 소방사와 군인 40명, 그리고 일반민중 17명 등의 사망자가 발생하였

126 我妻栄, 『日本政治裁判史緑(明治・後)』, 第一法規出版株式会社, 1969년, p. 380.

127 前掲, 『硬石五拾年譜 内田良平自伝』, pp. 102-103; 『日本政治裁判史錄(明治後編)』에 의하면, '히비야 야케우치 사건(日比谷燒打事件)'에는 고무치, 히라오카, 오가와, 엔조지, 도야마 등도 관여하였다(我妻榮・林茂・辻清明・団藤重光編, 『日本政治裁判史錄(明治後編)』, 第一法規出版, 1969年, p. 327).

128 前掲, 『日本政治裁判史緑(明治・後)』, p. 382; 上杉重二郎, 「日比谷燒打事件の研究のために」, 『歷史學研究』, 第184号, 岩波書店, 1955年, p. 23.

다. 부상자는 511명으로 발표되었지만 경찰의 참가자 색출 탐문 때문에 부상 사실을 숨긴 자를 포함하면 2,000명 정도라고 알려지고 있다.[129]

히비야 야케우치 사건의 배경에는 강화조약 철폐 및 재조정 등의 정치적 요소가 포함되었다고 볼 수 있다. 예를 들면, 동아동문회 및 흑룡회의 간부로 연합회에 참가한 오가와는 "나는 고노에의 집에서 쓰가루(津輕秀磨)을 만나고 있었다. 나는 정부의 나약한 외교로 맺은 강화조약을 지금 시점에서 파기하지 않으면 안 된다고 분개하자, 쓰가루는 조약 파기를 하고자 하는 계획이 있다면 적어도 내란을 일으킬 정도의 각오가 없이는 안 될 것이라고 격려해 주었기에 뜻을 아주 강하게 가질 수 있었다"[130]라는 증언을 하였다. 이 증언을 토대로 한다면, 히비야 야케우치 사건[131]에는 정치적인 의도가 충분히 포함되었다고 볼 수 있다. 즉, 동아동문회의 대외강경론자들은 러일 개전을 통해서 자신들의 목적이 어느 정도 달성되었다고 보았지만, 전승의 결과인 러일강화조약의 내용에 있어서는 절반의 성공에 지나지 않았다. 여기에 불만을 품고 히비야 야케우치 사건에 참가하였다고 보인다. 그러나 한편으로는 히비야 야케우치 사건의 발생은 오랜 전쟁 속에서 희생만을 강요 받아온 민중의 불만이 기폭제로 작용하여 일어났다고 볼 수도 있을 것이다.

---

129 上揭, 上杉重二郎, 「日比谷燒打事件の硏究のために」, p. 23.

130 前揭, 『所謂日比谷燒打事件の硏究』, p. 53.

131 이 '日比谷燒打事件'에 대한 연구자들의 평가는 4가지로 나뉘고 있나. '不滿爆發論', '陰謀論', '排外主義的暴動論'과 도시민중의 소요(騷擾)로 이해하고자 하는 것 등이다. (中村政則·江村榮一·宮地正人, 「日本帝國主義と人民」, 『歷史學硏究』, 第327号, 青木書店, 1967年, p. 2).

제 4 부

동아동문회의 교육 및 유학사업

Ⅰ. 동아동문회의 조선 내 교육사업

1. 동아동문회의 조선 진출 배경

일본이 본격적으로 조선에 진출하는 역사적 계기는 1875년의 '운양호 사건'이다. 이로 인해, 일본은 이듬해 2월 「한일수호조약」 등을 강제적으로 체결하면서 대륙 진출의 발판을 구축하였다. 물론 개항 전에도 다수의 일본인이 조선에 거주하고 있었지만, 그것은 쓰시마인에 한정되어 있었으며, 이 조약에 의해 부산의 일본인 정착 제한이 없어졌다.[1] 1880년에는 원산을 개항하여 일본 정부의 보호 아래 두면서 일본은 서서히 조선을 자국의 정원처럼 인식하였으며 '거류민항회의소'를 설립하였다.[2] 1883년 1월에는 인천이 개항되는 등 조선의 항구가 일본에 의해 서서히 개항되기 시작하였다.

1879년에는 내륙지인 평양에도 일본인 자치기관이 만들어졌으며, 1880년에는 경성에 일본 공사관이 설치되어, 일본의 민간인도 본격적으로 조선에 진출하게 되었다. 이러한 일본인의 조선 진출과 함께 극히 일부에 불과하였지만, 일본인 중에는 1882년 임오군란과 1884년 갑신정변 등과 같은 정치적 사건에 직간접으로 관여한 이도 있다. 특히, 1884년 갑신정변에 많은 관심을 가지고 있던 일본인 중에는 사상가로 유명한 후쿠자와 유키치가 있었다. 그는 갑신정변에 직접 관여하지는 않

1 高崎宗司編, 『近代日本と植民地(5)』, 岩波書店, 2001年, p. 29.

2 高尾新右衛門, 『元山発展史』, 1916年, p. 21.

았지만, 이전부터 조선의 개혁파인 김옥균과 박영효, 김동인 등과 교제해 오고 있었다.[3] 김동인은 김옥균에 의해 일본에 파견되어 후쿠자와와 접하게 되었다. 그는 승려의 신분으로 일본어 습득을 위해 교토의 본원사(本願寺)로 건너갔으며, 그 후 도쿄의 아사쿠사에 있는 동본원사(東本願寺) 별원에 기숙하면서 후쿠자와와 교류를 가졌다.

당시 김옥균 등의 개혁파는 후쿠자와와의 교류와 일본어 습득을 통해서 일본의 근대 문물을 받아들이려고 하였다. 그러나 후쿠자와는 이와 반대로 조선인에게 일본어 교육과 근대문물 전파를 함으로써 양국 간의 친밀한 관계를 만들어 조선문제를 해결하고자 하였다. 후쿠자와의 이러한 목적의식은 1882년에 그가 "아시아 동방에 있어서 맹주의 지위를 가질 수 있는 국가는 일본밖에 없다고 말하지 않을 수 없다. 이미 일본은 동방의 맹주이다"[4]라고 한 「朝鮮の交際を論ず」의 기록에서도 찾아볼 수 있다. 또한 후쿠자와는 1882년 임오군란과 관련하여 조선에 부임하는 하나부사(花房) 공사에게 조선 국무 감독관을 겸임할 것을 요청하면서 "조선의 개혁파에게 정부를 위임시켜 그들을 보좌 및 보호함과 동시에, 개혁주의자 정부를 통해서 전국의 정무를 개량시켜 조선의 국정을 감독하도록"[5] 요구하였다. 이러한 후쿠자와의 제안에는 이미 조선을 독립국으로 보지 않고, 김옥균 등의 개혁파를 통해서 조선을 지배하겠다는 정치적 야심이 담겨 있음을 알 수 있다.

3 杵淵信雄, 『福沢諭吉と朝鮮ー時事新報社説を中心に』, 彩流社, 1997年, p. 43.
4 「朝鮮の交際を論ず」, 『福沢諭吉全集(8)』, 岩波書店, 1970年, p. 30.
5 高城幸一, 「福沢諭吉と壬午軍亂」, 『日本学報』, 50輯, 韓国日本学会, 2002年, p. 411.

이러한 일본 측의 불순한 의도에도 불구하고 조선의 젊은이들은 일본의 근대화에 많은 관심과 경외심을 가지고 있었다. 1881년 조선인 유학생은 유길준과 유정수 등 소수에 지나지 않았지만, 이후 일본의 선진문물 견학과 도입의 필요성에서 조선인 유학생은 점차 늘어났다. 특히 일본어를 습득하고자 하는 유학생들의 학습의욕은 매우 강하였다. 예를 들어, "부산을 출발하여 오늘까지 겨우 30일 정도밖에 지나지 않았지만 일본어를 빠르게 습득하였다"[6]는 기록에서 알 수 있듯이, 당시 유학생들은 일본어를 통해서 서구의 선진 지식과 사상을 습득한다는 일념에서 일본어 습득에 열중하고 있었다. 이러한 교류관계에 힘입어 이노우에 가쿠로우는 1883년 조선 정치 상황을 파악하기 위해 조선으로 가게 되었으며 이때 후쿠자와는 이노우에에게, "조선을 문명 개발로 이끌어 1천만의 조선민을 구하는 것이 일본의 천직이다"[7]라고 하였다.

그러나 1885년 조선 개혁파의 갑신정변이 실패하자, 이에 대해 후쿠자와는 조선을 비난하면서 아시아와의 연대가 아닌 단절을 주장하였다. 게다가 1895년 청일전쟁 종결 후, 그는 "실로 이번의 전쟁은 전례 없는 대승리이다. (중략) 지금 이웃국가인 청국과 조선은 일본의 문명에 포함되어 있을 뿐만 아니라 우수한 문명을 가진 일본이 중국과의 전쟁에서 승리한 것은 당연하다"[8]고 주장하였다. 이와 같은 그의 주장에는 서양문물의 우수성을 언급하여 서양의 아시아 침략을 정당화시키는 것과 유사

---

6 前掲, 『福沢諭吉と朝鮮─時事新報社説を中心に』, pp. 50-51.

7 蔡数道, "근대 일본에 있어서 아시아 연대론", 『日本語文学』, 日本語文学会, 2006년, p. 587.

8 石橋湛山全集編纂委員会編, 『石橋湛山全集(12)』, 東洋経済新報社, 1972年, p. 108.

한 논리도 포함하고 있었다. 즉, 서양의 물질문명이 동양의 정신문명보다 우수하며 보다 합리적이고 실용적이라는 것이다. 또한 서양의 우수한 문명국들이 열등한 아시아를 침략할 것이라고 강조하여 청일전쟁을 정당화하였을 뿐만 아니라, 문명국인 일본이 조선과 중국을 지배하는 것은 당연한 행동이라는 자기중심적 사고에 빠져 있었다. 이러한 인식은 1882년 7월로 거슬러 올라가보면 보다 명확하게 알 수 있다. 당시 일본의 「대조선 정략」에는 "일본의 이익을 보호하고자 한다면, 조선에 간섭하여 독립을 돕는 데 있다"고 하였다. 그리고 조선 간섭과 조선 독립을 돕는 수단으로 교사를 파견할 것을 주문하고 있다.[9]

이 시기부터 일본 정부는 조선 개조 혹은 조선 진출이라는 목적에서 일본의 교사를 파견하는 계획을 짠 것 같다. 일본의 교사 파견이 구체적으로 무엇을 의미하고 있는지는 알 수 없지만, 조선문제와 관련되어 있음을 알 수 있다. 조선문제 해결을 위한 행동은 후쿠자와 개인과 정부에만 머무르고 있지 않았다. 예를 들면, 현양사도 조선의 개혁세력인 김옥균에게 접근하였다. 현양사와 김옥균의 관계는 1882년의 임오군란 이후 급속히 가까워졌다. 물론 현양사는 김옥균을 이용하여 조선문제를 해결하고자 하였다. 이러한 의도에서, 동아동문회의 창립 회원으로 참가한 히라오카 등은 조선 진출의 전초기지로 1885년 부산에 '선린관'이라는 어학교를 설립하려고 하였다. 선린관은 일본의 청년들을 조선에 파견하여 조선인들에게 일본어를 가르치게 하려는 의도로 갑신정변의 실패로

9 坂野潤, 『明治·思想の実相』, 創文社, 1977年, p. 26.

일본에 망명해 있던 김옥균과 함께 계획한 것이다.[10] 선린관의 목적은 대륙에 뜻이 있는 청년들을 파견하여 평소에는 어학 공부에 전념케 하여 장래에 중국과 조선의 문제를 해결하기 위한 것이었다.[11] 하지만 학교 설립을 눈앞에 두고 자금 조달과 일본 국내 정치 상황으로 인해 실패로 끝나고 말았다. 이와 같이 이 시기에 일본의 조선 교육사업은 결실을 맺지 못하고 끝났지만, 이것이 조선에 있어서 교육사업의 출발점이 되었다는 것에서 그 의미를 찾을 수 있다.

한편, 1890년 이후 조선에서는 서구열강의 정치적 간섭에 의해 일본의 정치적 입지가 크게 퇴락하였다. 중국과의 정치적 대립은 물론, 러시아와의 대립도 매우 심각해졌다. 먼저, 중국과의 대립을 언급하자면 갑신정변이 대표적이라고 볼 수 있지만, 1894년 청일전쟁에 의해 마침내 청일 대립은 종지부를 찍게 되었다. 그리고 조선에 대한 일본의 우월적 지위를 대내외적으로 인정받게 되었다. 그때까지 양국의 대립은 정치적인 측면뿐만 아니라, 경제적인 측면에서도 계속되어왔다. 그 이유는 조선에서 중국의 기득권이 유지, 강화되면서 확보된 중국 상인의 우월적 지위와 그들의 상권 확대에 대한 일본의 반발 심리에서 비롯되었다. 당시 경성에서 일본 상인들은 작은 지역 내에서 상업 활동을 하는 소상인이 대다수였다. 그러나 중국 상인들은 경성 시내 어느 곳을 불문하고 자유롭게 상점을 열고 활동하여, 중국 상인과 일본 상인과의 경쟁에서 중국 상인이 일방적으로 우세한 상황이었다. 또한 인천에서의 무역도 거의

10 琴秉洞, 『金玉均と日本』, 綠蔭書房, 1991年, p. 222.

11 前掲, 『東亜先覚志士記伝(上)』, p. 120.

대부분 중국 상인이 점유하고 있었으며, 인천에 거주하는 중국인 숫자도 1889년의 42명에서, 1890년 47명, 1891년 138명, 1892년 522명으로 증가 추세에 있었다. 이것은 곧 그들의 세력도 확대되어 갔음을 의미했다.[12]

그러나 이 시기에 조선으로 도항하는 일본인의 숫자는 점차 증가하고 있었고, 이들 중 대부분은 개인적인 목적으로 조선으로 건너왔다. 일본인들의 개인적인 도항은 근대 일본의 대륙 진출을 촉진케 하였을 뿐만 아니라, 민간인의 대외 활동을 활발케 한 원동력이 되기도 하였다. 이 민간인들을 연구자들 사이에서는 '대륙낭인'이라고 부른다. 특히 1894년 청일전쟁을 눈앞에 두고 수많은 대륙낭인들이 부산으로 건너왔다. 그중에는 동아동문회의 중심축으로 참가하는 동방협회의 회원들도 다수 있었다. 예를 들면, 1898년 11월 결성된 동아동문회에 참가하는 이네가키(稲垣満次郎), 후쿠모토(福本誠), 미야케(三宅雄二郎)를 비롯하여, 오카모토 류노스케(岡本柳之助) 등도 조선으로 건너왔다. 이들 중 오카모토는 명성황후 시해 사건의 주범이며 군부 겸 궁내부 고문관이었다. 그는 미우라 고로(三浦梧桜) 공사의 지시를 받아 스기무라 후카시(杉村濬) 서기관과 현양사의 소속의 도오 가쓰아키(藤勝顕) 등 48명의 대륙낭인들과 함께 조선의 국모인 명성황후를 시해하였다.[13]

러시아 등의 삼국간섭 이후 조선 조정에서는 내각 내의 친일파를 추

12 高崎宗司, 『近代日本と植民地(5)』, 岩波書店, 2001年, pp. 8-9.

13 도오 가쓰아키(藤勝顕)는 명성황후 시해 사건 당시, 명성황후 침전에 난입한 세 사람 중의 한 사람으로 알려져 있는 대륙낭인이다. (藤村道生, 『日清戦争－東アジア近代史の転換点』, 岩波書店, 1973年, p. 192).

방하였을 뿐만 아니라, 친일파의 군사적 배경이었던 '훈련대'도 해산하였다. 이러한 일련의 행동은 친러파의 중심이었던 명성황후와 일본의 대립을 일으키는 불씨가 되었다. 이에 일본은 명성황후를 시해하여 조선 정국을 일본에 유리하게 하려고 하였지만, 결과적으로는 민심의 이반과 반일정서의 급등으로 이어져 실패하였다. 결국 이 사건은 국내는 물론, 외부에 노출되어, 10월 16일자 『뉴욕 위클리』와 『뉴욕 트리뷴』에 의해 일본인의 야만행위가 전 세계에 폭로되었다. 한편, 고종황제는, 러시아의 도움을 받아 1896년 2월 11일 왕과 왕세자가 궁정 여성으로 변장하여 밖에서 안을 볼 수 없는 왕실의 여성용 수레를 이용해, 러시아 공사관으로 몸을 숨겨 일본인의 간섭에서 벗어나려고 하였다.[14] 즉 고종이 러시아 공사관으로 피난하는 '아관파천'이 단행되었고, 조선 정부는 친러 세력이 주도하게 되었다. 따라서 동아동문회는 "러시아 남하의 위기의식에서 결성되었다"[15]라고 지적되고 있는 것처럼, 동 단체가 조선에 진출한 배경도 이러한 맥락에서 나왔다고 판단할 수 있다.

2. 동아동문회의 조선 진출

삼국간섭을 주도한 러시아는 중국 내에서의 정치적 발언권이 날로 강해졌을 뿐만 아니라, 시베리아 개척을 명분으로 시작된 철도 건설이

---

14 ブルース·カミングス(横田安司·小林知子 訳),『現代朝鮮の歴史－世界のなかの朝鮮』, 明石書店, 2003年, pp. 188-189.

15 蔡數道, 前掲, p. 145.

시베리아는 물론 중국 내부, 특히 만주를 중심으로 집중적으로 진행되었다. 결국 철도 건설은 러시아 남하를 가속케 하는 동력이 되어 조선에까지 그 영향이 미치게 되었다. 이와 같이 만주를 중심으로 급속히 전개되는 러시아의 남하에 대해 일본의 정부는 물론, 지식층을 비롯하여 대다수의 국민들도 위기의식을 가지게 되었다. 특히, 동아동문회 간부이면서 현양사 사장이었던 히라오카는 정부에 강경책을 취할 것을 주장하면서, 러시아의 남하에 대한 대응책 내지는 조선으로 진출하기 위한 거점으로 삼을 특수한 교육기관을 설립하려고 구상하고 있었다.[16]

동아동문회의 고노에도 정부로부터 기밀비를 받아 중국과 조선에 다방면의 사업을 시작하고자 하는 계획을 구상하고 교육사업을 실행할 것을 결심하고 있었다.[17] 동 단체가 교육사업을 결심한 배경에는 다양한 이유가 있었지만, 당시 조선인의 사회적 활동에서 일본어 습득이 필수불가결한 요건으로 중시되고 있었음도 그 이유가 되었다. "일본어의 필요성이 크게 증대되었다. 일본어를 할 수 있는 사람은 일본인 상점에 고용되었을 뿐만 아니라 관직에 오르는 경우도 있었다. 장래 일본어의 필요성은 더욱 요구되어 조선학계에서 크게 번창할 것이다"[18]라는 현실적인 이유가 작용한 것이다. 무엇보다도 조선인은 취직의 수단으로 활용하고자 하는 실용적인 측면에서 일본어 교육에 많은 관심을 가지고 있었다.

16 油谷恭一, 「東亜同文会と霞山公ー創立当時の記録よりー」, 『支那』, 第25巻, 1934年2月, pp. 114-115.

17 近衛篤麿日記刊行会編, 『近衛篤麿日記(2)』, 鹿島研究所出版会, 1968年, p. 112.

18 李正樹, 「韓国併合前後の日本語教育観」, 『広島大学大学院教育学研究科紀要』, 広島大学大学院教育学研究科, 2001年, p. 198.

또한 조선은 일본에 있어 정치와 경제는 물론, 군사적으로도 중요한 위치를 차지하고 있었다. 지정학적인 측면에서 보면, 조선은 일본의 대륙 진출 전진기지인 동시에 일본의 독립을 지키는 방어선 역할을 담당하는 전략적 요충지였다. 이러한 전략적인 의도에서 조선인에 대한 일본어 교육 구상이 시작되었다.

당시 정계의 실력자인 야마가타는 「조선 정책 건의」에서 동양에 있어서 일본의 이익을 유지, 확대할 수 있는 방책으로 두 가지 안을 내놓았다.[19] 그것은 첫째, 부산에서 경성을 거쳐 의주까지 철도를 부설하는 것과 둘째, 평양 이북의 의주에 이르기까지 주요 지역에 일본인을 이주시키는 것이었다.[20] 특히 주요 지역에 일본인을 이주시키는 것은 단순히 그 지역에 사람만을 보내는 것이 아니라, 일본적인 것도 함께 동반하는 것이었다. 더욱이 현지인과의 유대관계를 맺어 반일감정을 약화시키는 것은 물론, 향후 대륙 진출의 발판으로 이용하는 데에도 이는 매우 중요한 정책이었다. 이러한 의도 하에 고노에와 히라오카 등은 교육사업에 착수하였다.

동아동문회의 표면적인 목적은 「발의 결의」[21]에서 알 수 있듯이 교육사업이었다. 물론, 조선에 대한 교육사업은 동 단체의 전신인 동문회와 동방협회에서도 밝힌 바 있다.[22] 그들의 교육사업의 목적은 중국 및 조선에 일본어 학교를 설립하여, 젊은이들에게 일본어를 가르치는 것에 있

19 岡義武, 『山県有朋』, 岩波書店, 1968年, p. 61.

20 大山梓編, 『山県有朋意見書』, 原書房, 1966年, p. 224.

21 前掲, 『東亜同文会史』, p. 266.

22 前掲, 『東亜先覚志士記伝(上)』, pp. 608-609.

었지만, 신문과 잡지를 발행하여 해당 국가를 개화하고 국민들을 계몽하는 데에도 있었다. 동아동문회는 이러한 교육사업을 실천하기 위해 중국과 조선에 지부를 설치하고 경제적인 지원을 하였다. 중국에는 한커우의 『漢報』와 상하이의 『東亜時報』 등에 대해 5,350엔을 지원할 것을 결정하였다. 조선에는 『漢城月報』를 발행하고 평양, 북청에는 일본어 학교를 설립하였으며 경성학당의 보조금 등으로 6,600엔을 책정하였다. 『한성월보』는 명치 32년 봄 경성에서 발행된 조선잡지였지만 경영 부진으로 같은 해 12월에 폐간되었다.[23] 이러한 동 단체의 학교 설립과 잡지 발행 등의 교육사업은 정치적인 관점에서 이루어졌다고 보아야 할 것이다.

1899년 4월, 동아동문회의 「명치32년도 사업비 예산서」에 조선사업부가 새롭게 신설되고, 11월에 중국 및 조선의 개선을 조성하고 시사를 연구 및 검토하여 실행에 옮긴다는 방침을 세우게 된다.[24] 기존의 중국 중심의 대외 정책노선에 조선을 포함하도록 조정한 것은 당시 러시아의 남하에 대한 대응책으로 이루어졌다고 볼 수 있다. 즉, 러일의 충돌은 반드시 조선반도에서 시작되리라는 일본 정부와 동아동문회의 판단이 크게 작용하여, 동아동문회에 조선사업부가 새롭게 편성된 것이다. 따라서 조선 교육사업은 러시아의 남하와 러일전쟁 준비 등 정치 및 군사적인 관점에서 비롯되었다. 이러한 관점에서 제13회 제국의회는 외무성 기밀비 8만 엔 가운데 4만 엔을 조선에 지원할 수 있다고 가결하였고, 고노에 회장은 조선부의 사업은 본 회에서 단독으로 경영한다고 대

23 前掲, 『東亜同文会史』, pp. 34-35.

24 上掲, 『東亜同文会史』, p. 98.

외에 밝힘으로써, 중국사업과 병행하여 조선사업에도 전력할 수 있는 토대를 마련하였다.[25]

1899년 5월 17일 동아동문회는 "조선에서 실시해야 할 사업이 적다고는 하지만 중국과 동일하게 이루어져야 할 것이다. 본 연도에는 경비 및 그 밖의 사정상 조선의 사업에 먼저 착수해야 할 것이다. 평양은 조선반도 서부의 요충지로, 여기에 일본어 학교를 설립하여 교장에는 신도(眞藤義雄)를 임명할 것이다. 북청은 함경도 중앙에서 조선반도 북문의 요충지이므로, 여기에 일본어 학교를 설립해야 할 것이다. (중략) 조선인을 선도, 계몽하기 위해서는 특히 학술적 잡지 등이 필요하므로 『한성월보』를 경성에서 발행해야 할 것이다. (중략) 경성은 조선반도의 중심부에 해당하므로 기존의 경성학당을 보조해야 할 것이다"[26]라는 내용을 담은 보고서를 배포하였다. 이러한 방침에 의해 조선에서 교육사업이 착수되었으며, 교육사업의 주안점은 일본어 보급에 있었다. 고노에는 1900년 7월 20일 참모 본부의 다무라(田村怡与造) 소장을 방문하여, 일본의 국방상 조선의 경중(軽重)을 물으면서 "일본에 가장 중요한 조선의 존폐는 일본의 영향에 크게 좌우될 수 있기 때문에 항상 관심을 가지지 않으면 안 될 것이다"라고 강조하였고, 러시아의 만주 점령에 대해서도 군사적 전략 및 전술 등의 방책 등에 대해 질의하면서 조선문제의 신속한 해결과 러시아의 남하에 대한 대응책 마련을 요구하였다.[27] 또한

---

25 稲葉継雄, 『旧韓末「日語学校」の研究』, 九州大学出版会, 1997年, p. 109.

26 前揭, 『東亞同文會の韓国における教育活動』, p. 74.

27 前揭, 『近衛篤麿日記』,(付属文書), p. 64.

동아동문회는 중국 및 조선의 시사를 연구, 검토하고 실행에 옮긴다고 하는 강령 3조를 실천하기 위해 경성 이북의 사정을 조사하여 총리대신, 외무대신, 참모본부 등에 보고하는, 일종의 스파이 활동도 병행하고자 하는 의도에서도 일본어 학교를 설립하고자 하였다. 이러한 의도에서 동아동문회는 러시아 세력이 크게 영향을 미치고 있던 평양과 북청에 일본어 학교 설립을 계획하였던 것이다.

이와 같이 경성 이북에 동아동문회의 교육사업이 집중된 이유는 이 지역이 전략적 요충지라는 점 때문이기도 하지만, 이 지역이 타 지역에 비해 일본인 거주자가 훨씬 적었기 때문이다. 1894년에 부산에 거주하는 일본인 숫자는 4,028명이었지만, 동 단체가 조선에 일본어 학교 설립에 대한 계획을 세우던 시기인 1899년에는 폭발적으로 증가하여 6,326명이나 거주하고 있었다. 특히, 1893년에는 '조선낭인'이라고 불리는 요시쿠라 오세이(吉倉汪聖), 오자키 세이키치(大崎正吉), 지바(千葉久之助) 등이 부산으로 도항하여 그 밖의 대륙낭인들과 손을 잡고, "부산에 대륙낭인의 거점을 만든 지 2년의 세월이 흘렀다. 그동안 시종일관하여 뜻을 조선의 내란과 개도에 두었다"[28]라고 하면서 부산을 거점으로 활발하게 활동하고 있었다. 경성 이남의 중심지인 부산지역에 비해, 조선의 북부이자 군사적 요충지인 평양과 북청에는 일본의 영향력이 미치지 못하였다. 즉, 평양은 조선 서부의 중심지라는 점과 북청은 함경도의 중앙에 위치하여 조선 북문의 요충지라는 점 등 전략적인 관점에

28 淸藤幸七郎編, 『天佑俠』, 新信社, 1903年, p. 11.

착안하여 두 지역에 학교 설립을 착수한 것이다. 그리고 경성은 조선의 중심부라는 특수한 지리적 위치에 있었고, 이것이 동 단체의 교육사업에 크게 작용하였다고 생각된다. 이러한 측면에서 보면, 동아동문회의 조선에 대한 교육사업은 조선문제 해결을 위해 집약적으로 추진되었다고 말할 수 있다. 그들은 조선문제를 해결한다는 대전제 하에 일본어 학교를 새롭게 설립하는 한편, 기존의 학교를 보조하기도 하였다.

당시 동아동문회가 직접 설립 및 운영한 직할 학교와 지원 및 보조한 기존 학교를 나열해 보면, 함경남북도의 북청어학교(후에 성진학당으로 변경), 평양일본어학교, 경성학당, 원산학교, 한남학당(인천 거류민의 원조를 받아 충청도 논산군에 개설), 대구 달성학교, 목포학교 등이 있다. 이러한 학교를 안전하게 운영하는 것뿐만 아니라, 장래 러일 개전에 대비해서 전략적으로 이용하기 위해 나가오카 모리요시(長岡護美)는, 1899년 5월 6일 평양일본어학교 교장 신도와 북청어학교 교장 사사모리(笹森儀助), 한성월보 발행주임 시무라(志村作太郎) 등이 조선으로 도항하기 직전에, 그들에게 「心得書」를 부여하였다.[29] 그 내용은 첫째, 일본 사상을 양성할 것. 일본어 및 일본문을 중심으로 가르칠 것. 세계의 사정을 가르칠 것. 물질적인 지식을 습득하도록 할 것. 둘째, 영사와 모든 일을 협력 및 상의할 것. 셋째, 영사관원 및 일본 거류민과 친밀하게 교제할 것. 넷째, 조선 관민 및 그 밖의 외국인과 친교하여 신용을 잃지 않도록 노력할 것. (중략) 조선 각 지방의 정황을 2주마다 보고하고, 보고사

29 前揭, 『東亞同文會の韓国における教育活動』, p. 75; 「心得書」, 『東亜同文会関係雑纂』, 第一卷, 外務省外交史料館所藏.

항에 주의할 점이 있는 경우에는 임시통신할 것. 단, 비밀을 요하는 사항은 서면으로 보고할 것 등이었다. 이것은 그들이 교육활동은 물론, 현지의 조사활동을 통한 정찰대 역할도 동시에 가지고 있었음을 의미한다. 당시 조선 북부는 남부에 비해서 재류 일본인도 적을 뿐만 아니라, 그 지역에서 이들의 경제적 지위도 중국인에 미치지 못하였다. 또한 러시아 남하에 대한 어떤 대책도 없는 상황에 놓여 있었다. 이러한 현실적인 문제에 직면하여, 동아동문회는 대륙 진출을 위한 교두보 마련 차원에서 조선 북부에 학교를 설립하였으며, 동시에 러시아 남하의 대응책이라는 국가전략적인 측면에서 조선 교육사업에 착수하였다고 판단된다.

3. 동아동문회의 조선 내 교육사업 현황

1) 직할학교 설립

동아동문회가 조선에 직접 설립하여 경영한 학교는 성진(城津)학당과 평양일본어학교이다. 성진학당의 경우, 처음에는 동아동문회가 함경남도 북청에 일본어 학교를 설립할 것을 계획하였지만, "본 회가 처음에는 북청에 한국 북관의 교육지로서 학교를 설립하고자 하였지만, 사사모리(笹森儀助) 학교장의 조사에 의하면, 북청의 인심이 흉흉하고 교만하여 학교 설립에 적합하지 않다고 한다. 오히려 성진은 소박한 민심과 인정이 있어서 일찍이 새로운 개항지로 일본어의 필요성을 느끼고 있었다. 따라서 학교 설립에 대한 일반 백성의 열망이 강하므로 이곳에 일본어 학교를 설립하면, 그들과의 친교를 통해 적지 않은 이익을 가져올 수 있다. 그러므로 반드시 성진에 학교를 설립해야 할 것"[30]이라는 이유에서 본래의 계획이었던 북청의 일본어 학교 설립 계획은 취소되고, 1899년 8월 함경북도에 성진학당이 설립되었다.

성진학당의 교장 사사모리는 조선으로 건너올 때 도쿄에서 받은 「心得書」에 근거하여 조선의 학생들을 대상으로 일본 사상의 전파와 일본어 보급 등에 전념하면서, 수신, 산술, 독서, 어학, 작문, 지리, 역사 등 7과목을 지정하여 가르쳤다. 그리고 사에키(佐伯達)와 고야마(小山光利) 등 3명의 일본인 교사에 의해 9월에 수업이 시작되었고 10월에 정식으로 개교하였다. 한편 동아동문회는 1900년도 1차 예산안을 심의 및 결정하면서 함경도 경성(鏡城)에도 학교 설립을 결정하여 설립 비용 2,300엔을 책정하였다. 그리고 기존의 성진학당을 경성(鏡城)학당의 분교로 할 것을 결정하였다.[31] 또한 성진학당이 러시아와의 접경지역에 있는 점을 고려하여 이곳에 새롭게 교직원을 파견할 것을 계획하여 1901년 9월, 교장에는 기무라(木村宇太郎)를 임명하고 조교에는 사에키(佐伯達)를 촉탁하기로 하는 결정이 내려졌다.[32]

이처럼 동아동문회가 기무라와 사에키를 새롭게 파견하여 성진학당 재건에 전력을 쏟은 것은 두 가지 이유 때문이다. 하나는 성진이 조선 북부의 전략적 요충지라는 점이었고, 다른 하나는 성진학당의 본교로 계획된 경성학당 사업이 계획대로 추진되지 못하고 1901년 5월 이후 자

30 「東亜同文会事業成績」, 『東亜同文会関係雑纂』, 第一巻, 外務省外交史料館所蔵.

31 前掲, 『旧韓末「日語学校」の研究』, p. 142.

32 前掲, 『東亞同文會の韓国における教育活動』, p. 89.

연스럽게 소멸하였기 때문이다. 경성학당이 설립조차 되지 못한 이유에 대해서는 정확하게 알 수 없지만, 사사모리에 의하면, "조선에 오자마자 새로운 개항지인 성진에 일본어 학교를 설립하였다. 지금 재학생은 20명이며 올해 안에 졸업하여 번역을 할 수 있는 자는 4명 정도 있다. 작년 7월 성진에서 북쪽으로 30리 떨어져 있는 관찰부 소재지인 경성에 학교를 설립하고자 시찰하였지만, 때마침 길주에서 소동이 있었기 때문에 성진과 경성 모두 휴교하였다. 주민의 대부분이 겁에 질려 집안에 숨어 지내 농사일도 하지 않았다. 그러나 소동이 진정되자 이번에는 러청 사이의 국경지역에서 전쟁이 발발하였다. 경성에서 29리 떨어진 국경지역에 중국의 패잔병이 내습하여 부녀자를 겁탈하는 등 이 지역은 전쟁터와 마찬가지였다. (중략) 당시 경성에 거주하는 일본인은 겨우 3명에 불과하였다"[33]라는 사정이 있었음을 알 수 있다. 1898년 이후 성진은 길주와의 병합 및 분군(分郡) 문제로 1900년부터 소동이 계속 이어져 왔다. 이러한 길주 소동 때문에 당시 학생 모집이 어려운 상황이었으며, 또한 의화단 사건의 여파와 조선 외무대신의 학교 개설 중지 등 외부적인 영향으로 경성학당은 개교에 이르지 못하고 구상단계에서 사라지고 말았다.[34]

평양일본어학교는 1899년 6월 중순 신도가 도착하고 나서야 비로소 설립이 구체화되었다. 신도는 "평양에 도착하여 일본어 학교를 설립하

---

33 前揭, 『近衛篤麿日記(4)』, pp. 121-122.

34 前揭, 『東亜同文会史』, p. 101; 천지명. "韓末日本東亜同文会의 朝鮮教育進出", 『동서사학』, 한국동서사학회, 2003, pp. 124-125.

고자 하는 뜻을 발표하자마자, 성진의 경우와 같이 크게 환영받았다. 학교건물이 완성되지 않았음에도 불구하고 입학 희망자가 적지 않았기 때문에 우선 비어 있는 거실을 빌려서 독지자(篤志者) 7, 8명만을 모아 일어일문을 가르쳤다. 평양에서 적당한 교사(校舍)를 빌리는 데에 많은 시일이 걸렸다. 특히 지방관과의 번거로운 교섭 때문에 작년 9월에 간신히 교사를 빌렸다. 이미 모인 학생들은 새로운 교사로 옮겼으며 또한 학생을 모집하여 수업을 개시하였다"[35]라고 학교 설립의 과정을 밝혔는데, 평양학교는 같은 해 10월에 설립되었다. 그러나 학교건물은 완성되었지만, 학생 모집에서 커다란 벽에 부딪히게 되었다. 당시 교장인 신도는 신중한 태도를 취하면서 학생 모집을 위해 군수 김정식과 관찰사 정세원에게 충분한 설명과 함께 의뢰하여, 그들의 협력을 받아 학생 모집을 시작하였다.[36] 그러나 중국에서 의화단 사건이 발발하자 민심이 동요하고 흉흉하여 학생 모집이 원활히 진행되지 않아 신입생은 불과 7명에 지나지 않았다.

신입생 7명을 1조로 수업을 시작하여, 일본어로 일상의 모든 과목을 가르치고, 교육을 통해 필요한 인재를 만들려 하였다.[37] 물론 교과목은 일본 사상의 고취와 일본어의 습득에 필요한 과목으로 채택하였다. 즉, 그들은 조선인들을 일본 문화에 종속시키려고 하는 의도에서 성진학당의 수업과목과 동일한 수신, 산수, 독서, 어학, 작문, 지리, 역사를 교과목

35 「平壤日語學校」, 『東亜同文会報告』, 第六回, 1900年 5月 12日, p. 19.
36 真藤義雄, 「平壤日語學校の現況」, 『東亜同文会報告』, 第10回, 1900年, p. 37.
37 천지명, 전게, p. 123.

으로 채택하였지만, 새롭게 생리(生理), 동·식물 과목 및 체조를 추가한 점이 특징적이었다.[38] 그리고 수료시험 과목은 한문일역, 일문한역, 회화, 독서, 산술 5과목이었다. 교장 신도를 중심으로 교사 구마베(隈部一男), 기무라(木村宇太郎), 마쓰다(松田辰尾), 나카무라(中村健太郎), 미야지마(宮島秋行), 이나바(稲葉中) 등 7명이 1904년까지 재직하였으며, 개인 사정 및 질병으로 해임과 초빙이 수차례 있었다. "구마베 해임 후 교원 부족은 더욱 심각하여 졸업생인 김동원에게 조력케 하였다"라는 기록에서 보면, 심각한 교사 부족 상태에 있었다는 것을 알 수 있다.

2) 보조학교 지원

조선반도에 대한 동아동문회의 교육사업은 군사적 목적에서 북방지역에서는 직접 학교를 설립 및 경영하였지만, 남부의 경우는 기존의 학교를 동아동문회가 지원 및 보조하는 형태로 진행되었다. 동아동문회가 보조한 학교는 경성학당(京城学堂)과 충청남도 강경의 한남학당, 대구의 달성학교, 전라도의 목포학교 등이었다. 경성학당은 1896년 4월 15일 '대일본 해외교육회'에 의해 설립되었다. 이 단체는 1892년 동방협회의 중심회원인 이타가키(板垣退助), 오쿠마, 혼다(本多庸一), 구가 미노루, 와타나베(渡辺国武) 등이 해외 교육사업을 위해 설립한 교육단체이다.[39] 그 후 동아동문회의 중심회원이 된 혼다, 구가, 와타나베 등이 동 단체를 운영하였지만, 이토와 하야시 등 거물 정치가도 이 단체에 직간접적으로

38 前揭, 『旧韓末「日語学校」の研究』, p. 146.
39 上揭, p. 53.

관여하였다. 특히, 혼다는 경성학당 설립에 크게 관여하였는데, 그는 경성학당 설립에 대해서 “조선에 일본 문화를 전파하려는 생각을 가지고 있었다. (중략) 작년 1월부터 학교 설립을 계획하였다. 그러나 동 지역에 소동이 일어나서 개교가 예정대로 진행되지 못하였지만, 4월에 겨우 개교를 할 수 있었다. 학교 이름은 경성학당으로 결정하였고, 생도 모집에 어려운 점도 있었지만, 40명 정도의 학생으로 학교 운영을 시작하였다”[40]라고 밝혔다.

대일본해외교육회의 경성학당 설립 경위는 명확하게 밝혀지지 않고 있지만, 주한 공사 이노우에와 조선 정부의 법률고문인 호시(星亨) 그리고 외교관인 스기무라(杉村濬) 등에 의해 경성학당 설립이 계획, 추진되었다고 한다.[41] 경성학당은 1896년 4월 15일 개교하여 당시 수업과목은 소학과와 보통과로 나누어 실시되었다. 물론 1901년 6월 새롭게 전문과가 신설되었을 뿐만 아니라, 기존의 수업과목명이 변경되는 경우가 있었지만, 개교 당시의 수업과목은 소학과의 경우는 수신, 한국어, 일본어, 산술 등이었으며, 보통과의 경우는 수신, 독방(讀方), 지리, 역사, 이화(理化), 회화, 작문, 창가, 체조 등이었고, 타 학교에서처럼 일본어 교육이 중심이 되었다. 1896년 당시 학생 수는 40명에서 출발하였지만, 1897년에는 출석자와 졸업자를 합친 수가 150명에 이르러, 조선에서 가장 큰 학교가 되었다.[42] 또한 동방협회의 거물 정치가이며, 1년 후 동

---

40 『東邦協会々報』, 第40号, 1897年, pp. 61-62.

41 岡田哲蔵, 『本多庸一伝』, 日独書院, 1935年, p. 99.

42 前掲, 『旧韓末「日語学校」の研究』, p. 97, 79.

아동문회의 회장으로 취임하는 고노에는 1897년 7월경 대일본해외교육회에 500엔을 기부할 것을 약속하고 우선 100엔을 같은 해 10월에 출자하였다. 그리고 그는 경성이 "조선반도의 중심부에 해당하므로 동 지역에 설립된 경성학당을 보조해야 할 것이다"라고 주장하여, 1899년 예산액에서 경성학당 보조비로 1,200엔을 지원하였다.[43]

이와 같이 경성학당은 동방협회의 대일본해외교육회에 의해 설립 및 운영되었지만, 그 후 동아동문회가 지원하는 형태로 운영되었다. 물론 경성학당은 경성이라는 조선의 중심지에 있다는 이점 때문에 동아동문회의 전폭적인 지원을 받아, 이북지방에 설립된 성진학당과 평양일본어학교보다는 재정적 기반과 학생 수 등 여러 가지 부분에서 상당히 안정적인 학교였다. 이러한 경성학당에 대해서 동아동문회의 하야시는 "조선에서 일본인이 경영하고 있는 사업 중에 가장 의미 있는 것은 해외교육회의 사업이다"라고 높이 평가하였다. 또한 이토도 조선통감 취임 시 "일본인의 사업 중에 주효한 것은 경성학당뿐이다"[44]라고 언급하였다. 경성학당이 조선에서 대표적인 일본어 학교였음을 알 수 있다.

그리고 동아동문회의 지원을 받고 있던 한남학당은 1898년 10월 7일 인천 영사 이시이 기쿠지로(石井菊次郎)와 당주(堂主) 야쿠시지(藥師寺知朧) 등에 의해 충청남도 강경에 개설되었지만, 경성학당에 비해 재정이 안정적이지 못하였다. 당시 학교의 사정을 보면, 교사(校舍)는 물론 학교 부지도 한국인에게 빌려서 사용하였으며, 학교 부지는 천 평 정

43 前掲, 『東亞同文會の韓国における教育活動』, p. 124.

44 前掲, 『旧韓末「日語学校」の研究』, p. 46

도였지만, 교사의 생활공간은 협소하였을 뿐만 아니라 학생들의 교실 또한 극히 협소하였다.[45] 이러한 사정을 보고받은 동아동문회는 1900년 5월 강경이 경부선 철도의 통과지점임은 물론, 상업지로서 중요한 입지에 있음을 인식하여 매달 40엔을 보조한다고 결정하였다. 특히 강경이 조선인과 소통할 수 있는 가장 좋은 지역이라는 것이 이런 지원의 배경이 된 것이다.[46] 무엇보다도 동아동문회가 한남학당에 보조한 직접적인 이유는 당시 『한성월보』가 발행한 인쇄물을 한남학당을 통해서 현지 주민들에게 배포할 수 있다는 이점이 있었기 때문이다. 실제로 동아동문회가 발행하고 있던 『한성월보』를 한남학당을 통해서 현지 사람들에게 배부하였다. "지금까지 배포된 것은 『大東合邦論』, 『日語独学』, 『漢城月報』, 『諺文漢城新報』 등으로, 작년에는 500여 부였으며 올해는 300여 부가 배부되었다"는 기록에서 알 수 있듯이, 한남학당은 동아동문회의 하부 단체로 기능하고 있었다. 특히 그들이 배포한 인쇄물 중 『대동합방론』은 한일 병합을 선동한 조선 침략의 사상적 도구였다고 하는 것이 오늘날의 일반적인 평가이다.[47] 따라서, 동아동문회가 지원한 한남학당은 실질적으로 동아동문회에 의해서 운영되었다고 볼 수 있다. 실제로 한남학당의 경영자이기도 한 야쿠시지는 1901년 8월 동아동문회의 정식회원이 되었다.

달성학교는 1899년 7월 일본인 히자즈키(膝付益吉)를 중심으로 대

45 『東亜時論』, 第16号, 1899年7月, p. 22.
46 『東亞同文會報告』, 第8回, 1900年6月25日, pp. 4-5.
47 전게, 『아시아연대와 일본제국주의』, pp. 58.

구의 일한 유지들에 의해 설립되었지만 학교 경영 상태는 좋지 않았다. 이러한 사정을 알고 있던 동아동문회는 1901년 5월부터 달성학교를 보조하기 시작하였다. 당시의 학교 사정에 대해, "학교는 종래 한국학부와 부산의 동본원사계 여러 사원으로부터 약간의 보조를 받고 있었지만, 재정 상태는 대단히 어려웠다. 본 연도에 들어와서 동아동문회의 보조를 받아서 학교 경영이 유지 및 확립되어 운영이 제대로 이루어지고 있다", "본교는 유지비 증액 및 교사 증축 등의 큰 문제에 직면하고 있다. 앞으로 많은 어려움을 극복하지 않으면 본교의 기초가 튼튼하다고 볼 수 없다"라고 언급하고 있다.[48] 물론 달성학교는 조선 정부와 일한 유지로부터의 보조금, 부산의 개성학교로부터의 약간의 보조금을 받고 있었지만 그 액수가 충분치 못하였다. 결국 동아동문회의 보조비로 운영, 유지되고 있는 형편이었다. 이 보조금의 배경은, "일본어의 보급과 지역주민의 개발에 힘쓰며 나아가 일본 문화의 위대함을 동 지역에 보급하려는 큰 뜻이 있었기 때문"[49]이라고 밝히고 있다.

또한 "일본의 외무성으로부터 3천 엔의 보조도 받고 있었지만, 외무성의 보조금 중 천 엔은, 마산, 동래, 밀양, 대구, 경주 등의 일본어 학교에 배분된 것"으로, 일본 정부의 대조선 정책의 일환으로 달성학교에 지원하였음을 알 수 있다. 그들의 지원과 관심에 의해 1904년 11월 달성학교의 학생 수는 24명까지 증가하였으며 1905년에는 61명까지 늘어났다.[50] 동아동문회가 조선에서 직접 학교를 경영하는 것과 기존에 있는

48 『東亞同文會報告』, 第26回, 1902年 1月 8日, p. 6.

49 上揭, pp. 8-9.

학교를 보조하는 것이 모든 지역과 학교에서 행해진 것은 결코 아니었으며 그것은 일본의 전략 지역에 한정되어 있었다. 결국 일본 입장에서의 전략적 요충지에 일본어 학교를 설립하고 기존의 일본어 학교를 지원한 것이 조선의 현지 주민들에게 보다 친숙하게 다가갈 수 있는 여건을 형성하였다.

4. 동아동문회 교육사업의 성격과 의미

1) 대러시아 대응책

이와 같이 동아동문회 교육사업은 일본 국익에 따라 행해졌다고 말할 수 있다. 이러한 주장은 동아동문회가 조선으로 진출한 후, 그들의 행동과 방향을 종합적으로 판단해 보면 더욱 명확하다. 동아동문회가 처음 함경남도 북청에 일본어학교 설립을 계획한 것은 러시아의 남하에 대한 깊은 우려로 인한 대응책 차원에서 이루어졌다. 당시 조선에 대한 러일 간의 주도권 쟁탈전은 삼국간섭에 의해 더욱 격화되었다. 중국이 청일전쟁에서 패배하여 조선에서 물러나고, 삼국간섭을 주도한 러시아가 조선반도의 주도권을 잡았다. 특히 이 시기에 동아동문회가 함경남도 북청에 일본어 학교 설립을 결정한 것은 러시아의 남하를 크게 의식하고 있었기 때문이라고 볼 수 있다.

당시 학교건물 준비와 학생 모집에 분주하면서도, 교장인 사사모리가

50 前掲, 『旧韓国~朝鮮の「内地人」教育』, p. 31, 174.

"청국, 조선, 러시아 국경지대와 만주 및 연해주 지역의 정보를 탐색하고 시찰하였다"[51]라는 사실은 러시아의 남하에 대하여 조사하고 있었음을 증명하는 것이다. 학교 설립에 바쁜 사사모리가 국경 주변을 조사한 근본적인 계기는 국경지역에 러시아군의 출입이 잦아졌기 때문이다. 특히, 러시아인과 조선인과의 친밀도 조사, 또한 이 지역의 지형에 대한 숙지가 필요하였다. 무엇보다도 이 지역은 러시아와 중국의 국경에 접하는 곳이기 때문에, 주민들의 민심을 파악하여 이들에게 친일정서를 심고자 하는 등 다양한 정치적 의도가 작용하여 학교 설립이 단행되었다고 보인다. 즉, 북청지역을 조선의 북관으로 이용하려고 하는 그들의 의도는 단순한 러시아 남하의 저지는 물론, 대륙 진출의 출발점 혹은 근거지로 이를 활용하고자 하는 것이었다.

예를 들면, 당시 함경남도 북청에 일본어 학교 설립을 추진하면서 주변 지역은 물론 3국 국경지역을 조사하고 있던 사사모리는 당시 참모본부 소속의 측량부원인 동시에 교육자로서 함경도 북청에 파견된 것이다. 사사모리가 교육자로서 학교를 설립한 것은 자신의 주 임무인 정찰대원으로서의 활동을 숨기기 위한 위장 행동이었다. 실제로 그는 3국 접경지역을 중심으로 정찰 임무를 수행하여, 러시아 측량대와 탐험대의 활동 상황 등을 주기적으로 도쿄에 보고하였다.[52] 당시 일본에서는 정부관계자 및 정치가 그리고 지식인들조차도 러시아의 남하 정책을 매우 경계하고 있었다. 동 단체 회원인 구가도 "러시아의 남진은 반드시 저지해야

51 前揭, 『旧韓国~朝鮮の「内地人」教育』, p. 123.

52 전게, 천지명, "韓末日本東亜同文会의 朝鮮教育進出", p. 132.

할 것이다"[53]라고 주장하였다. 이와 같이, 동아동문회의 일부 대외강경 회원들은 러시아의 남하에 대해 직접 러시아 내부까지 잠입하여 조사활동도 행하였지만, 이 시기에 동 단체의 주된 활동은 조선 교육사업에 한정되었다. 특히, 한국인이 친일적인 정서를 함양하도록 유도하고 심화시키기 위한 방책으로는 학교 설립 등의 교육사업이 가장 효과적인 수단이라는 것을 이들은 잘 알고 있었다.

이러한 그들의 행동 이면에는 반일감정의 완화를 꾀한다는 숨은 목적이 있었다. 이는 곧 당시 일본에 대한 조선인의 반일감정이 그만큼 강하였던 것을 의미하기도 하는 것이다. 또한 조선의 주도권 다툼에서 일본보다는 러시아가 우세하다는 현실적인 문제도 크게 작용하였다. 당시 조선 정부와 일반 대다수의 사람들은 "러시아의 위세가 강건한 반면, 일본의 실력은 과소평가되어, 반일감정이 한국의 조야에 만연되어만 갔다. 반대로 친러분자와 공러분자(恐露分子)는 이왕조(李王朝)를 비롯하여 민간의 백성에도 충만하였다"[54]라고 할 정도로, 러시아의 세력이 우세하다고 생각하고 있었다. 동아동문회는 이렇듯 조선에서 러시아가 우세한 정치적 상황을 타파하기 위해 군사적인 방법을 동원하기보다는 일본어 보급과 학교 사업 등의 교육사업에서 그 대안을 찾고자 한 것이다. 또한 동 단체 간부인 고무치는 조선에 대해서, "교화 유도에 노력하면 일본을 좋은 이웃국가로서 받아들이기까지 그렇게 오래 걸리지 않을 것이다. (중략) 오늘날 조선의 상황이 너무나 빈약하다고 하지만 (중략) 조선과

53 『日本人』, 第51号, 1897年, p. 335.

54 宮田節子編, 『朝鮮軍概要史』, 不二出版, 1989年, p. 6.

일본은 순치보거의 운명공동체이다"[55]라고 주장하면서 양국의 연대를 강조하였다. 여기서 고무치가 양국이 운명공동체라며 양국의 우호적인 관계 구축을 강조한 것에는 조선에서 러시아를 배제하겠다는 전략이 숨겨져 있었다. 게다가 러시아인을 조선인과 같은 아시아인이 아닌 이방인으로 취급하고 있음을 알 수 있다.

이처럼, 동아동문회는 학교 설립과 일본어 보급을 통하여 조선 인민과 소통함으로써 아시아 민족의 정서적 유대를 통해 이민족인 러시아인을 몰아내고자 하였다. 특히 문명의 혜택을 받지 못한 산간벽지민에 대한 교육사업은 현지 조선인들의 거부감을 불식하고 친선을 도모하는 데 가장 효과적인 수단이었다. 당시 성진학당이 세워져 있었음에도 불구하고, 함경도 경성에 학교 설립 계획을 세웠다는 것은 조선 북부지방에서의 러시아 영향력이 강하였다는 것을 반증한다. 당시 경성지역은 일본 거류민의 세력이 미치지 못하고 러시아의 영향 하에 놓여 있던 상황이었으며,[56] 경성학당 설립 비용으로 2,300엔이나 투입된 것은 조선 북방에서 러시아의 영향력을 일본이 크게 의식하고 있었다는 것을 의미한다. 여기에는 이 지역의 인심을 사로잡는 좋은 기회로 삼아서 후일 유사시에 반드시 일본을 위해 활용할 수 있는 인물을 교육하고자 하는 목적이 숨어 있었다.[57] 여기서 유사시는 러일전쟁을 의미하는 것으로, "지금 개전의 기운이 점점 고조되고 있는 상황 속에서 눈앞의 적군을 맞이하고

---

55 『日本人』, 第5号, 1895年, pp. 377-378.

56 『東亞同文會報告』, 第10回, 1900年9月, pp. 6-7.

57 笹森儀助, 「鏡城紀行国境視察談」, 『東亞同文會報告』, 第10回, 1900年9月, p. 68.

후방인 조선에서 폭동이라도 일어난다면, 일본으로서는 손도 쓸 수 없는 상황에 빠질 것이다. 폭동이 일어나지 않더라도 강적인 러시아와 대치하는 상황에서 일본군이 후방까지 전력을 배치한다면 절대로 승리할 수 없을 것이다"[58]라는 인식이 바탕에 깔려 있다. 당시 대국인 러시아와의 개전을 준비하고 있던 일본은 조선 내에 산재한 친러 세력에 대한 대응책을 마련하지 못하고 있었다. 러시아와 대치하고 있는 상황에서 조선 정부마저 반일세력이 된다면 일본의 승리는 없다고 동아동문회는 판단하고 있었다.

이러한 상황을 전환시키기 위한 방법으로 "동아동문회는 한국에 학당을 신설하고 기존의 학당을 보조하였으며, 개전과 동시에 본 학당의 학생들을 통역에 이용하거나 혹은 군사 잡무에 종사케 하였다"는 기록에서 그들의 의도를 짐작할 수 있다.[59] 러시아와의 개전을 눈앞에 두고 동아동문회 본부는 여러 재한(在韓) 학교에 군국 사무에 관한 훈령을 내렸다. 평양일어학교장 신도는 훈령에 근거하여 의용대를 조직하여 평양 거주 일본인을 보호하기 위해 활동하였다.[60] 또한 러일 개전과 함께 평양일어학교 출신인 김영건(1기 졸업생), 박성규(2기 졸업생), 송영조(2기 졸업생), 조악홍(2기 졸업생), 선우예(1기 졸업생), 이광수(3학년), 김려상(3학년), 백낙선(3학년) 등은 러일전쟁에서 통역관으로 종군하였다. 또한 성진학당 출신자 중에서 조교사로 촉탁 받은 이병선은 러일 개

58 「魚潭少將回顧錄」, 市川正明編, 『日韓外交史料(10)』, 原書房, 1981年, p. 88.

59 前揭, 『近衛篤麿日記』,(付属文書), pp. 493-494.

60 前揭, 『旧韓国~朝鮮の「内地人」教育』, p. 151.

전 2개월 전부터 러시아의 정황을 살피기 위해 길주에 체재하였다.[61]

따라서 동아동문회가 조선에 설립한 일본어학교들과 동 단체가 보조 및 지원한 학교들을 동 단체는 일본의 대륙 침략의 거점으로 이용하고자 한 것이다. 그뿐만 아니라 졸업생들은 일본군의 통역에 종사하였으며, 특히 "이순재는 개전 2개월 전부터는 영사관의 촉탁에 의해 정찰 임무에 종사하였다"[62]라는 기록에서 졸업생의 대부분이 러일전쟁에 협력하고 조선 침탈의 첨병으로 활약하였다고 추측된다.

2) 친일파 육성과 대조선 식민지화

동아동문회의 교육사업은 러시아 남하에 대한 대응책의 하나로 시작되었지만, 한편으로는 조선문제 해결과 관련하여 친일파 양성 그리고 조선 식민지화의 사전포석 취지에서 시작되었다고 볼 수 있다. 예를 들면, 1897년 11월 29일 고노에의 지시를 받고 조선으로 도항하여 내지를 조사하고 있던 오쿠무라(奥村五百)가 조선의 정황을 고노에에게 보고하면서, "조일관계를 친밀하게 만들기 위해서는 사원을 건축하고 실업학교를 설립해야 한다"[63]고 건의하였다. 실제로 오쿠무라는 한일 양국의 친교를 형성할 목적에서, 일본에 유학하고 있던 조선인 유학생들의 어려운 사정을 돕기 위해 동분서주하면서 의연금을 모집한 인물이기도 하였다.[64] 이러한 전후 사정을 감안하면, 오쿠무라의 사원 건축과 실업학교

61 『東亞同文會報告』, 第54回, 1904年5月10日, p. 36.

62 『東亞同文會報告』, 第74回, 1906年1月26日, p. 23.

63 前揭, 『近衛篤麿日記(1)』, p. 327.

64 『教育時論』, 第459号, 1898年1月15日, p. 29.

설립 그리고 동아동문회의 교육사업도 친일관계 구축 계획 아래 이뤄졌다고 볼 수 있다. 고노에도 오쿠무라와 같은 생각을 하였을 뿐만 아니라, 조선인과의 정서적 유대를 바탕으로 한일 우호관계를 구축하는 데 교육사업을 활용하고자 하였다.

당시 명성황후 시해 사건에 의해, "한국인의 인심은 일본인 배척으로 흘러가고 있었으며, 조선 내지에서는 반일 폭도들이 봉기하여 일본인 거류민을 학살하고 있었다. 그 결과 조선 내지에서는 일본인의 족적을 거의 찾아볼 수 없었다"[65]라고 고노에는 기술하고 있다. 이처럼 조선에서 반일정서가 심각한 국면에 이르고 있을 때, 동아동문회의 조선사업부는 러시아 남하에 대한 대응책과 조선문제 해결책을 마련하는 데에 몰두하였다. 결국 동아동문회가 선택한 것은 조선인의 마음을 전환할 수 있는 유화정책이었다. 동아동문회는 조선인 유화정책을 실천키로 결정하여 교육사업에 착수하였으며, 특히 학교 졸업생들을 활용하고자 하였다. 예를 들면, "경의철도 공사를 착공하는 데 청부업자로부터 졸업생들은 평판이 좋았으며, 일본어 숙달자를 요구받고 많은 졸업생들이 철도관리관과 상점 등에 취직하여 한 달 수당으로 10엔 내지 30엔까지 받았다"[66]라고 기술되어 있다.

당시 동아동문회에서는 조선인 졸업생을 친일파 육성에 잘 활용하고 있음을 알 수 있는데, 특히 조선인의 일본어 습득은 출세 및 안정적인 직장과 직결되었다. 일본은 조선인 졸업생을 일본과 관련한 사업에 고용

65 前掲, 『近衛篤麿日記(付属文書)』, p. 253.

66 前掲, 『旧韓国~朝鮮の「内地人」教育』, p. 158.

함으로써 이들을 친일가로 활용하였을 뿐만 아니라, 일본의 경제 진출에 이용하여 일석이조의 효과를 취하였다. 결과적으로 조선인 졸업생은 일본 제품을 자국의 국민들에게 파는 일본 경제의 첨병 역할을 하였고, 일본인이 경영하는 각종 회사에 고용됨으로써 조선의 경제 식민지화에 크게 기여하는 형태로 이용되었다. 이것은 졸업생뿐만 아니라 조선 정부마저 자연스럽게 일본에 경제적으로 예속되도록 촉진하는 결과를 낳았다. 또한 졸업생들의 일본어 구사 능력은 그들이 일본의 이익을 대변하도록 하는 한편, 자신들을 정계로 진출할 수 있도록 하여 조선의 식민지화를 위한 사전포석이 되는 친일 활동을 가능하게 하였다.

1900년 중국에서 의화단 사건이 발생하자마자, "평양일본어학교에서 병사를 모집하였는데 본교에서도 모병에 응하여 3명이 지원하였다"[67]라는 사실에서 일본은 학교를 통해서 조선인 병사를 모집하고 있었음을 알 수 있다. 이러한 일본의 정책은 동아동문회가 경영 또는 지원하는 학교의 학생들을 일본인으로 동등하게 교육하고 대우한다는 점을 대내외적으로 선전하여 정치적 효과를 동시에 거두겠다는 의도에서 시도되었다고 판단된다. 당시 고노에 회장은 일본어학교의 조선인 학생들에게 "다 같이 제국신민으로서 공사의 업무에 종사케 하여야 한다"[68]고 주장하였으며, 이 주장을 공공연하게 학생들에게 전달하여 조선인 학생들에게 자신이 일본인이라는 착각 속에 빠지게 하였다. 이것은 동 단체가 조선인 학생을 제국신민으로 과대 포장하여 조선 지배의 첨병으로 교육

---

67 『東亞同文會報告』, 第12回, 1900年11月1日, p. 24.

68 前揭, 『近衛篤麿日記(付属文書)』, pp. 493-494.

하려는 의도에서 나온 선전 문구에 지나지 않는다고 볼 수 있다.

이 부분에 대해 명확하게 이해하기 위해서는 당시 졸업생의 동태를 찾아보면 알 수 있을 거라고 생각되지만, 유감스럽게도 모든 졸업생의 진로에 대해 자세하게 밝혀지지 않고 있다. 단지 평양일어학교의 졸업생을 예로 들면, "평양일어학교는 이번 봄에 제1회 졸업생 3명을 배출하였다. 1명은 진학하여 의학 연구에 종사하고, 1명은 동 학교의 조수로 고용되었다. 나머지 1명(김동원)은 도쿄에 유학하였다"라고 밝히고 있지만, 일본에 유학한 졸업생은 김동원뿐만 아니라 2학년 생도인 김현식과 곽용주도 일본에서 유학하였다고 기술되어 있다.[69] 물론 동아동문회의 유학정책은 새로운 학문과 세상을 갈망하였던 조선인 학생들에게 외부 세상과의 통로 역할을 한 측면은 있었다. 그러나 여기에는 향후 일본의 조선 식민지 지배에 대비해 이들을 고급 인재로 이용하고자 하는 정치적인 의도도 함께 포함되어 있었다. 동아동문회는 "일본어를 배우려는 사람들의 증가는 곧 일본의 세력 범위의 확장을 의미한다"[70]라고 받아들이고 있었기 때문에 그들의 의도가 어디에 있는가를 충분히 추측할 수 있을 것이다. 특히 일본어 보급은 언어의 예속화를 초래하여, 일본의 조선에 대한 세력 확대로 연결된다는 것은 누구라도 쉽게 알 수 있다.

이러한 동아동문회의 의도와 목적을 파악할 수 있는 증거자료는 조선인을 상대로 발행한 잡지이다. 당시 일본 외무성의 기밀비로 창간된 『한성월보』는 일본의 시사를 소개하는 등, 조선인들이 인식하지 못하는

---

69 『東亞同文會報告』, 第67回, 1905年6月, p. 33.
70 『東亞同文會報告』, 第5回, 1900年4月10日, p. 26.

사이에 동 잡지를 통하여 일본 문화를 많이 유입시켰다. 경성에서의 『한성월보』 발행은 말할 것도 없이 조선인의 일본 동화정책의 일환으로 추진되었다고 볼 수 있다. 이러한 주장의 근거는 당시 『한성월보』가 일본의 시사를 조선에 알려주는 일본 문화의 전도사 역할을 담당하는 창구였다는 것이다. 또 『한성월보』는 일본과 일본인의 미화나 친일정서의 함양 등에 이용되었다. 『한성월보』가 친일정서 강화에 큰 기여를 하였다는 것은 비록 결과론에 지나지 않지만 러일전쟁을 승리로 이끈 요인이 되었다. 또한 잡지 배포를 통한 일본어 보급은 친일정서를 더욱 포장하여 세련케 하였다. 특히, 조선에 일본의 문화를 전파하고자 하는 동아동문회의 주장은 조선 문화의 일본에 대한 예속화를 계획한 것에서 나온 것이라고 볼 수 있으며, 일본어의 습득은 자연히 일본 문화를 받아들일 수밖에 없는 메커니즘으로 작용하였다.

일본어를 매개로 서구의 근대적 지식과 선진문화 도입을 가능케 함으로써 조선의 개혁과 근대화에 큰 영향을 끼쳤다. 그러나 일본어를 통해서 서구의 근대적 지식과 선진문화를 도입하는 과정에서 일본적인 것도 함께 도입됨으로써 일본의 문화가 조선의 문화에 자연스럽게 융화되는 결과를 초래하였다고 볼 수 있다. 이는 일본의 조선 식민지화 정책에 저항감을 완화시키는 역할을 하였다. 결국, 한민족의 주체성과 정체성을 온전히 갖추지 못한 상태에서 일본 문화를 받아들이는 것은 조선 문화의 전통을 말살하는 결과를 초래하여 조선이 망국의 길을 걷는 지름길이 되었다.

동아동문회는 설립 당시부터 '아시아는 하나'라고 주장하며 아시아인의 동질성을 강조하였다. 동 단체의 이러한 주장은 일본의 아시아 진출을 가능케 하는 중요한 메커니즘으로 작용하는 한편, 서구에 대한 배타성을 낳게 하여 서구문화를 차단하는 효율적인 수단이 되었다. 그리고 아시아라는 지역 속에서 함께 살고 있는 조선과 일본은 하나라는 동질성을 강조함으로써 조선인들은 무의식적으로 일본인을 같은 아시아인으로 받아들이게 되었다. 특히 일본의 책과 잡지를 읽으면서 일본적인 것을 받아들이고, 자신들이 일본어를 말함으로써 일본인과 동일하다고 하는 착각 속에 빠지도록 한 것이 바로 일본어의 사용이었다. 고노에는 이러한 심리를 이용해서 서구 열강의 아시아 침략에 대해서 "동양은 아시아에 속하며 동양문제를 처리하는 것은 아시아인의 책무에 속한다"[71]라고 주장하면서 아시아가 연대할 것을 강조하였다. 또 서구세력의 아시아 침략은 단순히 인종 경쟁이 아닌 문화 경쟁이라고 주장하면서, "문화적으로 서구에 이기기 위해서는 더 한층 분발해야 할 것이다"[72]라고 강조하였다. 즉, 고노에는 서양문화의 우월성을 주장하고 있었지만, 한편으로는 아시아 유일의 근대국가인 일본이 열등국인 조선에 일본의 우수한 문화를 전하지 않으면 안 된다고 하는 논리를 전개함으로써 일본어를 매개로 일본 문화를 전파하는 것은 당연한 논리라고 강조하였다.

특히 1905년 러일전쟁에서 일본의 승리는 일본 문화의 우수성을 증명하는 것이 되었다. 이때 조선의 주도권이 러시아에서 일본으로 이동하게 되었다. 이는 일본 및 일본어에 대한 조선인의 인식이 크게 변하는

71 前掲, 『対支回顧録(下)』, p. 888.

72 阿部洋編, 『日中関係と文化摩擦』, 厳南堂書店, 1982年, p. 115.

계기가 되었음과 동시에, 조선 정부의 주요한 자리에 일본인이 다수를 차지함으로써 일본어의 필요성이 증대하였다. 무엇보다도 러일전쟁 후에 일본의 보호정치가 시작되자, 조선의 교육 주도권이 일본으로 옮겨져 일본어 필수의 사회풍조가 만연하게 되었다. 이러한 풍조 속에 조선인들에게는 일본어 습득이 입신출세의 지름길로서 받아들여졌고, 러일 개전 후 일본인에 대한 조선인의 인식이 크게 바뀌었다. 동시에 일본어 학교에 입학하기를 희망하는 자가 크게 증가하였다. 이것은 기존의 반일감정을 완화시키는 중요한 역할을 하였을 뿐만 아니라, 일본인에 대한 기존의 인식을 바꾸는 데 크게 기여하였음을 의미한다.

결국 동아동문회의 교육사업이 10만 명 규모의 군사력에 의한 조선 진출보다 훨씬 효과적이었던 것이다. 과거 중국과 러시아의 조선 진출은 군사력을 배경으로 하는 강압적이며 물리적인 방법에 지나지 않았지만, 동아동문회의 조선 진출은 교육사업을 통한 점진적인 방법으로 이루어졌다. 이것은 조선 인민의 민심을 손에 넣는 획기적인 방법이었다.

3) 교육사업의 의의

동아동문회의 조선에서의 교육사업이 조선 근대사와 교육사에 어떠한 영향을 주었는가에 대해서는 다양한 논의가 필요하겠지만, 기존의 선행연구들에서는 침략의 수단, 조선 식민지화의 사전포석 활동으로 평가하였다. 그러나 정치, 군사적인 측면에서 벗어나 단순히 교육사적인 측면에서 본다면 다양한 평가도 가능할 것이다. 가령, 기독교의 교육활동에 대해서도, 근대 교육의 개척자로서의 역할을 강조하는 긍정적인 측면과 미국 자본주의의 조선 침략 도구로서의 역할을 강조하는 부정적인 측면을, 동시에 평가하고 있다.[73] 따라서 동 단체의 조선 교육사업에 대해서도 부정적인 측면과 긍정적인 측면을 동시에 인정해야 할 것이다.

본서에서는 기존의 선행연구의 시각인 침략의 수단, 조선 식민지화의 사전포석 활동에 지나지 않는다고 하는 정치, 군사적인 관점에서 벗어나 교육적 측면에서 조선 교육사업을 아래와 같이 평가하고자 한다. 첫째, 교사 양성 및 교육의 양적인 팽창을 이루었다. 동 단체의 관련 학교를 졸업한 학생들은 다양한 분야에 진출하여 일본의 조선 침략의 첨병으로 활동하였지만, 학교의 교사로서 활동한 이들도 많았다. 예를 들면, 삼남학당(三南学堂)의 교사로 활동한 김진옥은 경성학당의 1기 졸업생이다.[74] 그 밖에 평양일어학교의 2기 졸업생 선우예는 동 단체의 핵심 회원인 나카니시와 함께 보동학교(保東学校)를 1903년에 설립하여 운영하였다.[75] 경성학당의 졸업생은 본교의 교사는 물론, 타 학교 및 신설 학교의 교사로서 부임하는 예가 많았다. 성진학당과 평양일어학교의 졸업생의 경우도 크게 다르지 않았다. 예컨대, 이들 학교에서는 이순재, 이병선을 비롯한 다수의 졸업생을 교사로 채용하였고, 그 밖의 졸업생들도 본교나 분교에서 교사로 근무하였다.

조선 정부에 의한 근대적인 교육제도 도입은 '갑오개혁(甲午改革, 1895년 7월 ~ 1895년 8월)' 때부터 시작되었다. 이 시기에 설립된 주

---

73 尹健次, 『朝鮮近代教育の思想と運動』, 東京大学出版部, 1982年, p. 192.

74 朱秀雄, 「開化期の韓国における日本語教育に関する一研究」, 『日本の教育史学』 32輯, 教育史学会, 1989年, p. 134.

75 『東亜同文会報告』, 第59回, 1904年10月, pp. 15-16.

요 학교는 한성사범학교(漢城師範学校, 1895년), 외국어학교(外国語学校, 1895년), 법관양성소(法官養成所, 1895년), 한성고등학교(漢城高等学校, 1900년), 농상공학교(農商工学校, 1904년) 정도에 지나지 않았다.[76] 대부분의 학교는 경성지역에 집중적으로 설립되었지만 경영 부진 상태였고, 학교 규모도 소규모에 지나지 않아 향교나 서당과 크게 다르지 않았다.[77] 이러한 실태의 근본적인 원인으로는 조선 정부의 재정적인 위기가 크게 작용하였다. 근대적 학교 설립은 재정적 한계에 의해 순조롭게 추진되지 못하였으며, 심지어 민간인에 의해 설립된 사립학교도 1905년 시점에서 주요 학교는 11개교에 머물고 있었다.

당시 학교 부족 현상을 해결한 것이 기독교 계통의 종교단체가 1905년까지 25개교를 설립한 것을 비롯하여, 일한 유지 및 동아동문회 그리고 일본인들에 의해서 이루어진 학교 설립이었다. 이러한 현상에는 종교적인 목적도 크게 작용하였지만, 특히 현지 일본인의 자제 교육의 필요성과 특히 일본제국주의 세력 진출의 첫걸음은 일본어 보급에 있다는 정치적 목적이 크게 작용하였다. 이러한 의도에 의해서 한반도의 경성에서 벽촌에 이르기까지 다수의 학교가 설립되었다. 예를 들면, 성진학당은 함경도의 벽촌에 세워졌으며, 평양일어학교는 반도 북부의 중심지인 평양에 설립되었다. 특히 이들의 본교에는 분교가 설치되어 학교 부족이 심각한 이북지방에서 일정한 역할을 하였다고 볼 수 있다. 실제로 당시

76 손인수, 『韓国近代教育史』, 연세대학교출판부, 1975, p. 29.

77 林在潤, "韓末의 近代教育과 民族主義", 『教育研究』, 전남대학교 교육문제연구소. 1984. pp. 47-48.

조선의 학교 사정은 질적인 측면은 커녕 양적인 측면에서도 크게 뒤떨어져 있었다. 이러한 학교 부족 현상을 타개하는 데에 조금이나마 기여한 것이 동아동문회의 교육사업이었다. 특히 부산개성학교(釜山開成学校)의 양적인 팽창은 대단하였다. 1905년까지 부산개성학교의 지교(支校) 및 보조학교는 구관지교(旧舘支校), 부산진지교(釜山鎮支校), 동래일어학교(東莱日語学校), 마산포일어학교(馬山浦日語学校), 밀양개창학교(密陽開昌学校), 경주부계림일어학교(慶州府鶏林日語学校), 기장일어학당(機張日語学堂) 등 7개교에 이르고 있었다.[78] 부산개성학교의 이러한 양적인 팽창에 대해 김의환은 "개성학교의 창립은 부산에 있어서 근대 교육, 즉 신교육의 효시가 되었다"[79]라고 평가하였다.

둘째, 학교에 상당한 재정적 지원을 하였다. 당시 동아동문회의 조선교육사업에 대한 재정적 지원액은 1899년 9,600엔, 1900년 9,620엔, 1901년 7,140엔, 1902년 6,060엔, 1905년 5,820엔으로 재정적 지원액은 점점 줄어드는 추세였으며, 동 단체의 간사 쓰네야 세이후쿠(恒屋盛服)가 "조선 전체에 일본인이 관여하는 학교가 수십 개가 있지만, 재정적 비용은 7천 엔 정도에 지나지 않는다"[80]라고 밝혔다. 그러나 조선의 교육사업 전체 규모에서 본다면 결코 적은 수치는 아니었다. 예를 들면, 부산개성학교는 조선 정부로부터 재정적으로 지원받고 있었지만, 일본 외무성으로부터 3천 엔 정도의 지원금을 받고 있었다.[81] 외무성으

78 相澤仁助扁, 『釜山港勢一班』, 日韓昌文社, 1905年, p. 271.

79 金義煥, 『釜山近代教育史』, 太和出版社, 1967年, p. 20.

80 『東亜同文会報告』, 第38回, 1903年1月, pp. 12-13.

81 幣原坦, 『朝鮮教育論』, 六盟館, 1919年, p. 62.

로부터 받는 보조금으로 개성학교는 물론, 개성학교에 속한 7개의 부속 학교까지 운영되고 있었다. 또한 동아동문회의 지원 이외에도 동 단체의 회원이나 기업체로부터도 지원금을 받고 있었다. 실제로 일본해외교육회(大日本海外教育会)와 동아동문회의 회원들에 의한 모금운동이 1899년 2월 도쿄제국호텔에서 이루어졌으며, 1901년 8월 동 단체의 핵심 회원인 고노에와 오오카(大岡育造) 등이 500엔의 기금을 출연하기도 하였다. 특히 이러한 모금을 통해 규모 면에서나 재정적으로 안정하게 운영되고 있던 경성학당에 매년 3,000엔 이상의 재정적 지원을 하였다.[82]

셋째, 일본어를 매개로 근대적 학문을 소개, 보급하였다. 당시 조선의 교육제도는 국가 개혁과 근대화에 맞지 않았다. 예컨대 유교적 풍토에서 형성된 공자, 맹자의 가르침은 급변하는 세계정세에 뒤떨어진 학문으로 당시 정세에 능동적으로 대응하기에는 부족하였다. 그러나 당시 동아동문회의 관련 학교 및 근대적 학교에서는 체조를 비롯하여 수신, 독서, 작문, 역사, 지리, 습자, 산술, 이화학(理化学), 일본어 등의 보통학(普通学)을 가르치고 있었다. 이러한 교육내용은 종래의 전근대적인 봉건사상과 사대주의 사상에서 탈피할 수 있는 길잡이가 되었다. 특히 일본어를 통한 서구근대의 문화와 학문적인 지식의 대량 유입은 학생들이, 기존의 전근대적 인습이나 관습에서 벗어나게 하여, 미래지향적인 사고를 가지도록 하는 토양이 되었다.

82 前掲, 『近衛篤麿日記(2)』, p. 526.

넷째, 교육평등의 기회를 제공하였다. 동 단체의 서민을 대상으로 한 교육활동이 비록 일부 지역과 한정된 학교에서 제한적으로 이루어졌지만, 교육 평등 실현에 단초적인 역할을 수행하였다는 점에서 무시되어서는 안 될 것이다. 예컨대, 동 단체는 기존의 수도인 경성 중심의 교육이 이뤄지던 조선에서 평안도와 함경도 그리고 전라도, 경상도, 충청도, 강원도 등 지방에도 교육의 기회를 제공하였다는 점, 또 미미하지만 양반계급에서 서민에 이르기까지 교육평등의 기회를 골고루 제공한 점은 당시로서는 획기적이었다. 실제로 동 단체는 1904년 12월 조선 8도에 교육을 보급하여 조선교육의 근대화를 꾀하고자 하였으며,[83] 실천적인 측면에서 상업, 농업, 어업 등에 종사하는 서민의 자제들에게도 개방하여 졸업생을 철도회사나 우체국에 우선적으로 취업시키기도 하였다. 물론, 졸업생들은 실업가, 관리, 교육가, 종교가, 사무원으로 조선 전체에 배치되어 활약하였다. 특히 산간벽지인 함경도 성진학당 학생들의 분포를 분석한 결과, 학생들 모두가 양반이나 부호의 자제가 아닌 빈민의 자제였음이 드러났다.

그러나 동아동문회의 일본어 보급 및 학교 지원 등의 교육사업은 조선 침략의 점진적인 수단으로서 이용된 측면이 크다. 특히, 조선 정부가 일본식교육을 통해서 선진문물을 받아들이려 한 것을 오히려 일본은 역이용하여 학교 설립의 명목 하에 일본어 보급에 힘썼고, 이것이 결국 친일파 양성에 많은 영향을 미쳤다고 해도 과언이 아닐 것이다. 또한 학교

83 『東邦協会々報』, 第2号付録, 1894年, p. 2.

설립에 그치지 않고, 기존에 있는 학교까지 지원하는 것은 조선인의 반일적인 성향을 우호적인 성향으로 바꾸는 최고의 수단과 방법이었다고 말할 수 있다. 따라서 동아동문회의 교육사업은 조선문제 해결은 물론, 조선의 식민지화를 위해 장기적인 전략에서 수행된 조선 침략의 도구로 이용되었음이 틀림없다. 즉 친일정서의 함양과 조선식민지화의 사전포석 일환으로 이루어졌다는 것이 명백한 사실이다.

Ⅱ. 동아동문회의 중국 내 교육사업

1. 동아동문서원의 설립

동아동문서원의 전신인 난징 동문서원은 동아동문회에 의해 1900년 5월 12일 개원되었다. 난징 동문서원은 중국전문가 양성과 일중 우호라는 대의명분에서 중국 정치 지도자와의 합의 아래 설립된 학교였다. 물론 동아동문회의 교육사업은 중국을 비롯하여 조선, 대만, 베트남 등 동아시아 각지에서 행해졌음이 최근 연구에 의해 밝혀지고 있다.[84] 동아동문회가 중국에서 교육사업에 착수한 것은 조선에서의 교육사업보다 조금 늦은 1900년 5월경이었다. 1899년, 중국에 학교를 설립하는 것에 관해 동아동문회의 회장 고노에가 전국의 부, 현 지사와 부, 현회 의장에

84 国立教育研究所編, 『国立教育研究所紀要』, 国立教育研究所, 1992年 참조.

게 보낸 서한에는 "동아동문회의 최대 사업으로 청국 난징에 학교를 설립하고자 하는 계획을 가지고 있으며, 내년 봄부터 착수하고자 합니다. (중략) 동 학교는 일본부와 중국부(支那部)를 분리하여 일본부 학생들에게는 기숙사를 설립하여 생활케 하고자 합니다. (중략) 중국부 학생들에게는 일본어를 중심으로 과학사상을 주입하고 국가적 관념을 환기시켜 일본부와 동일하게 기숙사를 설립하여 생활하게 하면서 일청 양국의 학생들을 서로 교제하도록 하는 데 목적이 있습니다. 그리고 양국 학생들이 우호와 친선을 맺을 수 있도록 하여 서로 간의 장단점을 보완케 하며, 서로 협동하여 장래의 국가경영의 전문가를 양성하여 편의를 얻고자 합니다"[85]라고 적혀 있다. 즉, 고노에는 동 학교에 중국전문가를 양성함과 병행하여 중국인 학생을 입학시켜 일본어를 배우게 함으로써 양국의 친선, 즉 일중 우호를 추진하고자 하였다.

난징 동문서원의 설립 배경으로는 중국전문가 양성 및 일중 양국의 친선 이외에 또 다른 요인이 있었다. 첫째, 동아동문회 회장 고노에의 대중국책이 크게 작용하였다. 당시 고노에는 "오늘날 우리에게 가장 필요한 것은 중국문제를 연구하는 것이다. 이것을 연구하고자 한다면 중국의 정치가와 유지가(有志家)는 물론, 중국을 방문하여 그 나라의 상류사회와 교제하면서 양국의 감정을 융화시켜야 할 것이다. 또한 중국 내지를 조사하여 풍속인정을 연구하며 중국인을 이해하고 중국의 국세를 알아야 할 것이다"[86]라는 대중국책을 고수하고 있었다. 그는 중국 조사와

85 上海東亞同文書院, 『創立三十周年紀年 東亞同文書院誌』, 1930年5月, pp. 25-26.
86 前掲, 『近衛篤麿日記(付属文書)』, pp. 62-63.

이해에 도움이 되는 중국 연구소 내지는 일중 양국의 실제적인 협력과 친선을 도모할 수 있는 교육기관 설립을 구상하고 있었다.

둘째, 1899년 4월 고노에의 해외 시찰이 크게 작용하였다. 고노에의 해외 시찰 목적은 서구열강의 귀족교육 실체와 현황 파악 및 외교 연구에 있었지만, 해외 시찰의 대상에는 중국도 포함되어 있었다. 귀국 도중에 중국을 방문한 고노에는 장지동(張之洞), 유곤일 등 중국 유력자와 면담을 하고 이들에게 일중연대론을 피력한 바, 특히 유곤일로부터 많은 공감을 얻었던 것이 난징 동문서원 설립의 계기가 되었다. 이와 같이 일중 양국의 유력자 사이에 일중연대론이 형성된 것에는 일본 나름의 절박한 사정이 있었으며, 또한 중국도 그 나름의 절박한 사정이 존재하였다.

셋째, 당시 서구열강의 아시아 진출에 따른 아시아 3국의 정치적 불안이 크게 작용하였다. 즉, 일본의 자주독립과 병행하여 추진된 대륙 진출은 서구열강의 아시아 진출로 인해 새로운 국면에 봉착하고 있었다. 특히 삼국간섭 이후, 서구열강의 견제 심리가 크게 작용하여 "일본에 대한 서구열강의 질투와 시기는 날이 갈수록 강해지고 있다"라는 보고가 독일 주재 나카무라 신고(中村進午)에 의해 본국에 전해지는 상황에서[87] 일중 양국의 연대가 절실히 요구되었다. 그러나 중국의 사정은 크게 호전되지 못하였다. 이 시기에 중국은 서구열강의 잠식 경쟁에 의해 단지 약체의 무기력함만을 보인 채, 과거 강대국의 이미지를 되살리지 못하고 있었다. 고노에는 중국이 재도약할 수 있는 현실적인 대책으로 일중 연

87 前揭, 大森史子, 「東亜同文会と東亜同文書院」, p. 82.

대에 의한 중국 보존 이외에는 없다고 판단하였다.

이러한 일중 양국의 연대 방안을 먼저 제의한 것은 중국 변법자강파의 캉유웨이와 량치차오 등이었다. 캉유웨이가 중국에서 실각하여 일본으로 망명한 것은 1898년 10월 25일이었다. 캉유웨이는 일본에 도착하자마자, 같은 해 11월 12일 고노에를 방문하였다. 고노에의 "동양의 시사가 나날이 절박하게 돌아가고 있다. 오늘의 동양문제는 단지 동양만의 문제에 그치지 않는 세계적인 문제이다. 서구열강은 모두 자신들의 이익만을 위해 다투고 있을 뿐이다. (중략) 동양에 있어서 아시아의 먼로주의를 실행해야 하는 의무는 실로 일본과 중국의 양 어깨에 달려 있다"라는 언급에 캉유웨이는 "슬프지만 중국의 이번 사변은 겨우 진보하려는 중국의 국운을 침체에 빠뜨렸다. (중략) 청국 황제의 뜻은 오로지 일본의 원조만을 기다리는 것 이외는 방책이 없다"라며 일본에 군사적 지원을 요청하였다.[88] 이에 고노에는 변법자강파의 자중과 개혁을 위한 점진적인 방법을 진언하면서 완곡하게 거절하였다. 이와 같이 고노에와 캉유웨이의 회담은 서구열강의 동아시아 침략에 대한 일중 양국의 공동 대응과 양국의 긴밀한 협력을 제시하는 구체적인 이야기보다는 원론적인 대화에 머물고 말았다.

고노에가 무엇 때문에 캉유웨이의 지원 요청을 거부하였는지 알아보면, 첫째, 고노에가 변법자강파의 자중을 진언한 것에는 그들이 급진파라는 사실과 그들의 과격한 행동에 동감할 수 없다는 고노에의 의지가

---

88 前掲, 『近衛篤麿日記(2)』, pp. 195-197.

담겨 있었다. 즉, 변법자강파의 급진적인 개혁은 오히려 중국에 혼란을 초래하여 서구열강의 중국지배를 더욱 가속화하는 지름길이라고 판단하고 있었다. 둘째, 중국 상하이에서 정보 수집 활동에 종사하는 시라이와(白岩竜平)가 도쿄에 보낸 서한에서 그 해답을 찾을 수 있다. 시라이와는 "일본이 캉유웨이를 비호하고 있는 사실이 이미 청국 조야의 서태후뿐만 아니라, 소위 유신당과 일본당을 포함한 모두에게 알려져 있으며, 청국 조정은 결코 이것을 환영하지 않고 있습니다. 그런데 최근 요코하마 및 고베 등지에서 캉유웨이 문하의 사람들로부터 이상한 유언비어가 유포되고 있습니다. (중략) 동아동문회가 캉유웨이 등 그들의 주창자가 되어 장래에 기회를 얻어 호남에서 거병하고자 한다는 것입니다"[89]라고 보고하였다.

고노에는 바로 이러한 유언비어나 양국의 적대감을 가져올 수 있는 행동을 크게 경계하고 있었다. 따라서 고노에는 중국 조정에서 반감을 가지지 않도록 거듭 주의하였을 뿐만 아니라, 급진적인 변법자강파보다는 점진적인 개혁을 추진하는 양무파(洋務派)를 일중 연대의 파트너로서 생각하였다고 볼 수 있다. 이러한 인식 위에 고노에는 1899년 1월 캉유웨이의 제자에 해당하는 량치차오와 회담하면서 "나는 캉유웨이가 일본에 체류하는 것은 오늘날 일청 양국의 교제를 위협할 뿐만 아니라, 캉유웨이 본인의 원대한 포부도 쉽게 실행할 수 없다고 판단됩니다. 아무쪼록 구미를 유람하는 것이 좋을 것 같다"[90]고 권유하였다. 그리고 자

89 上掲, p. 231.

90 前掲, 『東亞同文会史』, p. 198.

신도 같은 해 4월 1일 중국 방문을 포함해 해외 시찰에 나섰다.

고노에의 해외 시찰은 1899년 4월 11일 하와이, 17일 미국, 6월 10일 영국을 거쳐서, 프랑스, 독일 등을 견학하고, 그 후 인도양을 경유해서 10월 13일 홍콩에 도착하는 것으로 이뤄졌다.[91] 그리고 고노에는 1899년 10월 29일과 11월 4일 두 차례에 걸쳐 청국정부의 유력자인 유곤일, 장지동 등 양무파와 회담을 하였다. 이 회담에서 고노에는 중국 근대화 지원을 설명하면서 학교 설립과 중국 학생의 일본 유학을 요청하였다.[92] 당시 고노에가 동아동문회의 취지를 설명하고 난징에도 학교를 설립할 계획을 언급하면서 중국 측의 지원을 요구하자, 유곤일은 "동아동문회의 취지는 이미 들어서 알고 있으며 일본의 뜨거운 관심에 감사하다"는 말과 함께, 학교 설립에 모든 편의를 제공하겠다는 약속을 하였다.[93] 이 회담 후, 중국에 파견된 동아동문회 회원에 의해서 난징의 학교 설립이 구체적으로 추진되었다. 『東亞同文会史』[94]에 의하면, 동 단체의 회원인 오다기리(小田切万寿之助) 상하이 영사는 1899년 12월 23일 유곤일과의 회담 내용 일부를 도쿄의 고노에에게 보고하였다. 회담 내용에는, "난징의 동문회 학교 개설안에 대해서 유곤일은 이의가 없다"라는 내용이 들어있었다. 유곤일 총독은 동아동문회의 교육사업에 큰 관심을 보였으며, 향후 학교 설립 후 생도의 감독과 지도에 대해서도 깊은

91 相原茂樹, 「近衛篤麿のアジア主義ー東亜同文会活動期編」, 『社会システム研究』, 第3号, 社会システム研究刊行会, 2003年2月, p. 203.

92 阿部洋, 『中国近代教育と明治日本』, 龍溪書舎, 2002年, pp. 58-59.

93 前揭, 『東亞同文会史』, p. 199.

94 「近衛宛書簡」, 『東亞同文会史』, 霞山会, 1988年, p. 204.

관심을 가지고 있었다는 것이었다.[95]

이와 같이 난징 동문서원은 고노에와 유곤일 총독의 회담 그리고 중국 현지의 동아동문회 회원들의 실행으로 1900년 5월 12일 개원되었다. 당시 교직원은 간사 사사키를 비롯하여, 야마구치(山口一郎, 경제학·법률학), 야마다(山田良政, 시문·중국어·사감), 나카무라(中村兼善, 서무·회계), 브라크만(ブラックマン : Blackman, 영어), 왕모(王某, 중국어), 추보상(鄒宝霜, 중국어) 등 7명이었으며, 학생은 소네(曾根原千代三), 우에다(上田賢象), 야마다(山田純三郎), 시바다(柴田麟次郎), 가미즈(神津助太郎), 다니하라(谷原孝太郎), 나이토(内藤熊喜), 니시모토(西本省三), 우노(宇野海作), 오카노(岡野増次郎), 야스나가(安永東之助), 오하라(大原信), 미소노(御園生深造), 사카다(坂田長平), 마쓰시마(松島敬三) 등 일본인 15명과 중국인 30명이었다.[96] 이러한 과정을 거쳐서 중국 난징에 동문서원이 설립되었고, 중국 측으로부터 금전적인 협력은 전혀 받지 못하였지만, 교사(校舎)는 유 총독의 지시에 의해 한 사원의 묘상암(妙相庵)이라는 별채를 빌려서 사용하였다.[97] 동 서원의 목적은 중국어, 영어, 중국 사정 및 상공업, 법률, 경제학을 배우게 하여 활용 가능한 인재를 양성하며, 특히 중국인 학생들에게는 일본어와 과학 사상을 가르쳐 장래 중국의 산업, 경제 개발에 종사케 하는 것이었다.[98] 또한 중국 연구

---

95 「南京同文書院に関する報告」, 『東亞同文会史』, 霞山会, 1988年, pp. 204-205.

96 滬友会編, 『東亞同文書院大学史』, 滬友会, 1955年, pp. 22-23.

97 前掲, 『東亞同文書院大学史』, p. 20.

98 大森史子, 「東亞同文会と東亞同文書院」, 『アジア経済』, アジア経済研究所, 1978年 6月, p. 86.

에 다수 학생을 파견하여 활용 가능한 인재를 육성하며 광활한 중국대륙의 부원(富源)을 개척하고, 통상무역을 왕성케 하여 경제와 정치가 함께 하도록 하여 순치보거의 상호협력 관계를 맺도록 하는 데 있었다. 이러한 관계에 의해 서세동점의 추세를 만회하여 동양의 영원한 이익을 계획하고 추진하는 것에 있었다.[99]

한편 동문서원이 정치적으로 이용되는 것을 경계하는 측면도 있었다. 당시 문부성의 관료와 동아동문회의 중견 간부였던 이자와(伊沢修二)는 "동아동문회는 정치적 야심을 가지고 활동해서는 안 될 것이다. 오로지 교육사업의 일심에 의해 중국인을 계발, 개도하는 데 전념해야 할 것이다. 중국인의 교육에 있어서는 전적으로 순수학문 교육에 집중해야 할 것이며 군사학문은 극히 멀리해야 할 것이다. (중략) 장래 여러 관립 학교에 입학시키려고 하는 중국인 학생에게 어학 등 보통학 교육을 받게 하는 것이 목적이다"[100]라고 당시 군부의 실력자인 가쓰라 육군대신에게 건의하였다. 이처럼 난징 동문서원 설립의 출발점은 일중 양국 지도자의 협의와 협력에 의해 이루어졌다는 것이 적절한 평가일 것이다. 왜냐하면, 당시 동아동문회와 청국정부 지도자의 일부는 서구열강의 아시아 침략의 탈출구로서 일중 연대를 희망하였으며, 일중 연대의 실천적 행동의 산물이 동아동문회의 중국 난징 동문서원 설립이었다고 볼 수 있기 때문이다. 물론, 그 후 중국 난징에 설립된 동문서원의 역사적 발자

99 松岡恭一編, 『日清貿易研究所 東亞同文書院沿革史』, 東亞同文書院学友会, 1908年, pp. 18-19.

100 본문의 내용은 이자와(伊沢修二)가 보낸 「近衛篤麿宛書簡」에 포함되어 있다. (前揭, 『近衛篤麿日記(3)』, pp. 76-77).

취를 검토한다면, 동 서원이 중국 침략의 거점 내지는 침략의 상징물이었다는 것이 명백하다.

2. 동아동문서원의 활동

1) 인재 양성

난징 동문서원은 '의화단 사건'으로 인해 상하이로 이전한 후, 동아동문서원으로 새롭게 출발하였다. 또한 처음에는 중국과의 공동운영으로 시작되었지만, 청국정부 재정의 궁핍과 의화단 사건의 여파로 인해 중국으로부터 금전적인 지원은 전혀 받지 못한 채, 동아동문회가 직접 운영하게 되었다. 이와 같이 새롭게 출발한 동아동문서원은 일본 각지에서 학생 선발을 추진하여, 본원 학생은 부현비생(府県費生), 공비생(公費生), 준공비생(準公費生), 사비생(私費生)의 4종류였다. 채용의 순서는 먼저, 부현비생을 선발하고, 다음으로 정원에 맞추어서 여유가 있으면 공비생을 선발하며, 여전히 여유가 있으면 준공비생, 사비생을 선발하는 방식으로 하였으며,[101] 부현비생이 선발의 중심이 되었다. 선발 학생의 구성은 4종류였지만, 정식으로 사비생 모집에 전념하여 학생 증원에 노력을 기울였다.[102]

이처럼 학생 증원에 노력을 기울인 결과, 1901년 5월 26일 유곤일

---

101 東亞同文書院編『東亞同文書院紀要』, 1926年9月, p. 20.

102 清水董三, 「内地各府県を訪ねて」, 『滬友』, 第27号, 東亞同文書院滬友同窓會, 1925年, p. 56.

과 장지동의 대리인 및 50명의 공비학생, 18명의 사비학생, 기존의 난징 동문서원 학생들을 모아 중국 상하이에서 동아동문서원의 개교식을 열었다.[103] 교직원은 원장 네쓰를 비롯하여 기쿠치(菊地謙二郎, 교감·감독), 기즈쿠리(木造高俊, 교수), 네기시(根岸佶, 교수), 모리(森茂, 교수·사감), 니시다(西田竜太, 사감), 오바타(御幡雅文, 강사), 사하라(佐原篤介, 강사), 한넷키스(ハンネッキス, 강사), 왕정신(王庭臣, 강사), 나카무라(中村兼善, 회계), 소네(曾根原千代三, 사무원), 나가마쓰(永松嘉吉, 사무원), 야마다(山田純三郎, 사무원) 등이었으며,[104] 과거 난징 동문서원의 교직원 및 학생 등도 다수 포함되어 있었다. 학생 선발 시험은 국어, 한문, 작문, 지리, 역사, 영어 중에서 3과목을 선택하는 것으로 그다지 어렵지 않았다.[105] 무엇보다도 동아동문서원은 우수한 학생을 선발하기 위해서 동 서원의 졸업생을 외무성 촉탁으로 통역관 및 외교관으로 채용시키는 한편, 원장 네쓰는 재학생 중에서 실제로 졸업한 후 고향에 돌아가서 지역의 자산가와 결탁하거나 독립하여 사업을 일으킨 자가 많다고 크게 선전하였다.[106]

실제로 동 서원의 학생들은 졸업한 뒤 외무성과 산업 및 경제 분야에 취직하였는데, 특히 외무성 관료로 출발한 대표적인 졸업생으로 이시이 이타로(石射猪太郎) 외교관이 있다. 그는 1908년 제5기생으로 동 서원

---

103 前掲, 大森史子, 「東亞同文会と東亞同文書院」, 1978年6月, p. 87.

104 前掲, 『東亞同文書院大学史』, p. 46.

105 松谷昭廣, 「東亜同文書院への府県費生派遣」, 『日本の教育史学』, 45輯, 講談社, 2002年, p. 88.

106 東亜同文会編, 『東亜同文会報告』, 第86回, 東亜同文会, 1907年1月, p. 64.

을 졸업하고 중국 방면에 사업을 펼치고 있는 상사(商社)의 취직을 희망하여 만주에서 다양한 사업을 펼치고 있는 '만철(滿鉄)'에 입사하였다.[107] 그러나 그 후 심경의 변화를 일으켜 외무성에 간부로 취임하여 동 서원에서 배운 유창한 중국어 실력을 바탕으로 상하이 총영사와 동아국장을 역임하는 등 중국대륙문제와 관련하여 독보적인 외교활동을 펼쳤다.

이처럼 외교가로 성공한 졸업생은 많았지만, 당시 동 서원의 학생들에게 가장 보편적인 목적은 중국 방면에서 사업을 펼치고 있는 상사에 취직하는 것이었다. 이와 관련하여 당시 동아동문회의 일부 회원은 중국과의 사업을 행하고 있었으며, 동아동문서원을 통하여 자신의 사업을 확장하고자 하였다. 또한 일부 회원은 중국에서의 사업을 계획하여 동 서원의 졸업생을 활용하였다. 동아동문서원은 "일중의 영재를 교육하여, 첫째, 중국 부강의 기초를 수립하고, 둘째, 중일 협력의 뿌리를 내려 강건하게 하는 데 있다. 목적하는 바는 중국의 보존을 실천하여 동양의 영원한 안정과 평화를 구현하는 데 있다"[108]라고 주장하고 있듯이, 일중 양국의 인재 양성과 중국 보존을 바탕으로 한 동아시아 평화에 기여하는 데 자신들의 목적이 있음을 밝혔다.

동아동문서원의 교육시스템이 어떤 방식으로 이루어졌는지 살펴보면, 동 서원의 학과는 정치과와 상무과(商務科)로 이분되어 있었고, 수업

107 高村聰史, 「東亜同文書院卒業生の「就職」について」, 『大倉山論集』, 第50輯, 大倉精神文化研究所, 2004年, p. 92.

108 上海東亞同文書院, 『創立三十周年紀年 東亞同文書院誌』, 1930年5月, p. 32.

연한은 3년이었다. 정치과와 상무과의 공통과목은 윤리, 중국어 시문, 척독(尺牘), 법학통론, 민법, 상법, 형법, 경제학, 중국 제도였다. 그리고 정치과의 전공과목은 구주근세외교사, 국제사법, 행정법, 재정학, 중국정치지리였으며, 상무과의 전공과목은 영어, 상업학, 상업수학, 부기학(簿記学), 상업실천, 상품학, 중국상업지리, 중국상업관습이었다.[109] 특히 중국어는 동 서원의 수업과목 중에서 가장 중요시되었다. 중국어 교원으로는 오바타(御幡雅文)[110]와 중국인 1명이 있었고, 그 외에 2명의 직원이 조교를 맡고 있었다. 중국어의 중요성을 인식하고 있던 동 서원의 관계자들은 일주일 30시간의 수업시간 가운데 3분의 1을 중국어 시간으로 배치하였다.[111] 이처럼 중국어 수업을 강조하여, "오늘날 중국어를 필요로 하는 장소에는 반드시 동문서원의 출신자가 존재하고 있다. 만약 동문서원의 출신자가 단합을 하여 파업동맹을 한다면, 얼마나 많은 곤란과 지장을 초래할 것인가는 명확하다. 아마도 상상도 할 수 없을 만큼 그 영향은 클 것이다"[112]라고 말한 회원도 있었다. 이와 같이 동아동문서원은 학생들 모두 중국어를 익히게 하여 외무성이나 중국에 존재하는 상업 및 무역회사 등지에서 활약하도록 하였다.

---

109 前掲, 『東亞同文書院大学史』, pp. 45-46.

110 오바타 마사부미(御幡雅文 : 1859-1912년)는 나가사키 출신으로 도쿄외국어 학교를 졸업하여 중국상해의 일청무역연구소에서 중국어를 가르쳤다. 그 후 미쓰이(三井) 물산 상해지점에 근무하면서 동아동문서원에서 중국어교사로 재직하였다. 오늘날 중국어 학자로 알려져 있다.

111 今泉潤太郎, 「東亜同文書院における中国語教学」, 『紀要』, 第103号, 愛知大学国際問題研究所, 1995年9月, p. 3.

112 前掲, 『東亞同文書院大学史』, p. 141.

표 8. 동아동문회 출신 외교관 현황

성 명	기수	성 명	기수	성 명	기수	성 명	기수	성 명	기수
市川信也	3	糟谷廉二	3	若杉要	3	田中荘太郎	3	藤村俊房	3
清水芳次郎	4	富田安兵衛	4	河野清	4	森岡正平	4	原二吉	5
田島昶	5	有野学	5	石射猪太郎	5	松本忠雄	6	米内山庸夫	8
堀内干城	8	後藤禄郎	8	松浦興	8	岩井光次郎	8	清水亭	9
山本熊一	9	伊地知吉次	10	長岡半六	10	加藤日吉	10	永井洵	10
白井康	11	清水董三	11	柳原敏一	13	川俣正直	15	工藤敏次郎	16
川俣方平	17	田中繁三	17	藤野進	18	岩井英一	18	小森喜久寿	18
戸根本長之助	18	朝比奈貞治郎	18	衛藤隅三	19	池田千嘉太	19	横山要	19
前田正勝	19	遠藤秀造	19	岩田冷鉄	19	牟田哲二	19	市川修三	20
中村正文	20	中田豊千代	20	今井貞治	20	村田三郎	20	福井保光	20
奥田乙治郎	21	橋爪友五郎	21	小沢重則	21	八谷実	21	豊島中	22
広川悦雄	22	水泉一人	22	関島栄	22	小坂士	22	橋丸大吉	22
難波武雄	22	福間徹	22	阿部信治	23	杉本勝比古	23	鵬平桂	23
小池静雄	23	藤島健一	24	木島清道	26	河野七郎	26	上村清記	26
宮野茂邦	26	小幡広上	26	前島岩男	26	沢登誉	27	田中重英	27
寺崎修三	27	堀川静	28	小島桂吾	28	浅野修	28	松野幹太郎	29
西由五郎	29	識田正一	33	伊藤利雄	34	八木友愛	35	新行内義兄	35
岡田晃	36	有野芳郎	38	広長敬太郎	40	吉田長雄	41	小崎昌業	42
有地一昭	45								

출처 : 滬友会編, 『東亜同文書院大学史』, 滬友会, 1955年.

<표 8>에서 알 수 있듯이, 동아동문서원은 중국과 관련된 외교관 육성 기관으로 기능하였다. 외무성에 고용된 졸업생들은 중국 각지를 자유롭게 왕래하면서 정보탐색요원으로 활동하였을 뿐만 아니라, 기타 국익과 관련된 모든 영역에서 활발하게 활동하였다. 또한 동아동문서원은 상업과 무역 등 실업가 양성 기관이기도 하였다. 당시 중국은 의화단 사건과 러일전쟁을 거치면서 국제적 지위가 점차적으로 하락하고 있었으며,

한편 서구열강은 중국대륙을 자신들의 시장경제의 활동무대로 독식 및 지배하려고 하였다. 물론 일본도 서구열강의 중국 시장 독식에 대항하면서 동아동문서원의 졸업생들을 활용하여 중국 시장 진출은 물론, 원자재 확보를 계획하는 등 중국 시장 개척에 진력하고 있었다.

그 결과, 1910년 3월 당시 중국대륙에서는 고전양행(高田洋行), 일청기선(日清汽船), 일신양행(日信洋行), 상무인서관(商務印書館), 오사카상선지점(大阪商船支店), 동우제혁공사(東祐製革公司), 우선회사(郵船会社), 무림양행(武林洋行), 반전면행(半田綿行), 미쓰비시 공사(三菱公司), 우편국(郵便局), 미쓰이 양행(三井洋行), 견사방적(絹糸紡績), 삼오공사(三五公司), 정금은행(正金銀行), 중정양행(中井洋行), 신우양행(信祐洋行), 이등양행(伊藤洋行), 중동양행(中桐洋行), 일화양행(日華洋行), 길륭양행(吉隆洋行), 고전상회(高田商会), 동흥양행(東興洋行), 서상양행(書上洋行), 삼활공사(三活公司), 고하공사(古河公司), 육재학당(育才学堂), 영목상점(鈴木商店), 동아공사(東亜公司), 미학양행(美学洋行), 대창양행(大倉洋行), 작신사(作新社), 구성사창(九成紗廠), 미부양행(美孚洋行), 상하이사창(上海紗廠), 일청공사(日清公司), 경흥양행(庚興洋行), 태평공사(泰平公司), 일신약방(日信薬房) 등 많은 회사들이 활동하고 있었다.[113] 이들 회사에서는 동아동문회 회원들이 사원으로 또는 경영자로 활동하였을 뿐만 아니라, 동아동문서원 졸업생들이 종사하고 있었다. 동아동문서원은 1901년 개원 후, 1945년 폐교까지 약 4,000명의 졸업생

113 前揭, 『東亞同文会史』, pp. 471-472.

을 배출하였으며, 졸업생의 70% 이상이 경제 분야에서 활동하였다.[114] 특히 동 서원의 졸업생은 다음의 <표 9>, <표 10>, <표 11>, <표 12>에 나타나고 있는 것처럼, 미쓰이(三井), 미쓰비시(三菱), 오쿠라(大倉), 고가(古河) 등 대기업에 입사하여 동 회사의 중국 진출을 견인하였을 뿐만 아니라, 기업의 성장에 크게 기여하였다.

표 9. 미쓰이에 입사한 동아동문서원 17기까지의 졸업생 현황

성명	기수	성명	기수	성명	기수	성명	기수	성명	기수
高橋茂太郎	1	佐々江嘉吉	1	田中茂松	2	川島銃一	2	己斐平二	2
山西武十郎	3	相良利吉	4	天野悌二	6	田中左吉	6	細谷利恵	6
斎藤徳治	7	鳥海三郎	7	谷幾郎	8	岩井光次郎	8	小西庫太	9
伊豆見元永	10	日高進	11	増沢廉平	13	石川宮次	13	栗原猶彦	13
木内一	14	桜井皆義	14	千田吉固	14	山口栄盛	14	上田和勝	14
水谷次郎	14	細不二	14	梶山幹六	15	本田賢男	15	篠岡規矩夫	15
林伯奏	16	斎藤福三郎	16	木村申丙	17	日高輝助	17	岡郎六男	17

출처 : 滬友会編, 『東亞同文書院大学史』, 滬友会, 1955년.

표 10. 미쓰비시에 입사한 동아동문서원 25기까지의 졸업생

성명	기수	성명	기수	성명	기수	성명	기수	성명	기수
浜丈夫	1	本庄徳太郎	1	茂木一郎	2	那須武三郎	2	木下二郎三	12
岩田節郎	13	福島重信	14	松田栄三郎	14	塚原政	14	横山好富	14
今井卯三郎	15	浜田唯喜	15	門田耕成	16	安沢嘉蔵	20	村上弘之	21
伊藤善三	25								

출처 : 滬友会編, 『東亞同文書院大学史』, 滬友会, 1955년.

114 前揭, 『東亞同文書院大学史』, p. 141.

표 11. 오쿠라에 입사한 동아동문서원 18기까지의 졸업생

성명	기수	성명	기수	성명	기수	성명	기수	성명	기수
増永常雄	1	塚崎敬吉	1	天神林保吉	1	薗村楠太郎	2	石井久次	2
川本静夫	3	石橋藤次郎	3	川口市之助	4	村岡敬四郎	4	今井邦三	4
富岡幸三郎	4	日高長次	4	鈴木房夫	5	山口尚	5	園田三五郎	7
甲斐友比古	7	田中元千代	7	松本良男	7	石田健一郎	8	賀来敏夫	8
柴田保市	10	小山田正吉	10	伊藤進	10	野口小三	13	西尾誠	15
川上義	16	原義人	16	大倉銀三郎	18				

출처 : 滬友会編, 『東亞同文書院大学史』, 滬友会, 1955년.

표 12. 고가에 입사한 동아동문서원 42기까지의 졸업생

성명	기수	성명	기수	성명	기수	성명	기수	성명	기수
神津助太郎	1	上島清蔵	4	小谷節夫	5	西田善蔵	6	島田菊太郎	7
山東実	8	水内忠	9	佐原誠	9	関川三国	10	森田竜太郎	11
香原貞光	12	三木鶴吉	12	佐藤広亀	12	遅沢達太郎	13	中内二郎	13
門脇盛一	13	立脇耕一	14	奥中恒一	14	斎藤昌義(1	14	松本完次	14
林英雄	14	野口三郎	15	奥田進一良	15	清島円造	15	黒田三郎	16
山田明	16	成沢英央	16	織田収	17	長田安次	19	南浦辰治	22
稲川三郎	25	中村弘	30	近藤与志久	30	盛岡昌利	31	太田良祐	32
森崎正夫	33	林三千男	33	神辺開治	35	佐原元一	35	安田秀三	36
岡正住	36	小西末一	36	宮川速水	37	山谷儔	38	清弘正巳	40
山田尚	40	山田静雄	40	長谷川伸一	42				

출처 : 滬友会編, 『東亞同文書院大学史』, 滬友会, 1955년.

이와 같이, 당시 동아동문서원의 졸업생들이 대기업에 입사한 현황을 살펴보았다. 하지만 졸업생 모두의 현황을 밝히지는 못하였으며, 대기업 외에도 당시 중국에 진출하여 상업과 무역을 하고 있었던 많은 일본 기

업에서도 근무하였다. 그리고 기업은 물론, 그 외 여러 분야에서 활동하는 졸업생들이 있었으며, 스스로 회사를 일으켜 경영하는 사람도 적지 않았다고 한다. 일부 졸업생들은 만철 등의 정부 관련 회사에 입사하여 만주 침략에 활용된 사실도 있다. 예를 들면, 동아동문서원의 졸업생들은 몽골의 농장 경영, 만주의 본계호매철(本溪湖煤鉄) 공사와 산둥 남정 탄광에도 관여하여 발군의 실력을 발휘하였으며, 어떤 회사에서도 경영은 물론, 중요한 위치에 그들이 존재하게 되었다.[115] 이러한 사실을 근거로 동 서원의 인재 양성에 있어 가장 많은 관심과 집중 투자를 쏟은 분야는 외교와 산업 및 경제 분야였다고 볼 수 있다. 또 그들이 동아동문서원을 거점으로 삼아 중국대륙은 물론, 몽골과 남방지역의 시장 개척과 원자재 확보의 첨병으로 활약함으로써 일본의 근대화와 대륙 침략을 앞당겼을 뿐만 아니라, 중국 시장을 거점으로 한 대동아 경제권의 구축에 크게 기여하였다고 평가할 수 있다.

2) 중화학생부

최초에 난징 동문서원은 중국인 학생에게 일본어와 과학사상을 가르쳐 장래 중국의 산업과 경제 개발에 종사케 할 목적에서 30명의 학생을 받아들여 지도하였다. 그러나 1900년 의화단 사건의 여파로 동 서원이 상하이로 이전되어 동아동문서원으로서 새롭게 출발하면서 많은 변화를 겪게 되었다. 이 시기부터 1920년 중국인 학생 교육을 담당하는 '중화

115 前揭, 『東亜同文書院大学史』, p. 152.

학생부'가 설치되기까지 중국인 학생의 입학은 물론, 교육사업이 이루어지지 않았다. 아베(阿部洋)도 중화학생부 설치 이전에 "동아동문회가 상하이 동아동문서원에서 행한 교육사업은 오로지 일본인 교육뿐이었다"[116]라고 지적하였다.

중국인 교육 목적의 중화학생부 설립의 구상은 1917년 이후 구체적으로 추진되었다. 중화학생부 설립 배경은 다음과 같이 크게 세 가지로 나누어 설명할 수 있다. 첫째, 1915년 일본이 「대중국 21개조 안」을 요구한 것이 계기가 되어 중국 각지에서 발생한 반일 및 배일(排日)운동이 크게 작용하였다. 반일 및 배일운동은 베이징을 비롯하여 상하이, 난징, 무한 등으로 확대되어, 학생은 물론, 일반시민들까지 참가하였으며, 이는 일본인이 경영하는 상점이나 회사 등에 부정적인 영향을 끼쳤다. 당시 일본의 소국주의(小國主義)를 주장하면서 아시아의 평화와 번영을 강조한 이시바시 단잔(石橋湛山)은 「대중국 21개조 안」 요구는 일본에 있어서 결코 이익이 될 수 없으며, 오로지 침략적인 행위에 지나지 않는다고 강하게 비난하였다.[117] 이시바시의 주장처럼, 「대중국 21개조 안」은 중국인의 반일운동 및 배일운동에 기름을 붓는 결과를 초래하였다. 둘째, 미국의 대중국 교육사업에 비해 소극적이던 동아동문서원의 중국인 교육사업에 대한 반성과 적극적 대처가 작용하였다. 1908년, 미국은 의화단 사건의 배상금 일부를 수령하지 않고 배상금으로 유학 예비학교

116 阿部洋, 「東亞同文会の中国人教育事業」, 『日中関係と文化摩擦』, 巖南堂書店, 1982年, p. 16.

117 鴨武彦編, 『大日本主義との闘将』, 東洋経済新報社, 1996年, p. 71.

를 설립하였다. 이 시기에 설립된 학교가 오늘날 중국 최고의 명문이라 불리는 칭화대학(清華大学)이다. 이처럼 미국의 대중국 교육사업에 의해 중국 청년들의 해외 유학 국가는 기존의 일본에서 미국 등으로 단숨에 바뀌기 시작하였다.[118] 셋째, 일본 국내의 중국인 유학생의 감소가 크게 작용하였다. "당시 동아동문회의 직속교육기관인 도쿄 동문서원은 중국인 유학생의 감소로 인해 경영 부진에 빠져 있었다"[119]라고 아베는 지적하였다.

중국인 교육사업 재개의 필요성을 강하게 통감하고 있었던 것은 무엇보다도 반일운동 및 배일운동 때문이었다. 동아동문회의 관계자들은 중국 각지에서 일어나고 있는 반일운동 및 배일운동을 진정시키는 수단은 중국인 교육의 재개밖에 없다고 판단하였다. 물론, 일본 정부도 충실한 교육사업에 의해 반일 및 배일운동의 기세를 완화하고자 하는 인식하에 중국인 교육사업에 착수하였다. 그러나 중국인 교육사업의 재개를 누구보다도 갈망하고 있던 것은 일본 정부가 아니라, 도쿄[120]와 중국 현지에서 직접 교육사업을 실행하고 있던 동아동문회의 교육사업 담당자였다.

동아동문회는 1917년 12월, 「동아동문회사업확장보조신청서」를 외

118 阿部洋, 「中国近代における海外留学の展開」, 『アジアにおける教育交流』, 第94集, 国立教育研究所, 1978년 참조.

119 前掲, 阿部洋, 「東亜同文会の中国人教育事業」, p. 10.

120 당시 동아동문회는 조선과 중국 등에서 교육사업을 하고 있었지만, 본국 도쿄에서도 '도쿄동문서원(東京同文書院)'을 설립(1901년)하여 중국 유학생을 받아들이고 있었다. (阿部洋編, 『日中関係と文化摩擦』, 巖南堂書店, 1982年, pp. 4-5 참조).

무성에 제출하였다. 이 신청서에는, "첫째, 상하이 동아동문서원을 확장하고 부속 중국인 학교를 신설할 것. 둘째, 조사기관을 확장할 것. 셋째, 중국 내지 4개소에 한자신문을 발행할 것. 넷째, 중국 내지 7개소에 중학 정도의 학교를 신설할 것. 다섯째, 중국 내지 6개소에 주재원을 파견할 것. 여섯째, 몽골지방 2개소에 통신원을 파견할 것"[121] 등의 내용이 담겨 있었다. 신청서의 주된 목적은 종전의 연간 기밀비 보조 액수 4만엔 이외에 새롭게 보조금을 받기 위한 것이었다.[122] 이에 대해 외무성이 신속한 조치를 취한 결과, 1918년 3월 제40회 제국의회에서 동아동문회 지원 안건이 상정되어, 「일중 문화시설에 관한 건의안」이 다음과 같이 가결되었다.

> 첫째, 일본에 유학하는 중국인 유학생의 교육 및 대우에 관해서 보다 나은 편의와 시설을 제공할 것. 둘째, 중국에 있어서 일중 양국 협력에 의한 고등교육의 시설을 확보할 것. 셋째, 중국에 있어서 일어 학습을 위한 적당한 방법을 강구할 것.[123]

특히 일어 학습을 위한 적당한 방법의 구체적인 해결책은 중국인 교육의 중화학생부 등의 교육기관 설치였다. 1918년 5월에 외무성은 중국 교육사업의 재개와 확장을 인정하고 1918년부터 1921년까지 4년

---

121 前揭, 『東亞同文会史』, pp. 563-564.

122 上揭, p. 563.

123 『大日本帝国議会誌(11卷)』, 大日本帝国議会誌刊行会, 1929年, p. 632.

간 53만 8,180엔을 지원하기로 결정하였다. 한편 중국 현지에서 상하이 총영사로서 활동하고 있던 동아동문회 회원 아리요시 아키라(有吉明)도 중국인 교육사업 재개의 필요성을 누구보다도 실감하여 1918년 10월 동아동문회 회원인 우치다 외상에게 아래와 같이 보고하였다.

> 현재 중국 본부에 있어 일본의 교육시설은 보잘것 없으며 간신히 동문서원이 어렵게 학교 경영을 하고 있습니다. 게다가 학교는 중국전문가 양성을 위한 일본인 교육에만 한정되어 있으며, 아직 중국인 학생 양성에는 이르지 못하고 있습니다. 이미 알려진 바와 같이, 중국인 교육사업은 일중 양국의 이해 및 일본의 대중국 사업상의 공헌에 결코 적지 않다는 것이 사실로 드러나고 있습니다. (중략) 동아동문서원의 학생들이 여러 외국 학교 출신자보다 열등하고 졸업 후 취직이 보장되지 못하는 경우에는 일본의 대중국 교육의 맹아(萌芽)가 사라지게 될 것입니다. 더욱이 중국 내지에 자본을 투자한다고 해도 배일(排日) 학생을 양성하는 결과를 초래할 것입니다. 종래 일본에 유학한 중국인 학생들의 실정을 참작한다면, 단지 기우(杞憂)일 뿐이라고 단언할 수는 없을 것입니다.[124]

이와 같이, 중국인 교육사업은 외무성의 소관 업무가 되었지만 교육지도나 학교 운영은 동아동문회가 담당하였다. 1919년 4월, 우치다 외상은 동아동문회 회장 마키노(牧野伸顯)와 간사장 오가와에게 아래와

124 「東亞同文書院経営ニ関シ禀申ノ件」, 『東亞同文会関係雑纂』, 第3卷.

같은 「명령서」를 제시하였다.

> 중국에 있어서 동아동문회의 각종 시설 사업의 확장 비용에 대해서 금액 50만 5천20엔을 대정(大正)8년도에서 대정(大正)10년도에 걸쳐서 보조한다. (중략) 중국인을 대상으로 고등 보통학 교육을 실시하기 위해 대정(大正)8년도에 베이징 및 광둥에 토지를 구입하거나 또는 빌려서 학생 200명 이상을 수용할 수 있는 교사를 건축해야 할 것이다. 수업 연한은 4년으로 하고 대정(大正)9년도부터 매년 50명 이상의 신입생을 모집하여 교육해야 할 것이다.[125]

고노에 사후 동아동문회를 좌지우지하고 있던 회원 중에는 오가와와 같은 정치가나 외무성 관계자가 많았다. 특히 중국 경험이 풍부한 우치다 외상은 중국문제에 있어서는 전권을 행사하였다. 우치다 외상의 명령서를 받은 동 단체의 간부들은 4월 29일 중국 학생의 선발에 전력을 다하기 위해 동문서원의 모집위원을 쑤저우(蘇州), 항저우(坑州), 난징(南京), 우후(蕪湖), 안칭(安慶), 주장(九江), 난창(南昌), 한커우(漢口), 우창(武昌), 창사(長沙), 베이징(北京), 바오딩(保定), 톈진(天津), 지난(済南), 광둥(広東), 푸젠(福建), 산두(汕頭) 등 지방의 17개소에 파견하는 신청서를 외무대신 우치다에게 제출하였다.[126] 그러나 1919년 '5·4 운동'의

125 前掲, 『東亞同文会史』, p. 574; 「東亞同文会事業再拡張費命令書」, 1919年4月, 外務省外交資料館蔵.

126 前掲, 『東亞同文会史』, p. 575.

여파로 반일운동 및 배일운동이 전국적으로 퍼지자, 중국인 교육사업 자체가 무산될 수밖에 없었다. 이러한 현지 사정을 파악하고 있었던 동아동문회 회원이자 재중국 공사 오바타(小幡酉吉)는, "이번 학생들의 소동이 진정되기를 기다리는 것 이외에는 방책이 없다"라는 내용을 중국 각 지방 영사에 전달하는 한편, 우치다 외무대신에게 학생 모집 활동을 중지할 것을 요청하였다.[127]

특히 학생 모집의 총책임자로 중국 각지를 순회하던 동아동문서원의 기숙사 사감인 우지(宇治田直義)도 같은 해 7월 30일 "중화 학생 모집 착수의 시기가 좋지 않으며, 특히 배일운동에 의해 우수한 학생을 모집하는 것이 극히 곤란하며 시국이 전환될 때까지 실행을 연기해야 할 것"[128]이라며, 향후 중국인 학생 모집 시기에 대해서는 현지 관계자와 협의하면서 실행하겠다는 뜻을 도쿄의 본부에 보고하였다. 이처럼 긴박한 중국 상황을 보고 받은 동 단체의 관계자들은, 중국 내의 배일운동이 고조되고 있는 당시 상황에서 중화학생부를 설치하는 것은 적합하지 않다고 판단하였다. 그리고 즉시 같은 해 9월 1일 우치다 외무대신에게 중화학생부 설치를 연기할 것을 요청하였다.[129]

1920년 새해가 되자 배일운동의 기세는 서서히 약해지기 시작하였으며, 중화학생부의 개설도 본 궤도에 오르게 되어 동년 9월 수업이 개시될 수 있었다. 중화학생부는, "본 서원은 흥학(興学)의 주지를 근거로

127 「上海東亞同文書院支那学生募集ニ関スル件」, 1919年6月23日, 外務省外交資料館蔵.
128 前掲, 『東亞同文会史』, p. 577.
129 「東亞同文会書院支那学生募集延期についての稟申書」, 1919年9月1日, 外務省外交資料館蔵.

하여 설립되었으며 중국 학생들에게 교육을 받게 하는 고등실업 전문 학과이다. 도덕을 존중하고 학술을 연구, 증진하는 인격자는 물론, 지식 습득에 항상 노력하는 우수한 인재를 양성한다"[130]라는 취지에 따라 개설되었다. 그러나 동아동문서원 내에서 중국인 교육사업을 지향하며 개설된 중화학생부는 순조롭게 이루어지지 못하였다. 그것은 일본의 노골적인 대중국 침략 행위로 인한 반일 및 배일운동이 여전히 전국 각지에서 일어나고 있었기 때문이다. 당초 중화학생부의 매년 입학생은 50명을 예정하고 입학시키고자 하였지만, 이러한 외부적인 요인에 의해 초년도의 입학생은 6명에 지나지 않았으며 다음 해 역시 35명밖에 모이지 않았다. 더욱이 일본의 중국에 대한 침략적인 행위는 날이 갈수록 심화되고 가속화될 뿐만 아니라 침략 방법 역시 다양하고 교묘해졌으므로, 반일, 배일 풍조는 더욱 만연해갔고, 이는 중국사회를 하나로 뭉치게 하였다. 이러한 중국사회의 현실을 반영하듯이, 중화학생부의 응모 학생 수는 해마다 감소하는 한편, 도중에 퇴학하거나 자퇴하는 학생 수가 계속 늘어만 갔다. 결국, 중국인 교육사업을 지향하고 개설된 중화학생부는 1931년 9월에 발발한 만주사변에 결정적인 타격을 입어 동년 9월 신입생 모집을 중지하고 1934년 3월 졸업생 4명을 마지막으로 폐지되고 말았다.[131] 중화학생부는 14년간 존속되어 입학자 수는 약 400명에 이르렀지만 졸업생은 39명에 지나지 않았다.

130 前揭, 阿部洋, 「東亞同文会の中国人教育事業」, p. 23; 「東亞同文会書院中華学生部簡章」, 『東亞同文会関係雑纂』, 第3卷.

131 小崎昌業, 「東亜同文会·東亜同文書院大学の今日的意義」, 『大倉山論集』, 第51輯, 大倉精神文化研究所, 2005年, p. 41.

한편, 중화학생부의 설치와 함께 톈진과 한커우에 동문서원이 개설되었다. 톈진 동문서원은 1921년 말에 그리고 한커우 동문서원은 1922년 3월에 개교하였다. 그러나 여전히 중국사회에 뿌리 깊게 자리 잡고 있는 반일 및 배일운동의 풍조를 극복하지 못한 채, 학생 모집과 재정적인 어려움으로 새로운 국면에 직면하고 있었다. 두 학교가 난국을 극복하기 위해 마련한 첫 번째의 조치가 일본식 학교명을 바꾸는 것이었다. 톈진 동문서원은 1926년 4월 학교명을 중일학원으로 개칭하였으며, 한커우 동문서원은 1925년 강한(江漢)고급중학으로 개명하였다. 두 학교의 이러한 조치는 '5·30 사건' 후, 중국의 교육권 회복 운동의 해결책의 하나로 이루어졌다. 그리고 두 학교는 개명과 함께 조직 변경도 함께 단행하여 일중 양국의 공동경영과 운영을 시행하였지만, 이러한 노력에도 불구하고 1934년 종지부를 찍게 되었다.

이와는 반대로, 일본인 교육만을 실행한 동아동문서원은 학생 모집은 물론, 외무성의 전폭적인 지원에 힘입어 별다른 어려움 없이 유지되었다. 그러나 1931년 9월 발발한 만주사변으로 동 서원도 적지 않은 타격을 받게 되었다. 특히 그동안 자유롭게 이루어진 중국 조사여행이 중국 정부에 의해 제약을 받아 1932년 중지되었다. 더욱이 같은 해 일본군의 군사적 행동에 의해 상하이는 전쟁터로 변하였고, 어쩔 수 없이 동아동문서원은 일본의 나가사키로 귀향할 수밖에 없었다.[132] 얼마 후 전쟁이 다소 진정되어 동아동문서원의 학생 및 교직원이 상하이로 도항하여 새

132 藤田佳久, 『東亜同文書院 中国大調査旅行の研究』, 大明堂, 2000年, p. 19.

롭게 출발하였지만, 연이은 침략전쟁 특히 중일전쟁에 의해 동아동문서원은 중국 측에 접수되고 말았다. 그리고 학생과 교직원은 일본 정부의 요청에 의해 중국어 통역관으로 전쟁에 참가하게 되었다.

그러나 동아동문서원에 계속 불행만 이어지지는 않았다. 1939년 12월 동아동문서원은 예과 2년과 학부 3년제의 대학으로 승격하였으며, 이후 1946년 3월까지 중국 상하이에 존속한 일본 유일의 중국전문가 양성 학교가 되었다. 1946년 3월 중국 상하이에서 학생과 교직원 전원이 귀향하여 학교가 유명무실한 존재로 전락할 위기에 봉착하였지만, 동아동문서원의 학장 혼마(本間喜一)는, 고이와이(小岩井淨), 가미야(神谷竜男), 혼다(本田弥三旺) 등 13명의 동아동문서원의 교수들과 협의하여 '아이치 대학(愛知大学)'을 1946년 11월 15일 설립하였다.[133] 비록 동아동문서원의 모태였던 동아동문회는 점령군 사령부에 의해 1946년 3월 정식으로 해산하였지만, 동아동문서원은 아이치 대학으로 오늘날까지 명맥을 유지하고 있다.

III. 동아동문회와 '청조의 교육개혁'

중국의 일본식 교육제도 도입에는 여러 가지 요인과 배경이 있었으며, 수많은 인물 및 정치단체들이 개입하였다. 특히 동아동문회의 고노

133 前揭, 小崎昌業, 「東亜同文会·東亜同文書院大学の今日的意義」, p. 55.

에와 나카지마 등이 크게 관련되어 있다. 중국의 근대교육제도 도입이 본격적으로 이루어진 것은 1895년경이지만, 중국이 근대 교육에 높은 관심을 가지는 계기가 된 것은 1894년에 일어난 청일전쟁의 패배였다. 이 전쟁은 중국인은 물론, 주변 국가들이 중국에 대해 새롭게 인식하는 큰 계기가 되었으며 이는 중국대륙을 변화시켰다. 그 하나의 변화가 청조 내부로부터 나온 교육개혁에 대한 자각이었다. 그들은 교육개혁을 통해 새로운 중국을 건설하고자 하였다. 무엇보다도 중국은 일본 근대화의 성공이 서양 근대 교육제도의 조직적인 도입에 의한 국민교육의 실현에 있다는 인식을 바탕으로 일본의 모든 교육제도와 내용을 받아들이려 하였다. 중국은 이러한 인식 하에 1902년 6월 오여륜(吳汝綸)을 일본에 파견해 교육을 시찰케 하였으며, 그 조사 내용을 바탕으로 1902년 8월 『欽定学堂章程』을 거쳐 1904년 1월 중국 최초로 정식 학교장정인 『秦定学堂章程』을 제정, 공표하였다.[134]

물론 중국의 근대 교육 지침서라고 할 수 있는 『진정학당장정』의 완성에는 교육개혁에 관한 오여륜의 의견을 아주 폭넓게 채용하여 일본의 교육제도가 크게 반영되었다.[135] 특히 오여륜의 일본 교육 시찰 조사와 동아동문회가 깊게 관련되어 있다. 오여륜은 일본 교육 시찰 조사를 위

134 『欽定学堂章程』은 1902년 8월 15일 경사대학당(京師大学堂)의 관학대신(管学大臣) 장백희(張百熙)에 의해 고안, 추진되어 만들어졌지만, 이것이 근대 교육제도의 정착에까지는 그 영향이 미치지 못하였다. 결국 1903년 서태후(西太后) 정부는 『欽定学堂章程』의 개정을 지시하였다. 그리고 1904년 1월 13일 『秦定学堂章程』이 새롭게 탄생하여 근대 교육제도가 정착할 수 있는 길이 열리게 되었다. (容應萸, 「呉汝綸と『東遊叢録』」, 『近代日本とアジア』, 東京大学出版会, 1984年, p. 65).

135 前掲, 汪婉, 「京師大学堂総教習呉汝綸の日本視察」, p. 17.

해 1902년 6월 9일 중국을 출발해 6월 20일 나가사키에 도착하였다. 이때 베이징동문학사의 사장이었던 나카지마가 오여륜을 수행하였다. 나카지마는 1891년 종교적인 목적에서 중국대륙으로 건너갔다. 그리고 1892년 외무성 제2기 유학생에 합격하고, 청일전쟁 때에는 제3사단의 중국어 통역관으로서 종군한 인물이다. 그는 1897년에 오여륜과 만난 후, 1901년 베이징에 동문학사를 창립한다. 그 후 나카지마는 오여륜의 제자와 문하생들에게 일본어를 가르친 인연으로 리홍장에게 깊은 신임을 얻게 되었으며, 이것이 오여륜을 수행하는 계기가 되었다. 이 학교 운영 비용의 일부는 동아동문회 핵심 회원인 후쿠시마 육군 소장과 우치다 고사이 주청 공사로부터 지원을 받고 있었다.[136]

이와 같이 나카지마가 오여륜을 일본으로 안내할 수 있었던 것은 무엇보다도 그가 동아동문회의 핵심 회원이었기 때문이다. 오여륜은 나카지마의 도움으로 일본의 정치 유력자, 동아동문회 회원들과의 간담회를 가지게 되었다. 그는 10월 12일까지 약 4개월간 일본에 체류하면서, 교토대학 총장 기노시다 히로지(木下広次)를 비롯해 문부대신 기쿠치 다이로쿠, 도쿄대학 총장 야마가와 켄지로(山川健次郎), 외무대신 고무라 주타로, 동아동문회의 회장 고노에 아쓰마로와 부회장 나가오카 모리요시(長岡護美), 육군대신 데라우치 마사타케(寺内正毅), 참모총장 오야마

136 나카지마(中島裁之)의 베이징 동문학사는 당시 중국인들에게 일본어는 물론 근대 지식을 습득할 수 있도록 근대적인 학문을 가르치고 있었다. 1902년경 재적자는 331명이나 됐다. 특히 이 시기는 의화단 사건이 발발한 이후여서 당시 베이징에는 이외의 근대학교가 없었다. 그러므로 그는 베이징의 근대학교 및 근대 교육의 선구자였다. (劉健雲, 『中国人の日本語学習史』, 学術出版会, 2005年, p. 110, 211).

(大山巌), 정우회 총재 이토 히로부미, 헌정당 총재 오쿠마 시게노부, 추밀고문관 후쿠시마 다네오미(副島種臣) 등과 면담하였는데, 특히 동아동문회 관계자와의 만남이 많았던 것이 주목할 만하다. 그 가운데서도 고노에, 나가오카, 후쿠시마, 이자와 슈지(伊沢修二), 야마자 엔지로(山座圓次郎), 기요우라 게이고(清浦奎吾), 오우라 가네타게(大浦兼武), 도쿠토미, 기시다 긴코(岸田吟香), 후루키 사다기치(古城貞吉) 등은 동아동문회의 핵심 회원이다. 같은 해 7월 14일 고노에는 자기가 만든 정치단체 '동양클럽'에 오여륜을 초대하기도 하였다.[137]

무엇보다도 오여륜이 일본을 방문한 주된 목적은 일본의 근대 교육제도와 내용을 시찰하는 것이었기 때문에, 그는 수많은 일본의 학교를 방문하고 학교의 운영이나 행정을 시찰하였다. 그리고 이러한 일본 여행, 시찰 기록 등이 상세하게 담긴 『동유총록』을 발표하였다. 『동유총록』은 「문부소강」, 「적초일기」, 「학교도표」, 「함찰필담」 등 네 부분으로 이루어져 있다.[138] 오여륜은 일본 체류 중에 있었던 모든 것을 기록하는 한편, 베이징의 관학대신 장백희(張百熙)에 보고하는 서간을 보냈는데, 그 주된 내용은 국민교육의 보급과 고등교육의 충실을 목표로 한다는 것, 나라를 위해 일하는 인재 양성과 전국의 남녀를 대상으로 한 의무교육,

137 近衛篤麿日記刊行会, 『近衛篤麿日記(5)』, 鹿島研究所出版会, 1969年, p. 131.

138 본서에서 인용하고 있는 『東遊叢録』은 1902년 12월 중국에서 출판된 구세본(旧裝本)이다. 또한 왕완(汪婉)의 「京師大学堂総教習呉汝綸の日本視察」에 의하면, 1902년 12월 『東遊叢録』이 중국에서 출판되기 이전 10월 15일 일본교육조사보고서(日本教育調査報告書)인 『東遊叢録)이 이미 도쿄 삼성당(三省堂)에서 인쇄되어 10월 17일 양장본(洋装本)으로 발행되었다. (上掲, p. 58; 前掲, 汪婉, 「京師大学堂総教習呉汝綸の日本視察」, p. 17).

그리고 낡은 학문인 유교에서 떠나 실용주의 학문을 도입할 것, 특히 과거제도의 폐지를 강하게 건의하였다.[139]

이런 오여륜의 건의와 『동유총록』을 참고로 하여 장백희의 『진정학당장정』이 1904년에 제정, 공표되었다. 『진정학당장정』은 1,300년이라는 오랜 기간 동안 유지되어 왔던 구 교육제도의 상징인 과거제도의 폐지는 물론, 중국의 기초교육을 담당하는 소학당부터 고급과정의 대학당에 이르기까지 근대 학교 제도를 정식으로 정착시킬 교육지침서로 기능하게 되었다. 특히 일본의 교육제도를 전면적으로 도입하여 근대적 중앙 교육행정기관인 학부도 창설하는 한편, 초등학교에서 대학까지의 교육 기간을 21학년으로 구성하였다.[140] 이는 초등교육 9년(초등소학당 5년, 고등소학당 4년), 중등교육 5년(중학당 5년), 고등교육 6 ~ 7년(고등학당·대학예과 3년, 대학당 3 ~ 4년)으로 구성되었다.[141] 또한, 당시 중국 각지의 사범학교에서 가르치고 있었던 학과에는 외국어가 없을 뿐, 나머지는 일본의 사범학교의 것과 동일하게 이루어졌다.

따라서 중국의 교육개혁은 일본의 교육 근대화의 선행 경험이 대부분 참조되어 제도와 목적, 내용, 방법 등 모든 분야에서 일본의 교육제도를 모방하였다고 볼 수 있다. 동아동문회 회원이며 문부성 보통학무국장인 사와야나기 마사타로(沢柳政太郎)는 1903년 3월, 중국은 "대담하게 염치도 없이 일본의 제도를 그대로 베끼고 있다"라고 하였다.[142] 아베

139 北岡正子, 『魯迅日本という異文化のなかで』, 関西大学出版会, 2001年, p. 4, p. 210.
140 前掲, 阿部洋, 「清末直隷省の教育改革と渡辺龍聖」, p. 8.
141 阿部洋, 『中国近代学校史研究』, 福村出版, 1993年, p. 245.
142 前掲, 「京師大学堂総教習呉汝綸の日本視察」, p. 18.

히로시(阿部洋)도 "『진정학당장정』에 바탕을 둔 학교제도는 『흠정학당장정』과 마찬가지로 당시 일본 제도를 전면적으로 모방한 것이다"라고 평가하였다.[143] 그만큼 중국의 근대적 교육제도의 성립에 있어 동아동문회의 역할은 컸다.

Ⅳ. 동아동문회의 유학사업

1. 유학사업의 실상

당시 일본에 유학생을 파견하는 것은 청국정부는 물론 조선 정부에 의해서도 활발하게 이루어졌다 동아동문회가 행한 중국인 유학 사업은 2개로 나눌 수 있다. 첫째, 동 단체가 스스로 학교를 설립 및 운영하여 중국인 유학생을 받아들여 교육한 것, 둘째, 유학생 교육사업과 관련하여 동 단체가 협력, 지원하는 것 등이었다. 당시 동 단체가 직접 설립하고 운영한 학교는 도쿄 동문서원뿐이었다. 그러나 동 단체의 협력과 지원으로 운영된 학교는 진무학교(振武学校), 와세다 대학 중국 유학생부, 메지로 중학교(目白中学校), 홍문학원(弘文学院), 청화학교(清華学校) 등이다. 청화학교의 전신은 도쿄대동학교(東京大同学校)이지만, 그 후 청화학교로 개명되었다. 개명 후에는 동아동문회의 이누카이가 교장이 되어 량치

143 前揭, 『中国近代学校史研究』, p. 5.

차오 등의 중국인과 공동으로 운영되었다.

동아동문회는 1900년 5월 중국의 난징 동문서원을 설립하는 한편, 이것과 병행하여 1901년 도쿄에도 중국인 유학생 입학 기관으로 도쿄 동문서원을 설립하였다. 도쿄의 동문서원은 1899년 10월 우시고메(牛込)에 개설되었는데, 교사의 협소함을 느낀 고노에가 중국에서 오는 유학생들에게 편의를 주고자 완벽하지는 않지만 서원을 설립하려는 의도에서, 1902년 1월 간다(神田) 니시키쵸(錦町)로 옮기게 되었다.[144] 동 학교는 "청국 유학생을 수용하고 각 전문학교에 들어가기 위한 예비학과를 교습하는 곳"으로 출발하였다. 개교 당시 1학년 과목은 수신, 일본어독법, 일본어회화, 일본문법, 산학, 영어, 체조였으며, 2학년 과목은 1학년 과목에 번역, 물리과학, 지리, 역사가 추가되었다.[145] 이들의 교육내용으로 본다면, 이들이 유학생들에게 얼마나 실용 서양 학문을 배우게 하려고 하였는지를 잘 알 수 있다. 한편 서양의 실용적인 학문을 전면적으로 가르치는 것은 중국의 오랜 유교적 가치관으로부터 단절시켜, 나아가서 청조 봉건지배체제의 붕괴를 낳을 위험성을 내포하고 있었다. 실제로, 이것은 일본의 뛰어난 학문세계와 서구의 문명을 접촉함으로서 충군애국과 중화사상이 얼마나 시대에 뒤떨어진 사상과 이념인지를 깨닫게 하여, 군주의 전통적인 권위에 의문을 가지게 하는 첩경이 되었다.

도쿄동문서원은 13명의 학생으로 시작되었지만 그 후 학생이 200명까지 증가하며, 1905년 오치아이무라(落合村)에 새로운 교사를 건조하

144 前掲, 『東亜同文会史』, p. 344.
145 上掲, 『東亜同文会史』, p. 79.

여 대규모 학교로 성장하였다. 학교는 신해혁명까지 유지되었지만, 1922년「대중국 21개조」요구 때문에 반일감정이 고조되자 폐쇄되었다. 20년간의 졸업생은 874명으로, 육종여(陸宗輿, 와세다 대학, 주일대사)를 비롯하여, 허숭청(許崇清, 도쿄대학, 中山大学 학장)도 그 졸업생이다.[146] 1910년에 폐쇄된 와세다 대학의 중국 유학생부는 수업 연한이 예과 1년, 본과 2년, 보습과로 나뉘어 있었다. 본과에는 몇 개의 과로 구분되어 있었는데, 사범과와 정치이재과(政治理財科) 그리고 상과로 구분되어 있었다. 특히 사범과에는 물리화학과, 박물학과, 역사지리과도 있었다. 동 학교의 졸업생들 중에는 중국 교육계를 비롯하여 정치, 사회 등에 큰 영향을 미친 인재들이 배출되었다. 우선, 교육계의 대표적인 인물로는 이사위(李士偉, 北洋師範学堂 교장), 양지신(梁志宸, 北洋師範学堂 교무장), 강용(江庸, 京師法政学堂 교무장), 장효이(張孝移, 北京法律学堂 교습), 적충인(籍忠寅, 北洋法政学堂 교무장), 학영원(学永元, 北京宗室覚羅八旗高等学堂 학감), 왕매상(王邁常, 広東高等工業学堂 교장), 주종려(朱宗呂, 浙江全浙師範学堂 교무장), 주희조(朱希祖, 北京大学 역사계 주임) 등이 있으며, 정치가로는 양도(楊度, 위안스카이 내각 학부 부대신), 쑹자오런(宋教仁, 혁명가), 이대쇠(李大釗, 중국 공산당 창설자), 팽배(彭湃, 농민운동가) 등이 있다.[147]

홍문학원은 가노 지고로(嘉納治五郎)의 개인적인 의지와 목적에서 개교된 것이 아니라, "본원은 최초 청국으로부터 의뢰가 있었기 때문에

146 前揭,『中国の近代教育と明治日本』, (福村出版), pp. 92-94.
147 上揭, p. 90.

설치”되었다고 기록돼 있다.[148] 또한 설립 과정에서도 주일 공사인 채균(蔡鈞)과 외무성의 야마자(山座圓次郎) 등에 의해서 설립되었는데, 어디까지나 중국 측의 요청에 의해서 개교되었다고 보인다. 당시 홍문학원에 대해서 오여륜이 “청국에는 아직까지 이러한 학원은 없다”라고 말할 정도로 중국인 학생들에게는 이상적인 학교였다. 3년 과정의 보통과 이외에 6개월에서 1년 과정의 속성과(速成科)의 경무(警務), 이과(理科), 사범(師範) 등의 단기속성 학과도 설치되었다. 특히 동 학원의 유학생이었던 황존삼(黄尊三)이 “학과는 일본어와 보통과를 중시하여 장래 고등학교와 대학의 입시시험을 받을 수 있는 예비학교이기도 하였다”[149]라고 지적한 것처럼, 대학 진학을 위한 입시전문학교의 기능도 함께 갖추고 있었다.

1909년 폐교 때까지 약 8,000명의 학생들이 거쳐 간 명문학교이기도 한 홍문학원은 범원렴(范源廉, 베이징 사범대학), 장주(張鋳, 상하이교통대학), 후홍감(候鴻鑑, 상하이 致用大学), 경향이(経享頤, 광둥대학), 황제우(黄際遇, 개봉 中山大学), 이서성(李書城, 베이징 육군대학), 관갱린(関賡麟, 교통대학), 조복수(趙福寿, 베이징 의학대학), 호원담(胡元倓, 호남대학) 등 9명의 학장과 34명의 교수를 배출하였다.[150] 더욱이 이 학원에 다니던 학생 중에는 쑨원과 절친한 황싱(黄興)을 비롯하여, 중국

148 横山健堂, 『嘉納専制傳』, 講道館, 1941年, p. 202.

149 黄尊三(佐藤三郎訳), 『清国人日本留学日記』, 東方書店, 1986年, p. 31.

150 前掲, 高橋強, 「孫中山と中国留日学生」, p. 42; 또한 홍문학원 출신자의 명부가 아래 문헌에 나와 있다. (蔭山雅博, 「弘(宏)文学院における中国人留学生教育について(二)」, 『呴沫集(5)』, 学習院大学史学会, 1986年).

공산당 창시자의 한 사람인 진독수(陳独秀)와 그 외 중국 혁명가인 장병린(章炳麟), 진천화(陳天華) 등도 있었다. 이 때문에 동 학원은 청조 붕괴의 산실이자 중국 공산당 창립의 출발점이었다. 또한 "베이징 경무학생 26명을 교육하고 있었다"[151]라는 기록에서, 이 학원에서는 베이징 경무학당(警務学堂) 학생들의 위탁교육도 행하고 있었음을 알 수 있다. 경무학당은 일본의 경찰제도를 모방하여 경찰관 양성을 목적으로 1901년 4월 동아동문회의 중견 간부인 가와시마 나니와(川島浪速)에 의해서 개교된 경찰전문학교였다. 이 학당은 "졸업생을 3천 명이나 배출하였으며 중국의 경무에 크게 공헌하였다"[152]라고 평가되었다.

홍문학원에 있어 중국 유학생 수의 최고점은 1906년경으로 보통과, 속성사범과 등을 합쳐 학생 수가 1,556명에 이르고 있었다. 1909년 7월 28일 학사보고에는 "입학생 총 7천191명, 졸업생 및 수업자 총 3천810명이었다"[153]라고 기록되어 있는데, 이때 마지막 졸업식과 함께 폐교되었다. 폐교의 배경에는 다양한 이유와 사실이 있었지만, 중국에 있어서 일본의 권익 확대에 따른 침략 행위에 반감을 가진 중국 유학생의 배일감정이 크게 작용한 것으로 보인다. 이와 같이 유능한 인재를 많이 배출한 홍문학원과 같은 유학 사업이 반드시 중국의 근대 교육과 근대화 발전에 긍정적인 측면만 제공하지는 않았다고 판단된다. "새로운 학문과 교육의 주장이 제기된 이후 조정에 등용된 사람은 군부(君父)와 국

151 前掲, 『魯迅日本という異文化のなかで』, pp. 112-113.

152 前掲, 『中国人日本留学史稿』, p. 158.

153 前掲, 『嘉納専制傳』, p. 203.

가를 홍문학원에 팔고 외국에 유학하여 귀국한 자는 세력을 등에 업고 높은 관직에 오르는 것에만 혈안이 되었다. 이들은 외국에서 익힌 학문이나 교육으로 국가를 부흥시키는 것이 아니라 붕괴하는 것에 일조하였다"[154]라고 지적되고 있는 것처럼, 청조와 중국을 망국에 이르게 하는 부정적인 영향도 미쳤다. 또한 극단적으로 일본 의존적인 교육정책이 중국 교육정책의 자립성과 독립성을 상실케 하여 결과적으로 중국 국민교육제도의 정착을 멀어지게 하여 중국의 근대 교육 및 근대화를 완성하는 데에 부정적인 요소로 작용하였다.

그러나 동아동문회 교육사업의 일환으로서 전개된 도쿄동문서원, 홍문학원, 와세다 대학의 중국인 유학생부 등의 유학 사업을 통해 중국 근대화와 근대 교육, 혹은 신중국 건설에 크게 기여한 인재들을 배출한 점에서 본다면, 그 영향력을 결코 무시할 수 없을 것이다. 이러한 유학 사업에 대해 1905년 데라다(寺田勇吉)는 "일본인에 의한 교육사업이 대단히 많았다. 중국 내지에서 교육을 받은 학생들과 일본에 유학해서 교육을 받은 학생들을 총괄하면 적어도 수만 명에 달할 것이다. 일본의 교육사업이 중국에 미친 영향은 실로 위대하지 않을 수 없다"[155]라고 평가하였다.

한편, 조선 정부는 1894년 갑오개혁을 통해 조선사회의 근본적인 개혁을 목표로 하는 대대적인 개혁을 행하는 과정에서 중앙관제를 비롯하

154 李沂, 「一斧劈破論」, 『海鶴遺書』, 国史編纂委員会, 1955年, p. 72; 前掲, 『朝鮮近代教育の思想と運動』, p. 260.

155 前掲, 『中国人日本留学史稿』, p. 140.

여 교육제도의 개혁도 단행하였다. 특히 같은 해 7월, 예부(禮部)를 폐지하고 교육평등의 기회를 법적으로 보장하기 위해 근대적 교육행정기관인 학무아문(学務衙門)을 설치하였다. 또 한성사범학교관제(漢城師範学校官制)와 소학교령 등이 연달아 공표되어 조선에도 근대적인 학교가 전국에 설립되었다. 그리고 조선 정부는 근대 학교의 설치와 함께 유학생 파견을 중요한 교육정책의 하나로 실시하고자 하였다. 갑오개혁은 일본에 의해 반강제적으로 추진되었지만, 결코 근대화를 위한 조선 정부의 자주적 노력과 의지가 결여되지는 않았다. 이러한 맥락에서 일본에 유학생 파견이 시작되었지만, 무엇보다도 유학생 파견은 조선 근대화와 자주독립국가 구축에 필요한 일본의 근대 지식과 서구의 문명을 취득하기 위한 인재 양성의 수단으로 이루어졌다. 또한 19세기 말에는 일본의 서적이나 교육을 통해 근대 지식을 배우는 것이 조선의 보편적인 상식이 되었다는 측면에서, 일본 유학에 대해 일정한 평가를 내리고 있는 학자도 있는 것 같다.[156] 그러나 1899년부터 시작된 동아동문회의 조선 교육사업은 1906년 4월 통감부에 이양됨에 따라 막을 내리게 되었다.

1908년 6월에는 조선인 유학생이 493명 정도 있었다.[157] 그런데 동아동문회에 의한 유학 사업이 어떻게 진행되고 이루어졌는지, 또한 졸업생의 명부도 발견되지 못한 상황에서 유학생 실상에 대해서 명확하게 주장할 수는 없다. 뿐만 아니라 러일전쟁 전후에 조선인 유학생의 일본 유학은 조선 정부가 일괄적으로 추진하였기 때문에, 위탁 학교와 감독은

156 前掲, 『朝鮮近代教育の思想と運動』, p. 165, 234.
157 上掲, 『朝鮮近代教育の思想と運動』, p. 412.

동아동문회가 아니라, 일본의 외무성이나 문부성이 중심이 되어 이루어졌다. 그리고 위탁 교육기관도 중국인 유학생의 경우와는 전혀 달랐던 것으로 보인다. 예컨대 1904년 7월 1일 하기와라 슈이치(萩原守一) 임시대리공사가 고무라 주타로 외무대신에게 “일본과 조선 양국 간의 친교를 깊게 하고 나아가 조선의 개혁과 근대화를 달성키 위한 인재 양성 목적에서 다수의 유학생을 일본에 파견한다”[158]라고 한 기록이 있듯이, 같은 해 10월에 조선 정부는 황실의 지원금으로 양반 자제 50명을 일본에 유학생으로 파견하였다. 위탁 교육기관은 도쿄 부립 제1중학교 44명을 비롯하여, 순천(順天)중학교 3명, 명치법률학교 1명, 농과대학 1명, 와세다 실업학교 1명 등이었다.[159]

당시 조선 정부의 일본 유학생 파견은 중국 정부의 유학생 파견과는 전혀 다르게 이루어졌다. 즉, 동아동문회가 아니라, 동 단체의 회원 및 교사 개인의 알선과 지원에 의해서 이루어졌다. 예컨대 경성학당 졸업생인 유일선(柳一宣)과 홍병선(洪秉旋)은 교사인 와다세(渡賴常吉, 교장)의 주선으로 각각 일본에 유학하게 되었다. 홍병선은 “도시샤(同志社) 대학에서 3년 과정인 신학을 배운 자”[160]라고 기록되어 있다. 또한 1905년 6월 동아동문회 보고에는 “졸업생 김동원(金東元), 2년생 김현식(金鉉軾), 곽용주(郭龍周) 3인의 유학생이 일본에 유학하기 위해 상경 길에 올랐다”라는 기록이 있으며, 이외에도 평양일어학교의 이광수(李光洙)

158 「各国ヨリ本邦へノ留学生関係雑件ー韓国ノ部」, 『日本外務省記録文書』.

159 阿部洋, 「二十世紀初頭における朝鮮人の日本留学」, 『国立教育研究所紀要』, 第94集, 国立教育研究所, 1978年, p. 121.

160 前掲, 『旧韓末「日語学校」の研究』, p. 87.

도 유학하고 있었다고 나와 있다.[161]

부산개성학교(釜山開成学校)의 졸업생 중에도 일본에 유학한 학생이 있었다. 『釜山港勢一班』에 "초등과 졸업 및 중등과 1, 2년 수업을 마치고 도쿄에 유학한 학생은 10여 명이 있었으며 본교로부터의 대비생(貸費生) 및 보조생도 있었다. 유학 귀국자 및 본교 출신으로 교육 업무에 종사하는 자도 70여 명에 이르고 있었다. 또한 매년 5, 6명의 유학생이 있었다"[162] 라고 나와 있는 것에서, 유학생 파견이 지엽적인 수준에 머물고 있었지만 개별 학교에 의해서도 이루어지고 있었음을 엿볼 수 있다. 조선인 학생들의 유학은 소규모 그리고 개별 교사 및 학교에 의해서 추진되었으며, 위탁 교육기관도 중국의 경우에 동아동문회와 밀접한 관계에 있던 도쿄동문서원, 홍문학원, 청화학교, 메지로(目白) 중학교, 와세다 대학 중국인 유학생부가 맡은 것과는 달리, 개별적인 차원에서 이루어졌다는 것을 알 수 있다. 이러한 사실 때문에 동아동문회에 의한 조선인 유학사업이 어떤 식으로 추진되고 이루어졌는지는 자세히 알기 어렵다. 즉, 사료의 미발굴과 자료의 불충분함 때문에 조선인 유학생의 실상을 파악하기는 어렵다.

2. 유학사업의 성과

청일전쟁 후, 중국과 조선의 학생들은 일본 및 서양의 근대화와 근대

161 『東亜同文会報告』, 第67回, 1905年6月, p. 33.
162 前掲, 『釜山港勢一班』, p. 271.

교육을 배우기 위해 일본으로 건너갔다. 일본에서의 유학 경험은 본인의 발전은 물론, 자신의 국가에 많은 영향을 미치기도 하였다. 사카네 게이코(坂根慶子)는 중국인의 일본 유학 성과를 번역활동과 혁명운동에 한정해서 논하고 있는데,[163] 여기서는 다음과 같이 평가할 수 있다. 첫째, 서양사상의 섭취와 내셔널리즘 형성에 기여하였다. 중국인 유학생인 량치차오는 요코하마에서 『청의보(清議報)』를 창간하고 일본 및 서양의 논설을 번역하면서 근대 서양사상에 접근하였으며, 1899년 10월 15일 이 잡지에서 처음으로 국민과 민권이라는 단어를 사용하였다.[164] 량치차오의 연설에는 후쿠자와 유키치의 「학문의 권장」을 상기시키는 것도 있는데, 이것은 그가 일본을 통해서 서양사상을 배웠음을 증명한다. 특히 동아동문회의 관계자가 설립한 대동학교에서는 루소의 『민약론』, 프랑스의 『대혁명사』, 『워싱턴전』 등의 교재를 사용하였다.[165]

이와 같이 중국인들이 일본에서 배운 것은 충군애국과 존공(尊孔)을 근본으로 하는 고전적인 것이 아니라, 자유민주주의와 인민의 권리 등을 내세우는 서양사상이었다. 예를 들면, 당시 도쿄동문서원의 유학생이었던 추용(鄒容)은 "나는 우리 동포가 문명의 정체(政体), 문명의 혁명에 대해 들을 수 있게 된 것을 기뻐한다. 나는 우리 동포가 루소의 『사회계약론』, 몽테스키외의 『법의 정신』, 밀의 『자유론』, 프랑스혁명사, 미국독립선언 등의 번역문을 읽을 수 있게 된 것을 기쁘게 생각 한다"라고 밝

---

163 坂根慶子, 「清朝日本留学考」, 『東海大学紀要』, 東海大学出版会, 1992年, pp. 49-51.

164 王敏, 『中国人の愛国心』, ＰＨＰ新書, 2005年, p. 35; 上垣外憲一, 『日本留学と革命運動』, 東京大学出版会, 1982年, p. 78.

165 前掲, 『魯迅日本という異文化のなかで』, p. 154.

혔다.[166] 이처럼 일본이나 서양의 사상 및 문명을 접함으로써 중국인들은 과거 중국의 찬란한 중국문명을 재확인할 수 있었으며, 나아가 한족 중심의 내셔널리즘이 자연스럽게 형성되었다. 이를 바탕으로, 유학생들은 자유와 인권이 보장되지 않는 청조를 붕괴시키기 위해 혁명단체를 준비하였다.

당시 쑨원 등이 내건 청조 붕괴의 정당성 논리는 배타적 민족주의였다. 이들은 한족에 있어 만주족은 매우 이질적인 존재라고 인식하고 있었다. 예컨대, 쑨원이 "만주인은 합쳐진 지 오늘로 160년 정도 지났지만, 우리 한인(漢人)은 어린아이라고 해도 만인(滿人)을 보면 이것이 만인이라고 알고 한인과 착각하는 일은 없다. 이것이 곧 민족주의의 근본이다"[167]라고 말한 것으로 보아, 그는 만주인을 같은 중국인으로 보고 있지 않았다. 게다가 1898년 쑨원은 동아동문회의 우치다 료헤이에게 "만주를 일본에 양도한다"라고 하고, 특히 중국의 혁명정부가 수립된 1912년 2월에도 "만주는 일본에 맡긴다"라고도 하였다.[168] 따라서 쑨원은 중국의 만주족에 대해 결코 하나의 중화민족으로 인정하지 않고 있음을 알 수 있다. 또한 홍문학원의 장병린도 "한족의 제왕은 나약하지만 같은 민족이다. 만주족은 천박한 민족이고 한족이 그들을 경멸하는 것은 골수에 박혀 있는 일이며 그들을 외인(外人)으로 보는 것은 서양과 크게 다르지 않다"[169]라고 주장하였다. 그리고 진천화도 청조를 동북의

---

166 前揭, 『日本留学と革命運動』, p. 100.

167 外務省調査部編, 『孫文全集(中)』, 原書房, 1967年, pp. 193-194.

168 1912年2月8日付. 「森恪より益田孝宛書簡」, 『井上侯爵家より交附書類』.

169 前揭, 『日本留学と革命運動』, p. 96.

만인(蛮人)으로 평가하였는데, 이로써 그들이 청조를 하나의 중국으로 보지 않았음을 알 수 있다.

둘째, 중국 혁명에 기여하였다. 중국인 유학생이 머물고 있는 "일본은 혁명운동의 온상 같았다"[170]라고 지적하였듯이, 일본은 중국 혁명의 거점지역이기도 하였으며, 혁명단체의 조직 및 운영 그리고 혁명 사상을 불어넣는 좋은 토양으로 기능하였다. 특히 황싱, 쑹자오런, 장병린, 진천화 등의 유학생들은 신중국 건설과 청조 붕괴를 위해 1905년 도쿄에서 혁명동맹회를 결성하였다. 반청혁명단체인 이 단체에는 379명의 회원이 참가하였는데 그 중 유학생이 354명이나 차지하였다. 물론 동아동문회 산하의 유학생이 어느 정도 참가하였는지는 구체적으로 검토한 바는 없지만, 중국동맹회의 결성 및 운영 등에 적극적으로 지원한 단체가 동아동문회와 흑룡회 등이었던 사실은 널리 알려져 있다.

이러한 혁명단체의 설립 배경에는 일본에서 고취된 서양사상도 중요한 역할을 하였다. 도쿄동문서원 출신의 추용(鄒容)은 "루소 등의 대철학가의 심원한 학리는 기사회생의 영약(靈藥), 생명을 다시 부활시키는 귀중한 처방이며, 약이 뼈를 바꾸고 영약이 효과가 있는 것처럼 프랑스문명, 미국문명은 모두 여기에서 싹튼다"[171]라고 절찬하였다. 그는 우선 혁명에 의해 청조를 붕괴시키고 신분의 귀천을 묻지 않는 사회와 국가를 만드는 것을 큰 목표로 내걸고, 게다가 생명과 재산, 천부인권, 남녀평등, 국민평등 등이 보장되는 공화제 국가 건설을 지향하였다. 당시 흑

170 前掲, 『嘉納先生伝』, p. 200.

171 前掲, 『日本留学と革命運動』, p. 103.

룽회 회원으로 중국 혁명을 지원하였던 기타 이키(北一輝)는 "혁명단체에 출입하고 있는 자들 대부분은 일본 유학생이며 유학생 복장을 혁명 복장이라고 부르게 되었다"[172]라고 언급하였다.

이로써 일본과 서구의 사상과 학문이 중국 혁명을 일으킨 원동력으로 작용하였다고 볼 수 있다. 당시 유학생들은 일본과 서양의 지식과 사상을 습득하면서 자신도 모르게 민족의 자긍심과 자신감이 생겨난 것이다. 그것은 일본에 의한 중국 개조가 아니라, 중국인 스스로 중국을 개혁하려는 자주적인 발상과 행동에서 비롯하였다. 그들은 신중국 건설과 중국 개조의 시작을 중국을 수십 년간 퇴보시켜온 전제정권인 청조의 붕괴에서 찾고자 하였다. 이러한 중국 혁명의 기운이 상승하게 된 원인에 대해서 기타 이키는 "일본의 교육이 지금 중국의 혁명사상을 생성케 하여, 전후를 통해 수만의 유학생, 즉 4억 중국의 위정자 계급의 대표적인 자제에게 일본의 국가주의와 민족주의를 불어넣어, 배만흥한(排滿興漢)의 사상이 생겼다"[173]라고 지적하였다. 이처럼, 일본의 교육사업, 즉 동아동문회의 교육사업이 중국에 많은 영향을 미쳤다고 볼 수 있으며, 특히 유학 사업이 유학생 개인은 물론, 중국사회 전반 구석구석까지 많은 영향을 주었다고 생각된다. 그 대표적인 결과가 구체제를 상징하는 청조를 붕괴시킨 신해혁명과 1912년에 탄생한 아시아 최초의 공화국인 '중화민국'이다.

셋째, 만주문제의 재인식과 중화사상의 복귀에 큰 영향을 끼쳤다.

172 前掲, 『中国人日本留学史稿』, p. 227.
173 前掲, 『日本留学と革命運動』, p. 161.

1912년 혁명정부가 수립될 시기 일본은 만주를 중국에서 분리시키고 만주의 독립을 계획하였다. 이것에 대해 쑹자오런을 비롯한 대다수의 유학생이 참가한 혁명정부는 만주와 몽골을 일본 정부가 점유한다는 것은 있을 수 없다고 국민당 기관지를 통해 일본 정부를 강하게 비난하였다.[174] 특히 쑹자오런은 "귀국과 중화민국의 친선을 크게 희망하기에 이번 귀국 정부의 책임자에 의한 만주 독립 선언"[175]은 결코 지혜로운 행동이 아니라고 우치다에게 항의하였다. 이 시기 혁명정부는 만주가 중국 고유의 영토라고 인식하고 있었다. 즉, 만주는 태고부터 중국에 속해 있었다고 생각하여 만주족을 한족과는 다른 이민족이 아니라 이종족(異種族)이라고 보고 있었던 것이다.

이처럼 과거와 상반된 주장이 중국에서 전개된 원인과 배경에는 교육을 통한 학문과 지식의 습득이 크게 작용하였다고 볼 수 있다. 즉, 일본에서의 유학 경험은 선진문화를 습득케 하는 중요한 요소로서 작용하였지만, 한편으로는 과거 중국의 화려하였던 중화사상에 대한 강한 그리움을 불러일으켰다. 홍문학원의 장병린조차 "만주는 천한 민족"이라고 규정하여 그들을 경멸하였지만, 그 후 만주에 대한 인식이 거짓말처럼 바뀌었다. 그는 "일본은 옛날부터 만주, 몽골에 야심을 가지고 오래전부터 이것을 점령하려는 기회를 엿보았으며, 이 목적을 달성하기 위해 중국 내에서 정치 공작을 계속하여 정세를 혼란시키려 하고 있다"[176]라고

174 前掲, 『東亜先覺志士記伝(中)』, p. 459.
175 内田良平文書研究会編, 『内田良平関係文書(1卷)』, 芙蓉書房出版, 1994年, p. 204.
176 升味準之輔, 「大陸浪人(二)」, 『法学会雑誌』, 第7卷 2号, 東京都立大学法学部, 1967年 3月, p. 293.

일본을 비난하면서 일본의 만주 요구를 크게 경계하였다.

홍문학원의 황존삼은 “내 생각으로는 만주는 완전히 우리 영토이다” 라며[177] 처음으로 만주에 대해서 관심을 보이기 시작하였다. 특히 쑨원은 1905년 8월 13일 유학생 환영회에서 “여러분이 일본에 온 것은 일본의 문명을 배우기 위해서이다. 그런데 일본의 문명은 고유한 것이 아니고 원래는 중국에서 받아오고 그 후 서양에서 배워 얻은 것이다. 따라서 중국이 다시 문명을 일으켜 일본을 능가할 것은 의심의 여지가 없다”[178]라고 강조하였다. 분명히 이는 과거 중국문명의 위대함을 강조함으로써 과거 중국사상의 영광을 재현하고자 하는 의도였다.

넷째, 근대적 학문의 보급과 인재 양성에 기여하였다. 홍문학원 등에서는 수학을 비롯해 영어, 지리, 역사, 이과 등의 실용주의 학문을 주로 가르쳤다. 특히 교육학을 비롯해 화학, 물리학, 헌법, 법제학, 국제법, 경제학 등은 중국의 근대화를 추진하는 원동력으로 작용하였으며, 더욱이 급변하는 세계정세에 능동적으로 대응할 수 있는 인재 양성에 적당한 학문이었다고 판단된다. 당시 중국인 유학생의 대부분은 공맹, 노자, 한비자를 비롯해 사서오경 등의 전통적인 한문교육을 받고 있었기 때문에 정치철학에는 깊은 지식을 가지고 있었지만, 근대과학의 기초 지식이 되는 수학과 이과 부문의 학문은 일본에 오기 전에는 배운 적이 거의 없었다. 홍문학원의 진독수(陳独秀)는 1915년 반(反)위안스카이 운동을 전개하는 가운데 “국민으로서 우매한 시대로부터 탈출하고 싶고 미개의

177 黃尊三(さねとうけいしゅう訳), 『清国人日本留学日記』, 東方書店, 1986年, p. 38.
178 前揭, 『孫文全集(中)』, p. 189.

민족임에 수치심을 느낀다면, 결기하여 하루속히 과학과 인권을 받아들여야 한다"[179]라고 주장하면서, 허학(虛学)인 유교에서 벗어나 실제적인 근대과학의 정신을 체득할 것을 강조하였다. 또한 중국인 유학생들은 스스로 잡지를 창간하여 서구의 학문과 지식을 소개하였는데, 이중번역 형태로 서양의 정치, 법률, 경제, 외교, 역사, 철학 등에 관한 서적을 소개하고 또 많은 일본의 서적도 번역함으로써 서구 학문을 계통적이고 체계적으로 도입하는 데에 공헌하였다.[180]

한편, 동아동문회에 의한 조선인 유학 사업은 거의 실시되지 않았다. 이러한 주장의 근거는 동아동문회의 조선 교육사업이 1906년 4월 통감부로 이양되어 단기간에 끝난 점과 졸업생이 소수에 지나지 않은 점이다. 이러한 이유 때문에 조선인의 일본 유학은 현지 학교 교사에 의해 실시되었으며 학생 수도 소수에 지나지 않았고, 그러므로 조선인 유학생의 전모를 밝히는 것은 매우 어렵다고 판단된다. 경성학당[181]의 유일선은 현지 교사인 와타세(渡瀨常吉)의 소개로 도쿄대학에서 유학하였으며, 귀국 후 관립 한성일어학교 등에서 일본어를 가르치는 한편, 사립학교 '정리사(精理舎)'를 설립하고 근대 교육에도 크게 기여하였다. 물론 그는 조선총독부의 조선 식민지 지배에 협력한 친일파로도 잘 알려져 있다. 또한 이 학교의 홍병선은 도시샤대학을 졸업한 후 목사로 활동하였다.

179 前揭, 『日本留学と革命運動』, p. 190.

180 前揭, 『中国の近代教育と明治日本』, (福村出版), p. 67.

181 경성학당 졸업생으로 일본에 유학한 대표적인 인물은 최남선(崔南善), 윤백남(尹白南) 등이 있다. (한용진, "개화기 일본 민간단체 설립 학교 고찰", 『東洋学』, 단국대학교 동양연구소, 2005, p. 210).

평양일어학교의 김동원은 1906년 메이지대학 법학부를 졸업하고 1910년부터 6년간 평양 숭실학교와 대성학교의 교사로 근무하였다. 특히 숭인, 숭의, 숭실 및 세브란스 의학전문학교의 이사와 이사장이 되는 등 교육자로서 민족교육 발전에도 크게 기여하였으며, 독립운동가 안창호와 친분을 쌓기 시작하여 19011년 105인 사건과 1936년 독립단체 동우회의 활동에도 관여함으로써 대표적인 독립운동가로도 활약하였다.[182] 동 학교의 이광수는 1906년 일본의 대성중학교를 거쳐 그 다음 해에는 메이지 학원에 입학하였다. 그 후 1910년 3월에 귀국하고 오산학교 등에서 교사로 근무하면서 친일 행적을 적지 않게 남겼지만, 한편으로는 조선 독립 사업에도 크게 관여하였다. 부산개성학교는 초등과 제1회 졸업생으로 7명을 배출하였는데 그 중에서 박문칠(메이지법률학교), 임영찬(메이지대학), 송태승(도쿄철도학교), 박창규(도쿄철도학교), 양재하(도쿄대학) 등이 일본에 유학하였다. 또 제2회 졸업생 4명 중에서 송재관(상업전문학교)이 유학하였다.[183] 특히 부산개성학교의 송태승은 오늘날의 경남여자고등학교의 전신인 부산공립여자고등보통학교를 설립하여 조선의 교육 발전에도 일정한 역할을 한 인물이기도 하다.

182 http://bluecabin.com.ne.kr/split99/kdw.htm(2009.04.27)

183 前掲,『旧韓末「日語学校」の研究』, pp. 337-338.

책을 마치며

이 책은 동아동문회의 활동을 중심으로 근대 일본의 대외 활동, 특히 조선문제와 중국문제를 하나의 정점으로 하는 활동의 생성과 전개에 관해서 검토한 것이다. 즉 근대 일본의 대륙 진출에서 나타나는 우익 단체의 사상과 행동을 통해서 일본근대사의 빛과 그림자, 즉 연대와 침략의 이중성을 해명하려는 목적을 가지고 본서를 집필하였다. 지금까지의 내용들을 각 부별로 간단하게 요약해 보면, 1부에서는 먼저 동아동문회의 기원을 검토하기 위해 한커우 낙선당과 일청무역연구소 그리고 동아회와 동문회를 검토하였다. 동아동문회의 사상적 배경을 분석하는 데 이들 단체에 대한 연구가 필수불가결한 것이었기 때문이다. 무엇보다 이들의 성립과 활동을 통하여 이들 단체가 동아동문회의 모태임을 증명할 필요가 있었다. 당연한 분석결과였지만, 상기의 단체는 부분적인 사항을 제외하고는 인맥이나 사상적으로 동일한 계보에 속하고 있었으며, 실제로는 중복되는 부분도 적지 않았다. 특히 각 단체에 속한 회원들의 대부분이 상호 중복적으로 참여하였다. 그들의 목적이나 활동 대상은 공통적으로 중국대륙에 설정되어 있었다. 그리고 이들 단체의 활동이나 이념이 동아동문회 성립에 많은 영향을 끼쳤다는 사실도 밝혔다. 특히 이들의 목적과 행동 방향은 언제나 일본의 근대화와 자주독립 그리고 대륙 진출에 있었다.

제2부에서는 동아동문회의 성립과 성격을 분석하는 작업으로 러시아의 남하와 대륙낭인의 활동 그리고 회원들의 정치적 계통과 정책노선을 정밀히 검토하였다. 특히 동아동문회 설립의 직접적인 배경이 된 러시아의 남하와 대륙낭인의 활동 부분에서 양자의 상관관계를 밝히고, 대륙낭인들이 대륙 진출의 발판을 모색하면서 활동의 거점 및 동력체로서 하나의 정치단체를 구상하였다는 것도 밝혔다. 이러한 대륙낭인들을 하나로 하는 동시에 러시아에 대항하기 위해서 운동 모체 결성의 필요성을 인식하여 동아동문회가 결성된 것이다. 동아동문회는 단일 계통의 구성원에 의해 결성된 것이 아니었다. 다양한 부류의 인사들이 참여하는 파벌의 집합체로 구성되어 있었다. 직업도 정치가를 비롯하여 언론인, 관료, 군인, 학자, 대륙낭인, 사업가에 이르기까지 다양해, 특정 분야만을 제시하는 뚜렷한 색깔은 보이지 않았다. 특히 구성원들의 정치적 계통은 보다 다양하였다. 그들의 정치적 계통은 흥아회, 현양사, 동방협회, 동아회, 동문회, 대륙낭인 등에 걸쳐 다양하게 분포되어 있었기 때문에, 동단체의 회장인 고노에의 독주는 이루어지지 않았다. 본서에서는 정치적, 경제적 관점에서 동아동문회의 대중국 인식을 서술하였다. 동아동문회는 대외정책의 범주에는 언제나 아시아의 중심인 중국대륙이 포함되었으며 그 방향이나 행동도 중국대륙에 설정되어 이루어졌다. 그들의 대중국 인식 속에는 대국이라는 기존의 이미지와 노쇠한 중국이라는 새로운 이미지의 두 가지가 공존하였다. 이러한 인식은 그 근저에 거대한 중국의 국토와 인구 그리고 경제적인 잠재력이 자리 잡고 있었음을 의미하

며, 한편 노쇠한 중국을 연상한 것은 서구열강에 의한 중국의 반식민지화 현실에 대한 인식이 강하게 작용하고 있었다. 중국에 대한 이러한 두 가지 이미지가 동시에 존재하고 있었기 때문에, 중국은 침략의 대상이자 때로는 연대의 대상이었다. 무엇보다도 동아동문회는 일본의 근대화와 자주독립의 성취에 있어 중국대륙이 일본과 불가분의 존재라고 인식하고 있었다. 즉, 일본 근대화의 성공에는 중국의 거대한 시장이 필요하였으며, 일본의 독립 유지와 부강의 전제조건에도 언제나 중국이 존재하였다. 따라서 동아동문회는 일청 양국의 공동의 적인 서양열강을 아시아에서 몰아내기 위해 연대해야 하는 운명공동체로 중국을 인식하면서도, 일본의 대륙 진출을 위한 침략의 대상으로 중국을 바라보는 상반된 인식이 동시에 존재하였다. 동아동문회는 설립 취지에서부터 조선 보호와 중국 보전 등 이웃국가의 정치체제 및 정치 상황에 관심을 가지고 출발하였으므로, 단체가 지향하는 방향은 언제나 대륙에 있었다. 따라서 동 단체의 궁극적인 목표는 대륙 진출, 즉 조선 진출과 중국 진출에 집중되어 있었고, 그들의 활동도 동아시아 전체를 지향하기보다는 일본의 대륙 진출과 연관하여 추진되었다. 그러나 동 단체의 대륙 진출의 수단과 방법은 타 우익 단체인 현양사나 흑룡회의 그것과는 크게 구별되었다.

제3부에서는 동아동문회의 대외정책에 대해 분석하였다. 동아동문회의 대외정책은 크게 의화단사건, 국민동맹회, 러일전쟁 등과 관련되어 있음을 밝혔다. 중국의 의화단은 부청멸양과 부정한 관리들을 처벌할 것을 슬로건으로 내걸고 봉기하였다. 의화단의 서양배척운동은 서구의 각국을 자극하게 되었으며, 서구는 일본에 군사 파견을 요청하였다. 동아

동문회는 러시아의 남하를 막는 하나의 방법으로 중국에 대한 군사적 진출을 찬성하는 측면도 있었지만, 장기적인 안목에서 군사적인 행동을 반대하였다. 그러나 일본 정부는 군사 파견이 일본의 국익이라고 판단하여 군사를 파견하여 의화단을 진압하였다. 의화단 진압 후, 베이징은 일시적인 평화를 유지하게 되었지만, 러시아의 만주 점령으로 인해 중국대륙은 군사적, 정치적으로 불안하였다. 동아동문회는 중국대륙의 불안을 조성하는 러시아의 만주 점령을 규탄하는 등 대러시아 운동을 진행하였다. 동 단체는 대외강경운동을 전개하기 위해 국민동맹회를 결성하여 러시아의 만주 철수는 물론, 러일 개전을 촉구하기도 하였다. 특히 3부에서는 동아동문회의 러일 개전을 향한 여론 조성 활동과 대외강경운동 및 전쟁 협력 그리고 종전을 위한 동아동문회의 행동을 분석하였다. 동아동문회는 러일 간의 분쟁과 대립은 외교적인 수순에 의해서 해결할 수 없다고 판단하여, 이토의 만한교환론을 강하게 비판하였으며, 특히 러시아의 만주 점령은 일본의 자주독립과 동아시아 평화를 위협하는 침략적 행위로 받아들였다. 나아가 러시아와의 오랜 대립과 분쟁을 해결하기 위해서는 오직 전쟁밖에 없다고 판단하여 개전 여론을 확산시키는데 주력하였다. 이것은 반러시아 여론의 환기를 목적으로 하는 것이었으며, 동시에 러일 개전을 촉진하기 위한 목적에 의해 이루어졌다. 물론 동아동문회는 개전과 함께 특별임무반과 만주의군을 결성하여 직간접적으로 전쟁에 참여함으로써 전승에 크게 기여하였다. 그리고 정부의 종전 방침에 대해 적극적으로 협력하였을 뿐만 아니라, 러일강화조약에도 관여하였다. 물론, 반대 입장을 표명함으로써 정부 방침에 비협조적인 태도를 보였지만, 이것은 일본 측에 유리한 강화조약을 이끌어내기 위한 속임수에 지나지 않았다. 즉, 일본 정부가 전쟁 재개를 할 수도 있다는 국민적으로 단합된 태도를 보임으로써 러시아 영토의 할양이나 배상금의 지불을 포함하여 보다 유리한 조건으로 강화조약을 매듭짓고자 한 것이다.

제4부에서는 동아동문회의 중국 및 조선 교육사업, 나아가 유학사업에 대해 검토하였다. 먼저 동아동문회의 조선 교육사업에 관한 것인데, 이것은 크게 4가지로 나눌 수 있다. 첫째, 동아동문회의 조선 진출 배경에 대해 검토한 것으로, 러시아의 남하와 조선반도 진출과 관련하여 동아동문회가 조선에 진출하였음을 밝히고 있다. 둘째, 조선 교육사업과 관련하여 동아동문회의 활동을 검토하였다. 그들은 평양과 성진에 일본어 학교를 설립하여 벽촌의 청소년들에게 교육의 기회를 제공하는 한편, 이들 지역을 러시아의 동향을 살피는 거점지역으로 활용하였다. 또한 기존의 학교를 지원하는 것으로 조선의 보통교육에 기여하기도 하였지만, 일본 정신과 친일정서를 조선의 교육현장에 이식하거나 뿌리내리도록 하였다. 셋째, 친일파 육성 정책과 조선 식민지화를 검토하였다. 일본에 의한 친일파 육성과 조선 식민지화 정책은 동아동문회에 의해서 보다 강하게 이루어졌다. 물론, 동아동문회의 친일파 육성과 조선 식민지화 정책은 교육사업에 의해 이루어졌음이 객관적인 자료에 의해 입증되었다. 특히 동아동문회의 일본어 교육에 의한 친일파 육성은 조직적이면서도 광범위하게 전개되어 한국을 병합하는 데 가장 큰 토대가 되었다. 넷째, 동아동문회의 조선 교육사업의 의의도 함께 검토하였다. 그리고 동

아동문회의 중국 교육사업, 즉 동아동문서원의 설립 과정과 인재 양성 그리고 동아동문서원의 중국인 교육 사업, 중국 교육제도 등에 대해 분석, 검토하였다. 동아동문회의 중국 교육사업은 중국의 개화와 일중 양국의 친선을 지향하는 이념에서 출발하였지만, 교육사업의 내용이 순수하지는 않았다. 1900년 5월, 난징 동문서원에서는 중국인의 교육도 포함되어 이루어졌지만, 동 서원의 후속기관인 동아동문서원에서는 일본인만의 중국전문가 양성 학교로 기능하여 동 서원의 설립 취지에 크게 벗어나는 등 중국 침략의 상징물로서 변질되었다. 결국 동아동문서원은 중국 침략에 필요한 전문가를 교육하는 스파이 양성소로서 일본의 중국에 대한 정치적 침탈은 물론 경제적 침탈 등 다방면에 기여하였다. 특히 동 서원의 졸업생 가운데 중국 주재 공사관에서 활동한 인물이 많았던 것은 그들을 중국 외교에 활용하고자 한 정치적 목적이 처음부터 작용하였음을 증명한다. 또한 많은 졸업생들이 중국의 상업무역에 종사한 점은 양국의 경제 협력에 기여한 면도 있지만, 중국 침탈의 첨병 역할도 서슴지 않고 행하였음을 증명하는 것이다. 일본의 중국 침탈 야욕이 노골화되면서 중국인의 반일정서도 동시에 팽창하였다. 이러한 반일정서를 차단하고 친일정서 함양을 위해서 동아동문서원은 중국인 학생을 새롭게 모집하여 교육하고자 하였지만, 만주사변과 중일전쟁 등 일본의 중국 침략행위로 인해 좌절되었다. 또한 동아동문회의 교육사업과 관련하여 주목할 점은 청조는 동아동문회를 통해서 일본의 교육제도를 도입하여 중국의 교육제도를 형성하게 되었다는 것이다. 특히 4부에서는 동아동문회 유학사업의 실상과 성과를 구체적으로 밝혔다. 중국인 유학생의 일본 유학 경험은 서양 사상 및 문화의 섭취와 내셔널리즘의 형성과 중국 개혁의 동력으로 기능하여 중국 혁명에 크게 기여하였을 뿐만 아니라, 만주 재인식과 중화사상의 부활에 공헌하였다. 아울러 근대적 학문이나 신지식의 체득은 인식과 사고의 전환에 큰 동력이 되었다. 무엇보다도 일본에서의 유학 경험이 의식의 변화를 일으키는 중요한 요소로 작용하였고, 그것이 개인이나 사회를 비롯하여 민족과 국가를 변혁시키는 원동력으로 이어진 것이다. 학생 개개인에 따라 크게 달랐겠지만, 일본에서 배운 지식이나 경험을 통해 단순히 자신의 출세만을 생각하는 자가 있는가 하면 자국의 근대화와 문명화로 이어가려는 자도 있었을 것이다. 무엇보다도 많은 조선인과 중국인 학생들이 일본을 통해 경험하게 된 일본의 근대화나 서양 문명에 자극받아 자신은 물론 자국을 새롭게 되돌아보면서 자국의 독립과 근대화를 생각하였다는 것은 자명한 사실이다. 특히 중국인 유학생은 우수하다고 생각되는 일본의 선진기술이나 서양의 사상, 제도를 배우고 그것들을 본국에 가져가 중국 개조에 활용하려고 하였다. 이것들은 오늘날 일본 또는 동아동문회의 공죄와는 별개로, 이 단체가 조선과 중국의 유학생들에게 교육의 기회를 주었고, 나아가 새로운 세계로 눈을 돌릴 수 있게 하였다는 교육사업의 역사적 의의이기도 하다. 동아동문회의 조선 및 중국에 대한 교육사업은 아시아 연대와 조선 부액, 중국 보존 등의 미명으로 위장되어 진행되었지만, 결코 침략의 흔적을 숨기지는 못하였다. 동아동문회의 교육사업의 출발점은 많은 이웃국가들로부터 심정적인 공감과 연대적인 시각 속에 지지와 찬사를 받았지만, 그 과정과 내용에서는 동아시아 침략의 단면을 드러내는 어두운 그림자를 띠기도 하였다. 즉, 동아동문회는 편협한 애국자 및 민족주의자의 집합체로 변질되었으며, 이웃국가가 연대적 구성원이라는 인식에서 침략의 희생물이라는 인식으로 변하여, 근대 일본 제국주의 국가의 주요한 외곽단체로 활동하였다. 동아동문회는 타 정치단체와는 달리, 대내적으로는 정치적 통합, 즉 국론의 통일을, 대외적으로는 일본의 자주적 독립과 영토 보전을 단체의 강령으로 삼아 일본의 대륙 진출을 배후에서 지지하였으며, 선두에 서서 국가의 대외정책을 지도하면서 협력하였다.

특히 본서에서는 동아동문회가 일본의 대외 침략정책에 이념적인 기반을 제공하였을 뿐만 아니라 교육사업으로 대륙 침략의 로드맵을 만들었다는 선행연구결과를 인정하면서, 한편으로는 조선이나 청국의 교육근대화에 일정한 역할을 하였다는 측면을 함께 서술하였다. 동아동문회의 조선 교육사업은 한반도에서의 러일 대립과 러시아의 남하에 대한 대응논리에서 출발하여, 한반도 내의 친일정서의 함양과 조선 식민지화의 사전포석 작업으로 이루어졌다. 그러나 일본식 근대화라는 측면에서 본다면, 조선의 젊은 층에 일본의 근대 학문을 보급하고 서양의 사상을 소개한 것이 조선인들이 자국의 자주적 독립과 근대화에 눈을 돌리게 한 중요한 요소로 작용하였다. 게다가 당시 발전하지 못하던 조선의 교육환경에 일정한 역할을 하였다. 예컨대, 교사 양성 및 학교의 양적 확대를 비롯하여 학교에 대한 재정적 지원이 크게 이루어졌다. 특히 일본과 서양 근대의 여러 문화를 비롯해 신지식이나 학문이 일본어를 매개로 대량으로 유입됨으로써 조선에서 근대적 학문이 보급되는 데에 큰 영향을 끼쳤다. 동아동문회의 조선 내 교육사업은 지방으로까지 교육대상의 범위를 넓혔을 뿐만 아니라, 양반계급의 특권이었던 교육을 극히 일부이기는 하지만 서민으로까지 미치게 함으로써 교육평등의 기회를 제공하는 단초가 되었다. 중국 최초의 정식 교육장정의 교육지침서인 진정학당장정의 완성에도 동아동문회의 역할이 컸다. 중국이 일본의 근대 교육제도를 도입함에 있어 교육개혁의 협력자 및 소개자 또는 조언자로서 동아동문회나 이 단체에 속한 인물들이 중국의 근대 교육에 상상도 못할 만큼 크게 공헌한 것이다. 그러나 일본의 교육정책 및 제도의 도입 또는 일본에서 배운 것이 오히려 조선과 청국 교육정책의 비자립과 부진을 초래하여 결과적으로 중국과 조선의 근대 교육 및 근대화를 늦추었다는 점도 부정할 수는 없다. 특히 일본식 근대화는 조선을 식민지의 길로 유도하였고 또한 중국에도 많은 부정적인 영향을 주었다. 중국은 청국시대에 일본의 교육정책과 제도를 모방, 도입하기 시작한 것에서 자연스럽게 친일파가 포진하게 되었으며, 이들이 일본의 이익을 대변하는 창구로서 이용되었다. 또 청국 조정은 물론 사회 구석구석까지 일본적 근대화 또는 일본적인 것이 파급되는 결과를 초래하였다. 이러한 현상이 청조가 붕괴된 후에도 이어져 중국 본토 침략과 만주국 건설에까지 이르게 되어 중국이 크나큰 희생의 대가를 일본에 지불하지 않으면 안 되었던 것을 역사적 사실에서 엿볼 수 있다. 역사를 등한시한 민족에게는 미래가 없다는 경구를 되새기면서 본서가 일본의 근대 연구에 많은 도움이 되기를 바랄 뿐이다.

부록 1. 동아동문회의 초기 회원

성명 (출생연도)	정치적 계통	직업, 학력 출신지	비 고
近衛篤麿 (1863)	동방 동문	정치가 라이프치히 대학 교토	동아동문회 회장. 공작. 귀족원 의원. 귀족원의장.
池邊吉太郎 (1868)	동아	언론인 게이오대학	유년에는 후쿠자와 유키치의 경응의숙(慶応義熟 : 게이오대학)에서 공부하였음. 그 후 시바 시로(柴四郎)가 주재하는 『경세평론(経世評論)』, 구가 미노루(陸実)의 『일본(日本)』을 거쳐 『오사카 아사히(大阪朝日新聞)』의 주필 역임. 1897년에는 『도쿄아사히신문(東京朝日新聞)』로 전직하여 언론인의 리더로서 활약. 동아동문회의 간사.
五百木良三	현양	구마모토	고노에(近衛篤麿)와 함께 동아동문회 창립.
平山周 (1870)	현양	외무성촉탁 도요에이와(東洋英和)학교 후쿠오카	1896년 미야자키의 제2회 타이 원정에 쓰에나가(末永節) 등과 함께 동행, 이누카이 쓰요시의 추천으로 외무성의 파견원의 형태로 중국으로 도항. 중국의 쑨원, 량치차오 등과 접촉하여 일본 망명 지원. 중국 혁명 지원.
陸 実 (1857)	동방 동아	언론인 사법성법학교 아오모리	조선의 동학혁명이 일어나자 청일 개전을 획책. 『일본(日本)』을 1889년 창간하여 사장, 주필로서 언론계를 주도. 특히 서구화정책에 반대하면서 국가의 독립을 강조하는 건전한 민족주의를 주장. 동아동문회의 간사장.

성명 (출생연도)	정치적 계통	직업, 학력 출신지	비 고
井上雅二 (1877)	동문	와세다대학 효고	러일 개전 준비를 위하여 우치다 료헤이(内田良平)와 함께 시베리아를 횡단함. 동아동문회 상하이 지부 간사. 동아동문회의 간사.
原口聞一 (1873)	동아	도쿄대학 나가사키	이노우에 마사지(井上雅二) 등과 함께 동아동문회의 모태가 되는 동아회(東亜会)를 결성. 만몽 독립에 관여하는 등 만주군 사령부에 소속되어 중국문제에 협력.
中西正樹 (1857)	동문	언론인 시즈오카	중국문제에 관심을 가지고 낙선당(楽善堂)과 아라오 세이(荒尾精)의 일청무역연구소에 참가하여 중국 사정에 정통. 그 뒤 청일전쟁 시에는 종군활동. 1920년 베이징으로 건너가 한자신문인 『순천시보(順天時報)』를 창간 그리고 『의용계(義勇界)』를 발행. 도쿄니치니치신보(東京日日新報) 통신원(通信員).
長岡護美 (1842)	흥아	정치가 캠브리지대학 구마모토	흥아회 회장 역임. 자작. 호시 도오루와 함께 영국의 캠브리지 대학의 동창. 동아동문회의 부회장.
田邊為三郎			시라이와 류헤이(白岩龍平)와 함께 활동.
佐藤正 (1849)		군인 도야마(戸山) 학교 히로시마	1894년 청일전쟁이 일어나자 연대장으로 참가하여 압록강까지 진격. 육군 소장으로(1895년) 예편. 동아동문회 간사장 역임. 러일개전론 주장.
佐々木安五郎 (1872)	흑룡	정치가 규슈가쿠인 대학 야마구치	중국어 통역관으로 청일전쟁에 참가. 1901년에 중국과 몽골로 건너가 금광 등 지하자원 사업 시작. 몽골 왕족과의 친분을 이용하여 몽골왕족의 일본 유학을 성사시고 일본과 몽골의 관계개선 노력. 1908년 중의원 당선. 흑룡회의 최고 간부인 우치다, 오가와 등과 중국문제에 전력.
渡邊国武 (1846)	동방	관료 나가노	1892년 오쿠라(大蔵)대신 역임, 제1차 정우회 내각의 오쿠라(大蔵)대신 역임. 동방협회 창립자의 한 사람.

성명 (출생연도)	정치적 계통	직업, 학력 출신지	비 고
桑田豊三		언론인 와세다대학 돗토리	호치신문(報知新聞) 특파원으로 베이징에 파견. 중국 측 인물들과의 친분. 나카노 지로(中野二郎)의 천보산 은광(天寶山銀鑛)을 미쓰비시(三菱)에 알선.
松本亀太郎 (1868)		사업가 쥬오대학 고치	낙선당(楽善堂) 푸저우(福州) 지점장. 육군 통역관으로서 청일전쟁에 참가. 중국과 대만의 무역업에 종사.
栗原亮一		정치가 미에	세이난 전쟁(西南戦争) 후에 자유민권운동에 가담. 1884년 청불전쟁이 일어나자 중국으로 도항하여 신문기자로 활약하며 동양학관 설립에 참가. 1890년 국회 개설과 함께 국회에 진출하여 중의원에 선출됨.
福田和五郎 (1868)		정치가 군마	26세에 『국민신문사(国民新聞社)』, 『이륙신보(二六新報)』 편집장 역임. 오가와 헤이키치와 함께 동아문제에 관심.
坂本格 (1865)	동방	사업가 쥬오대학 후쿠오카	현(県) 의원 역임. 1896년에 대만으로 도항하여 사업에 착수하였지만 실패. 귀국 후 후쿠오카 현(福岡県) 흥업은행(興業銀行)의 사장으로 취임. 1905년에 만주 시찰원으로 도항.
片山敏彦 (1869)	대륙 낭인	외무성직원 구마모토済済 고교 구마모토	중국어와 한학에 능통. 1888년 중국 상하이로 건너가 아라오 세이의 낙선당에 참가하여 중국 사정을 조사. 통역관으로 청일전쟁과 러일전쟁에 참가. 외무성 통역관 및 직원으로 활동.
小笠原長生			자작(子爵). 동아동문회 참가.
山内巌	대륙 낭인	센슈학교 후쿠시마	중국 낙선당에서 중국 사정을 연구. 도쿄중국어학교 개설. 상임간사.
山田夫			청일전쟁 때 중국어 통역으로 종군.
森井国雄 (1967)		니쇼가쿠사 대학 오사카	1900년 북청사변이 일어나자, 특파원으로서 톈진에 파견. 고노에 아쓰마로의 문하에 들어가 중국문제를 담당. 러일전쟁 시 통역관으로서 참전.

성명 (출생연도)	정치적 계통	직업, 학력 출신지	비 고
宮川五郎 三郎	현양	언론인	천우협(天佑俠) 지원. 규슈일보 기자. 평양니치니치신문사(平壤日日新聞社)를 창설. 평양전기 사장 역임.
神鞭知常 (1848)	흑룡	정치가 교토	국회 개설과 함께 중의원 당선. 1896년 법제국(法制局) 장관. 러일 개전 주장. 한국일진회 결성에 송병준을 통하여 관여함. 중국문제에도 관심이 많았지만, 조선 합방에 크게 기여.
森村市左衛門 (1839)		사업가 도쿄	유년에는 가난으로 불우한 생활을 함. 그 뒤 요코하마에서 잡화점을 개설하여 1868년 보신전쟁(戊辰戰争) 때 정부군에 군수품을 조달. 1897년 모리무라은행(森村銀行)을 일으켜 크게 성공. 동아동문회 결성 시에는 찬조금으로 3천 엔을 기부.
內田良平 (1874)	현양 동아 흑룡	도요고(東洋語) 학교 후쿠오카	1891년 아카이케 탄광(赤池炭鉱) 감독. 1894년 조선에서 동학혁명이 일어나자 한일 연대를 주장하면서 천우협(天祐俠)을 결성하여 조선으로 도항. 러시아 남하를 견제하기 위해 시베리아를 횡단하여 러시아 사정을 정부에 보고. 1901년 흑룡회 결성. 러일 개전 주장. 조선 합병을 위하여 일진회 고문에 취임.
中野熊五郎 (1867)	대륙 낭인	간죠(干城) 학교 사가	1884년 중국의 동양학관에서 영어, 중국어, 프랑스어를 배우고, 청일전쟁 시에는 통역관 및 정보 수집으로 전쟁에 협력. 중국 현지에서 석탄사업.
山根虎之助 (1861)		야마구치	조슈일보(長州日報) 창간. 1898년 중국 상하이로 도항하여 동아시보(東亜時報)에 관여함. 위안스카이 밑에서 번역과 통역에 참여.
三浦梧楼 (1846)		군인, 정치가 야마구치	1895년 전권공사로 조선에 부임. 명성황후 시해 사건에 깊게 관여하여 면직 처리됨. 그 후 정계의 흑막으로 정부와 정당 사이의 조정 역할을 함. 1924년 호헌삼파(護憲三派) 성립에 노력.

성명 (출생연도)	정치적 계통	직업, 학력 출신지	비 고
荒井甲子之助 (1865)		사업가 치바	오가와 헤이키치와 함께 유년을 보낸 뒤 중국으로 도항. 시라이와 류헤이와 함께 중국 쑤저우에서 증기선의 항로 개척. 중국에서 잡화점을 개설.
安東俊明		변호사 도쿄대학 구마모토	동아동문회에 참가. 간사 역임. 도쿄와 삿포로(札幌)에서 변호사 활동.
大原義剛 (1869)	현양· 흑룡	신문기자, 정치가 게이오대학 후쿠오카	제7회 선거(헌정본당)에 당선. 11회(입헌국민당)~12회(입헌동지회) 국회의원 역임. 1894년 우치다와 함께 천우협에 참가. 현양사 회원. 규슈일보 사장.
小川平吉 (1869)	동방· 흑룡	변호사, 정치가 도쿄대학 나가노	중의원. 정우회 간부. 8, 9, 10, 12, 13, 14, 15, 16, 18회 등 국회의원. 흑룡회의 핵심간부. 조선 병합 때 핵심인물로 활약.
江藤新作 (1863)	동아	정치가 호세이대학 사가	제4회 총선거(입헌혁신당), 5회(진보당) 6~9회(헌정본당) 국회의원. 사가(佐賀)의 난의 지도자였던 에토 신페이(江藤新平)의 아들. 1885년 오이 겐타로(大井憲太郎)의 오사카 사건에 관여. 호치신문사(報知新聞社)의 주필로 활동.
山田烈盛 (1862)		언론인 게이오대학 치바	미우라 고로(三浦梧楼)가 조선 공사로 부임할 때, 경성 특파원으로 경성에 파견. 명성황후 암살사건에 관여. 중국문제에 관심. 헌정본당원.
岸田吟香 (1833)	동방 대륙 낭인	사업가 오카야마	1864년『和英對訳辞書』편찬에 관여하여 영어 습득. 1866년 영어번역사전 인쇄를 위해 중국 상하이로 도항. 중국전문가로 성장. 1873년 도쿄니치니치신문(東京日日新聞) 기자. 1877년 도쿄 긴자에 낙선당 가게를 열고 약재상으로 변신. 상하이로 건너가 낙선당 개설. 중국 각지에 지점 개설. 아라오 세이, 아라오 네쓰, 무네가타 고타로, 나카노

성명 (출생연도)	정치적 계통	직업, 학력 출신지	비 고
			지로(中野二郎), 나카니시 마사키 등이 그의 도움을 받으면서 중국 각지에서 정보활동. 흥아회, 일청무역연구소, 동방협회, 동아동문회, 동인회 등의 유력한 지원자.
福本誠 (1851)	동방 동아	언론인, 정치가 사법성법학교 후쿠오카	제10회 총선거(헌정본당) 당선. 이노우에 마사지와 함께 동아회 결성. 청일전쟁 때 종군기자로 참가. 스에나가 세쓰(末永節) 등과 함께 중국 혁명파인 쑨원 등 지원. 1904년 규슈일보 사장 겸 주필. 국민당에 입당하여 이누카이 쓰요시를 도왔지만, 1912년 낙선 뒤 정계 은퇴. 『축전지(筑前志)』, 『영웅론(英雄論)』 등 저서.
佐々友房 (1854)		정치가 구마모토	1회(무소속), 2회(중앙교섭부), 3회, 4회, 5회, 6회(국민협회), 7회, 8회, 9회(제국당) 국회의원. 사이고(西鄕)의 세이난(西南) 전쟁 때 투옥. 조선의 대원군, 중국의 위안스카이와 교류. 흥아회 참가. 일본의 대륙 진출에 관심.
犬養毅 (1855)	동방 동아 흑룡	정치가 게이오대학 오카야마	신문기자로 출발. 1890년 1회 총선 이래 연속 17회 국회의원 당선. 수상 역임(1931년). 김옥균, 쑨원 등의 개혁파나 혁명파를 지원. 중국의 쑨원 등을 이용하여 중국문제를 해결하고자 함. 일본 중심의 아시아연대 구상. 흑룡회 참가.
平岡浩太郎 (1851)	현양 동아 흑룡	정치가 후쿠오카	4회(國民協會), 5회(山下俱樂部), 6, 7, 8, 9회(憲政本黨) 국회의원. 정한론(征韓論)의 사이고 다카모리(西鄕隆盛)이 후계자. 1881년 현양사 결성. 규슈의 광업, 탄광을 주민들로부터 조차, 헐값에 매입하기 위해 폭력을 이용. 규슈에서 생산된 석탄을 중국에 수출하기 위해 중국 혁명파인 쑨원, 량치차오, 이대쇠 등에게 혁명 자금 지원. 정치 망명객들 지원. 1884년 상하이 동양학관 설립 참여. 1887년 상하이에 잡화점 개설. 러일전쟁

성명 (출생연도)	정치적 계통	직업, 학력 출신지	비　고
			에 대비하여 현양사 회원인 우치다에게 시베리아 횡단, 러시아내륙 조사를 하게 함. 1901년 흑룡회 결성에 참여.
末永節 (1869)	현양 흑룡	언론인 후쿠오카	福陵新聞 특파원. 규슈일보 기자로서 중국 무창혁명 때 정보활동. 중국 혁명파인 쑨원 등을 지원. 랴오둥신보(遼東新報) 사장.
杉村濬 (1849)		관료 모리오카	横浜每日新聞 기자. 1880년 외무성 직원으로 조선 경성 공사관 근무. 미우라(三浦梧楼) 공사와 함께 명성황후 암살에 관여하여 투옥. 1896년 방면. 대만 총독부 사무관으로 승진. 1899년 외무성 통상국장.
柴四朗 (1852)	동방	정치가 도쿄대학 후쿠시마	2회(무소속), 3회, 4회(입헌혁신당), 5회(진보당), 6회, 7회, 9회(헌정본당), 10회(대동구락부), 11회(중앙구락부), 12회(입헌동지회) 국회의원. 1886년 농상부 장관 다니 다테키(谷干城) 비서. 동학혁명이 일어나자 청일 개전을 획책. 명성황후 시해에 관여. 육군대장인 柴五郎가 그의 동생.
星亨 (1850)	동방	정치가 캠브리지대학 도쿄	2회(弥生俱楽部), 3회, 4회(立憲自由黨), 6회(憲政黨) 국회의원. 1881년 자유당 입당. 청일전쟁 시 조선 정부 법률고문 역임. 김옥균 등의 개혁당을 이용하여 조선문제 해결에 진력. 1892년 중의원 의장.
宗方小太郎 (1864)	대륙 낭인	구마모토	1884년 청불전쟁을 계기로 중국 상하이 도항. 동양학관에서 수학. 청일전쟁 시(1893년 해군 촉탁) 중국군 움직임을 본국에 보고. 의화단 사건 시 일본의 개입을 주장. 신해혁명 때 정보 수집. 일본의 대청 정책에 크게 기여. 최고의 중국전문가로 활약. 상하이에서 병사.
長谷場純孝 (1854)		정치가 가고시마	1회~11회 국회의원 당선. 1908년 중의원(衆議員) 의장(議長). 내무성 관방장관 역임. 1873년 과도정부의 경시청에 간부에 취임. 1877

성명 (출생연도)	정치적 계통	직업, 학력 출신지	비 고
			년 세이난(西南) 전쟁에 참가하여 투옥. 1884년 중국문제 해결을 위해 中江兆民과 함께 중국 상하이로 도항. 동양학관 설립 참여.
内田康哉 (1865)	동방	외교관 도쿄대학 구마모토	현양사 결성 시 회원. 천우협 지원함. 다년간 해외 주재 경찰관으로 근무. 제2차 사이온지 긴모치 내각(西園寺公望内閣)의 외상 취임 5회 역임. 1931년 만철 총재 역임. 1933년 일본의 국제연맹 탈퇴 추진.
德富猪一郎 (1865)	동방	언론인 도시샤대학 구마모토	일본 최고의 우익 언론가. 소설가인 德富蘆花의 형. 1881년 大江義塾 창설. 지방신문 등에 집필 활동. 1987년 民友社 결성. 잡지 『国民之友』 창간. 1890년 『国民新聞』 창간. 퇴보적 평민주의의 입장에서 집필 활동. 1911년 귀원(貴院) 의원. 정계 은퇴 후 평론가 활동. 1937년 학사원(学士院) 은사상(恩賜賞) 수상. 1942년 대일본언론보국회(大日本言論報国会) 회장. 1943년 문화훈장 수상. 패전 후 공직에서 추방. 향년 94세로 사망.
井深彦三郎 (1866)		후쿠시마	중국 한커우 낙선당 참여. 중국 내지의 지형, 풍물을 익히기 위해 약재상으로 가장하여 정보 수집 활동. 일청무역연구소 참여. 1894년 청일전쟁이 발발하자 육군 통역관으로 참전. 러일전쟁 시 특별임무반을 조직하여 시베리아 철도 파괴 활동. 만주·몽골의 인접지역에서 활약하고 있던 마적을 포섭하여 러시아군에 큰 타격을 줌.
石川舜台 (1842)		종교인 도야마	東大願寺 등 포교활동. 조선과 중국에서의 포교활동을 통해 삼국의 친선관계를 유지시키고자 함.
末永淳一郎 (1867)	현양 흑룡	언론인 후쿠오카	末永節의 동생. 조선과 중국의 혁명가와 교류. 조선의 재정고문인 大三輪長兵衛의 비서로 조선에서 활동. 일진회의 고무치 도모쓰네를 도와 조선문제에 깊게 관여. 구가

성명 (출생연도)	정치적 계통	직업, 학력 출신지	비 고
			미노루(陸実)의 『日本新聞』에 관여하여 청일 전쟁 시 종군기자로 참전. 러일 개전을 촉구하는 대러동지회에 참가하여 개전 촉구. 『日本新聞』 편집장 역임.
井手三郎 (1862)	동문	구마모토	중국전문가. 동아동문회 창립에 기여. 평의원 및 상하이 지부장 역임. 『上海日報』 창간. 상하이 거주 일본인회의 부회장 역임. 중국 각지를 유람하면서 중국 사정 연구.
山口正一郎 (1870)		도쿄대학 가고시마	국민동맹회 회원. 1900년 중국 난징의 동문서원 설립에 참여. 동아동문회 간사. 1917년 천리교 입문.
沖禎介 (1874)	현양 흑룡	와세다대학 나가사키	우치다 료헤이 등과 교류. 러일전쟁 시 특별임무반을 조직하여 시베리아 철도 파괴 활동. 만주·몽골 인접지역에서 활약하고 있던 마적을 포섭하여 러시아군에 큰 타격을 줌. 1904년 전쟁 시 시베리아, 만주에 거주하는 일본인 거주자를 안전하게 일본으로 귀환시킴.
香川悅次		언론인 쥬오대학 가가와	1893년 정교사(政教社)에 입사하여 『日本人』 주간(主幹)으로서 활약. 『日本新聞』, 『萬朝報』에서 활약. 후쿠모토 니치난(福本誠), 原口聞一 등과 함께 중국 남방에 들어가 쑨원의 혁명세력 지원.
谷干城 (1837)	동방	정치가 고치	戊辰전쟁 참가. 1873년 구마모토(熊本) 진대(鎮台) 사령관에 임명. 대만출병, 西南전쟁에서 활약. 육군사관학교장 역임. 제1차 이토 내각의 농상부장관 역임.
財部熊次郎 (1872)	동문 흑룡	와세다대학 오이타	가라후토 니치니치신문(樺太日日新聞) 경영.
稲垣滿次郎 (1861)	동방	외교관 캠브리지 대학 나가사키	타이 특명 전권공사. 『동방책(東方策)』, 『시베리아 철도론(西伯利亞鉄道論)』, 『대외책(対外策)』 등을 저술.

성명 (출생연도)	정치적 계통	직업, 학력 출신지	비　고
高橋昌	동방		동방협회 평의원.
野澤鶏一			동아동문회 간사 역임.
鳥居赫雄 (1867)		언론인 구마모토	일청무역연구소에서 활동. 『일본신문』에 입사. 청일전쟁 때 종군기자. 오사카 아사히신문(大阪朝日新聞) 입사. 러일전쟁 때 종군.
花井卓造 (1868)	동방	정치가, 변호사 쥬오대학 히로시마	6회(헌정본당), 9, 10, 11, 12, 13대 국회의원. 중의원 부의장 역임. 도쿄 변호사회 회장.
高田早苗 (1860)	동방	교육자 도쿄대학	동방협회 평의원. 와세다 대학 총장. 문부대신 역임.
志村作太郎			近衛篤麿와 함께 동아동문회 창립.
白岩龍平 (1870)	동문	사업가 오카야마	1890년에서 1893년까지 일청무역연구소에서 활동. 1896년 이노우에 마사지(井上雅二)가 중국 상하이로 도항할 때 도움을 줌. 동문회 회원. 1927년, 1939년 동아동문회 이사장 역임.
戸田義勇 (1869)		후쿠오카	중국의 일청무역연구소에서 활동함. 청일전쟁, 러일전쟁 시 통역관.
佐藤宏			동아동문회 간사.
高橋謙 (1864)	대륙 낭인	후쿠오카 와세다대학	낙선당 참여. 약재상으로 가장하여 정보 수집. 일청무역연구소 참여.
大内暢三	동문	정치가	동아동문회 창립 주도. 중의원 역임.
国友重章 (1861)		언론인 구마모토	동아동문회 간사. 국민동맹회 및 대러동지회에 참가. 대외강경파.
佐々木四方志			동아동문회 간사.
田鍋安之助 (1864)		해군군의학교 후쿠오카	동아동문회 상임간사 역임. 중국 및 만주에서 첩보활동.

성명 (출생연도)	정치적 계통	직업, 학력 출신지	비 고
中島眞雄			동아동문회 간사. 청일전쟁직전까지 첩보활동. 『만주일보』 창간.
柏原文太郎			동아동문회 간사.
清浦奎吾 (1850)		정치가 구마모토	사법대신(司法大臣) 역임. 동아동문회 평의원. 1891년 중의원. 수상 역임.
有賀長雄 (1860)	흥아	학자 도쿄대학 오사카	총리대신 비서관. 와세다대학 교수. 2군사령부 국제법 고문으로 청일전쟁에 종군. 도쿄대학 법학박사. 중화민국 대통령부 법률고문.
中井熹太郎 (1864)	동아	언론인, 정치가 도쿄대학 야마구치	『요미우리신문(讀賣新聞)』 편집장. 동아회 창립회원. 국민동맹회 및 대러동지회 조직. 『漢城新報』 사장. 중국 혁명 참가. 고노에 아쓰마로와 정치적 동지.
本多熊太郎 (1874)		외교관 쥬오대학	외무성 서기관. 독일 대사 및 중국 대사. A급 전범자로 도쿄 스가모(巣鴨)형무소 수감.
小幡西吉 (1873)		외교관 도쿄대학 이시가와	중국 특명 전권공사. 독일 대사. 추밀원 고문관. 귀족원 의원.
川島浪速 (1874)	대륙 낭인	도쿄외국어 학교 나가노	중국 스파이 가와시마 요시코(川島義子)의 양부. 만몽(滿蒙) 독립운동 획책.
森山守次			만철(滿鉄) 기관지인 『滿洲日日新聞』 초대 사장(1907년).
押川方義 (1852)	동방	종교인, 교육자, 정치가 요코하마 에이고(英語) 학교 에히메	해외교육회 회원. 京城学堂과 三南学堂 설립. 국회의원. 동북학원 설립. 미야기(宮城)학원 설립.
荒賀直順			낙선당에서 활동. 중국 정보 수집. 대만 중남부에서 항일세력 토벌. 대만 주둔 경무과장(1902년).

성명 (출생연도)	정치적 계통	직업, 학력 출신지	비 고
古城貞吉 (1866)		번역가 구마모토	청말 교육개혁자인 오여륜(吳汝綸)과 회담. 중국문학 연구.
伊澤修二 (1851)		정치가, 교육자 도쿄대학 하버드대학 나가노	동아동문회의 평의원. 귀족원 의원. 교육자. 도쿄사범학교 교장.
野崎武吉郎			1903년 고노에의 정치단체인 桜田俱楽部 참가.
鍋島直彬 (1843)		정치가 사가	원로원 의관(議官). 귀족원 의원(자작). 메이지 천황 측근.
宮崎寅藏 (1870)	대륙 낭인	혁명가 구마모토	나카에 조민의 佛學塾에 들어가서 서구의 근대문명에 관심을 가짐. 중국어에 능숙. 조선문제와 중국문제에 관심을 갖고 정치 망명가 지원. 량치차오와 캉유웨이, 쑨원 등 지원. 중국혁명에 참가. 타이에도 많은 관심을 둠.
田野橘二 (1857)		언론인 와세다대학 효고	낙선당 및 일청무역연구소에서 활동. 청일전쟁 시 종군활동. 1920년 베이징에서 『順天時報』 창간. 잡지 『의용계(義勇界)』 발행.
中野二郎 (1864)	현양	도쿄사범학교 후쿠오카	동양학관 입학. 낙선당에서 대중국 첩보담당. 현양사 간부와 교류. 삿포로에 러·청어학교를 개교하여 러시아·중국 관련 전문가 양성.
大岡育造 (1873)		사법성법학교 야마구치	동아동문회 평의원. 중의원 의장.
三宅雄二郎 (1860)	동아	철학자, 평론가 도쿄대학 이시가와	동아회 결성. 본명은 미야케 세츠레이(三宅雪嶺).
本多庸一 (1849)	동방	목사, 정치가, 교육가 아오모리	동방협회에서 활동. 조선교육담 발표. 귀족원 의원. 아오야마 가쿠인(青山学院) 2대총장.

성명 (출생연도)	정치적 계통	직업, 학력 출신지	비　　고
西村時彦 (1865)	동방	언론인 가고시마	동방협회 회원. 오사카 아사히(大阪朝日)신문 주필.
埴原正直 (1876)	동방	외교가 와세다대학 야마나시	동방협회 회원. 미국대사.
浅水又二郎(1870)		언론인 아오모리	日本신문 편집위원.
上田駿一郎			『最新朝鮮地誌』 단행본 발간.
弓削田精一		언론인 도시샤대학	러일전쟁 시 東京朝日신문 만주특파원.
澤村繁太郎		교육가	平安女学院의 4대교장 역임.
柳内義之進 (1866)		언론인 삿포로(札幌) 농학교	日州獨立신문 및 鹿児島実業신문 주필.
牧巻次郎 (1868)		언론인 와세다대학 오카야마	大阪朝日신문 상해 및 북경특파원.
内藤虎二郎 (1866)		언론인 아키다 사범학교 아키다	大阪朝日신문, 台湾日報, 万朝報 등에서 편집장 역임. 러일개전론 주장.
竹内正志 (1854)		정치가 언론인 게이오대학 오카야마	마이니치(毎日)신문기자. 중의원 의원. 주전론자.
奥田貫昭 (1846)		승려	도쿄浅草寺 주지.
新橋栄二郎		군인	육군중장 아카시(明石元二郎)의 의형제. 육군소위. 우치다와 한국병합운동추진.
小原新三		행정가	조선총독부 내무부 지방국장. 와카야마(和歌山) 지사 역임.

성명 (출생연도)	정치적 계통	직업, 학력 출신지	비　고
江南哲夫 (1853)		사업가 게이오대학 후쿠시마	三菱합자회사 사장. 제일은행 근무. 러일전쟁에 공헌.
和泉国彦 (1849)		정치가 가고시마	대만출병 및 세이난전쟁 종군. 반청운동추진. 중의원 의원.
奈良崎八郎 (1865)	현양	후쿠오카	조선동학당과 청일전쟁시 첩보활동 및 중국어통역. 러일전쟁 시 특별임무반 활동.
森清右衛門		사업가	日本興業(대만) 사장 역임.
長澤説		언론인 릿교대학 이바라키	문학평론가. 三宅雪嶺과 함께 「日本人」 및 「亜細亜」에서 편집활동. 東京朝日신문 정치주임 역임.
五十嵐力 (1874)		교수 와세다대학 야마가타	국문학자.
吉田房次郎		사업가 게이오 대학중퇴	吉田洋行(중국) 창업 및 광산무역업.
川那邊貞 太郎(1867)		언론인 메이지대학 사가	日本신문 및 大阪朝日신문 기자.
佐竹令信	대륙 낭인		만주청년연맹대표 역임.
手島知徳		사업가	정치가 및 사업가. 野崎武吉郎의 친척.
那部武二 (1868)	대륙 낭인	가나자와(金澤) 고등중학교중퇴 이시가와	일청무역연구소의 유학생. 청일전쟁 시 통역. 南京三江사범학당 교사.
松倉善家	대륙 낭인	사업가	日清貿易東肥株式会社 이사. 宗方小太郎와 중국대륙에서 조사활동.
五来欣造 (1875)		정치학자 도쿄대학 이바라키	요미우리(読売)신문 주필. 메이지 대학 및 와세다 대학 교수.

성명 (출생연도)	정치적 계통	직업, 학력 출신지	비 고
阪本則美	대륙 낭인	사업가	북해도 철도회사 설립.
村井啓太郎		언론인, 사업가 제5고등학교 (구마모토대학 전신), 도쿄대학 후쿠오카	일본인 잡지 집필자. 도쿄아사히신문 북경특파원. 만주은행장. 의화단 사건 시 의용병으로 활약. 다롄(大連)시장역임.
北原種忠			國民之教養, 明治天皇御製謹解 출판.
勝本恒喜	대륙 낭인	사업가	일청무역연구소 졸업생. 사업가.
竹井耕一郎		학자 사이타마	大日本帝国憲法論 등 출판. 도쿄센슈(専修)학교, 와세다대학 강사.
立作太郎 (1874)		국제법학자 도쿄대학 도쿄	도쿄대 교수. 『平時国際法論』, 『戰時国際法論』 등 출간.
土岐僙			第一銀行釜山지점장. 부산商業会議所회장.
大谷光演 (1875)		종교인 교토	浄土真宗 승려. 법명은 彰如. 東本願寺 제23대 법주(法主). 真宗大谷派管長 역임. 북해(北海)여학교 개교. 광산사업.
岡本忠平	대륙 낭인		宗方小太郎와 중국대륙에서 조사활동.
林 安繁		사업가	宇治川電気사장 역임.
尾上正連	대륙 낭인		宗方小太郎와 중국대륙에서 조사활동.
川崎三郎 (1864)	흑룡	언론인, 학자 이바라키	『新帝国』, 『東洋策』 등 50권 출간. 헌정사, 정치가전기 편찬사업. 東京曙新聞, 大東日報, 經世新報, 中央新聞, 国民之友, 国民新聞 등에서 집필 활동.
香月梅外	현양		후쿠오카(福岡)농학교 중국어 교사. 현양사 중국어연구소 강사.

성명 (출생연도)	정치적 계통	직업, 학력 출신지	비　고
中川文昱			立花小一郎(훗날 육군대장, 귀족원의원), 嘉悦敏 등과 함께 위안스카이의 군사 고문관으로 활동.
高月一郎	동아	도쿄대학	베트남 하노이(프랑스령)에서 사업.
遠藤留吉			1900년 8월 平山周, 內田良平, 中野熊五郎, 村田忠三郎, 安久東之助 등과 함께 쑨원의 상해 도항을 도움.
[미확인] 小西平藏　秦長三郎　安田六郎　坂猛三　田中收吉 隈本武次　海津駒治　角田隆四郎　多田亀毛　小川眞一 岡次郎　安藤虎雄　山下稻三郎　松田舒　佐賀鐵次郎 野田兵五郎　對島機			

출처 : 『東亞時論』, 『東亞同文會史』, 『東亜先覚志士記伝』, 『對支回顧錄』, 『明治前期大陸政策史の研究』 등 참조.

부록 2. 동아동문회 출신 역대 수상 현황

성명	출신지	학력	출생연도	비고
사이토 마코토 (斎藤実)	이와테	해군병학교	1858년	미국 공사관 파견(1884년 : 무관) 러일전쟁 때, 해군 차관. 해군 대신(1906년). 해군 대장(1912년). 조선 총독(1919년, 1929년). 제30대 내각 총리대신(1932년). 2·26 사건에서 암살(1936년).
가토 다카아키 (加藤高明)	아이치	도쿄대학	1860년	1881년 미쓰비시(三菱) 본사 입사. 미쓰비시(三菱) 사장. 1894년 주영(駐英) 공사. 1900년 제4차 이토 히로부미 내각 외상. 1909년 주영 특명 전권대사(駐英特命 全權大使). 1915년 귀족원 의원. 제24대 내각 총리대신(1924년).
기요우라 게이고 (清浦奎吾)	구마모토	한학	1850년	1884년 내무성(内務省) 경보국장(警保局長). 1891년 귀족원 의원. 1892년 사법차관(司法次官). 1896년 사법대신(司法大臣). 1906년 추밀원 고문관(顧問官) 및 부의장(副議長). 1922년 야마가타 사후, 추밀원(枢密院) 의장 역임. 제23대 내각 총리대신(1924년).
하라 다카시 (原敬)	이와테	가톨릭 신학교 졸업, 사법성 법학교 중퇴	1856년	1879년 郵便報知신문사 입사. 1882년 외무성 톈진 영사. 1892년 외무성 통상국장. 1895년 외무성 차관. 1896년 조선 주재 공사. 1897년 오사카 마이니치신문사 입사(사장). 1900년 입헌정우회 간사장. 1902년 중의원 당선.

				1906년 내무대신. 제19대 내각 총리대신(1918년). 1921년 11월 도쿄역에서 암살.
이누카이 쓰요시 (犬養毅)	오카야마	세이오대 대학 중퇴	1855년	1875년 『郵便報知新聞』 기고. 1877년 세이난전쟁 종군기자. 1880년 『東海経済新報』 창간. 1890년 중의원 의원(17회 당선) 1898년 문부대신. 제29대 내각 총리대신(1931년). 1932년 5·15 사건에서 암살.
아베 노부유키 (阿部信行)	이시가와	육군사관학교	1875년	1897년 육군사관학교 졸업. 1910년 독일 주재. 1913년 오스트리아 대사관 무관보좌관. 1920년 참모본부 편제동원과장(編制動員課長). 1922년 소장 승진. 1923년 참모본부 총무부장. 1926년 육군성 군무국장. 1928년 육군 차관. 1932년 대만 사령관. 1936년 예비역 편입. 1939년 제36대 내각 총리대신. 1942년 翼賛政治会 회장 및 귀족원 의원. 1944년 제10대 조선 총독.
고노에 후미마로 (近衛文麿)	도쿄	교도대학	1891년	1916년 귀족원 의원. 1931년 귀족원 부의장. 1933년 귀족원 의장. 1937년 제34대 내각 총리대신. 1939년 추밀원(枢密院) 의장 1940년(38대), 1941년(39대) 내각 총리대신. 1945년 GHQ 전쟁범죄인으로 체포. 1945년 12월 자살.

출처 : 『東亞同文會史』

참고문헌

[한글문헌]

강창일, 『근대일본의 조선침략과 대아시아주의』, 역사비평사, 2002.
김경일, "민주주의 평화사상의 관점에서 본 자유민권론자들의 평화관(平和觀) : 인식적 측면의 이론적 연계성에 대한 분석을 중심으로", 『일본문화학보』 제38집, 한국일본문화학회, 2008.

김경일, "범아시아주의의 '다자성'과 동북아시아 지역다자협력 : 다자주의 관점에서의 이론적 고찰을 중심으로", 『한국동북아논총』 제10권 4호, 한국동북아학회, 2005.

김경일·채수도, "근대 일본의 地域平和思潮에 대한 고찰", 『日本思想』,제11호, 韓國日本思想史學會, 2006.

박천욱, "김옥균의 개화사상에 대한 一考察", 『教育論叢(11)』, 동국대학교 교육대학원, 1991.

白種基, 『韓國近代史研究』,博英社, 1983.

손인수, 『韓国近代教育史』, 연세대학교출판부, 1975.

林在潤, "韓末의 近代教育과 民族主義", 『教育研究』, 전남대학교 교육문제연구소, 1984.

愼鏞廈, "우리나라 最初의 近代 学校 設立에 대하여", 『韓国史研究』, 제9-11호, 韓国史研究会, 1974.

趙文濟, "韓末日語学校教育研究", 『서울교육대 논문집』, 제10집, 서울교육대학, 1977.

조항래 편, 『日帝의 對韓侵略政策史硏究』, 玄音社, 1996.
조항래, "일본 국수주의 단체의 一硏究"(歷史學會 編, 『일본의 침략정책사연구』, 일조각, 1993).
채수도, "근대 일본에 있어서 아시아 연대론", 『일본어문학』, 제35집, 일본어문학회, 2006.
蔡數道·김경일, "이시바시 단잔(石橋湛山)의 소일본론과 평화구상", 『日本文化硏究』, 제22집, 동아시아일본학회, 2007.
蔡數道, "戰前日本의 非戰思想에 관한 일고", 『日本文化硏究』, 동아시아일본학회, 2007.
千鉉明, "韓末日本東亜同文会의 朝鮮教育進出", 『동서사학』, 한국동서사학회, 2003.
한상일, 『아시아연대와 일본제국주의』, 오름, 2002.
한용진, "개화기 일본 민간단체 설립 학교 고찰", 『東洋学』, 단국대학교 동양연구소, 2005.
A. 말로제모프(Andrew, Malozemoff), 『러시아의 동아시아 정책』, 지식산업사, 2002.

[일본어문헌]

「東亜同文会事業成績」, 『東亜同文会関係雑纂(1)』, 外務省外交史料館所蔵.
岡田哲蔵, 『本多庸一伝』, 日独書院, 1935年.
警備實務研究會, 『右翼運動の思想と行動』, 立花書房, 1989年.
高橋強, 「孫中山と中国留日学生」, 『創立中国論集』, 創価大学文学部 外国語学科(中国語専攻), 2001年.
高橋是清, 『高橋是清自傳』, 千倉書房, 1936年.
高橋哲夫, 『河野広中小伝』, 歴史春秋社, 2004年.

高尾新右衛門編, 『元山発展史』, 高尾新右衛門, 1916年.
古川万太郎, 『近代日本の大陸政策』, 東京書籍, 1991年.
古川哲夫編, 『近代日本のアジア認識』, 京都大學人文科學研究所, 1994年.
塙薫藏, 『浦敬一輿附』, 淳風書院, 1924年.
谷壽夫, 『機密日露戰史』, 原書房, 1966年.
溝口雄三·浜下武志·平石直昭·宮嶋博史編, 『アジアから考える[5]』, 東京大學出版部, 1994年.
駒込武, 『植民地帝国日本の文化統合』, 岩波書店, 2002年.
堀幸雄, 『戰前の國家主義運動史』, 三嶺書房, 1997年.
宮寄順子, 「東亜同文書院と一九三〇年代ー日中関係の一側面としてー」, 『史論』, 49集, 東京女子大学学会史学研究室.
宮田節子編, 『朝鮮軍概要史』, 不二出版, 1989年.
近衛篤麿日記刊行会編, 『近衛篤麿日記(付属文書)』, 鹿島研究所出版会, 1969年.
近衛篤麿日記刊行会編, 『近衛篤麿日記』, 鹿島研究所出版会, 1968年.
琴秉洞, 『金玉均と日本』, 綠蔭書房, 1969年.
旗田巍, 『日本人の朝鮮観』, 勁草書房, 1969年.
金義煥, 『釜山近代教育史』, 太和出版社, 1967년.
内務省警察保局編, 『國家主義運動の概要』, 原書房, 1974年.
内外雑纂, 「清韓に於ける東亜同文会の事業」, 『教育時論』, 第510号, 1899年6月.
内田良平文書研究会編, 『内田良平関係文書』, 芙蓉書房出版, 1994年.
大島隆雄, 「アジア·太平洋戦争下における東亜同文書院の変容」, 『愛知大学史研究』, 第2号, 愛知大学東亜同文書院大学記念センタ, 2008年.
大山梓編, 『山縣有朋意見書』, 原書房, 1966年.
大森史子, 「東亞同文会と東亞同文書院」, 『アジア経済』, アジア経済研究所, 1978年.
大津淳一郎, 『大日本憲政史』, 原書房, 1969年.
德富蘇峰, 『山縣有朋伝(下)』, 原書房, 1966年.
德富蘇峰, 『公爵桂太郎傳(坤巻)』, 原書房, 1967年.

渡瀬常吉,『朝鮮教化の急務』, 警醒社書店, 1913年.
渡辺幾治郎,『日本近世外交史』, 千倉書房, 1938年.
渡辺龍策,『大陸浪人』, 番町書房, 1967年.
渡部學,『金玉均の研究』, 日本朝鮮研究所, 1968年.
稲葉継雄,『東亜同文会の韓国における教育活動(プロジェクト研究報告)』, 筑波大学, 1985年.
稲葉継雄,『旧韓末「日語学校」の研究』, 九州大学出版会, 1997年.
東亜同文書院滬友同窓会編,『山洲根津先生伝』, 根津先生傳記編纂部, 1930年.
東亜文化研究所編,『東亜同文会史』, 霞山会, 1988年.
頭山統一,『筑前玄洋社』,葦書房, 1977年.
藤田佳久,『東亜同文書院 中国大調査旅行の研究』, 大明堂, 2000年.
藤田佳久,『東亜同文書院生が記録した近代中国』, 株式会社あるむ, 2007年.
藤井昇三,『孫文の研究』, 勁草書房, 1983年.
瀧澤誠,『近代日本右派社會思想研究』, 論創社, 1980年.
劉健雲,『中国人の日本語学習史』, 学術出版会, 2005年.
栗田尚弥, 「二〇世紀初頭の中国情勢と東亜同文書院」,『大倉山論集』, 54集,大倉山文化科学研究所, 2008年.
栗田尚弥,『上海東亜同文書院日中を架けんとした男たち』, 新人物往来社, 1993年.
利岡中和,『眞人横川省三傳』, 大空社, 1996年.
李沂, 「一斧劈破論」,『海鶴遺書』, 国史編纂委員会, 1955年.
李協京・田渕五十生,「中国人の日本留学の百年」,『奈良教育大学紀要』, 第46巻 1号, 1997年.
木村健二,『在朝日本人の社會史』, 未來社, 1989年.
木下恵太,「政友会成立期における大隈重信と憲政本党」,『早稲田大学史記要』, 第35巻, 早稲田大学, 2003年.
邊見勇彦,『滿州義軍奮闘史』, 先進社, 1932年.
福岡ユネスコ協會編,『日本近代化と九州』, 平凡社, 1972年.

北岡正子,『魯迅日本という異文化のなかで』, 関西大学出版会, 2001年.
山名正二,『滿州義軍』, 大空社, 1997年.
山田良介,「東亞同文会の中国「保存」論に関する一考察」,『九大法学』, 第85号, 九大法学会, 2002年.
森山茂德,『近代日韓關係史研究』, 東京大學出版會, 1987年.
渋沢青淵記念財団竜門社編,『渋沢栄一伝記資料(27)』, 渋沢榮一伝記資料刊行会, 1959年.
上杉重二郎,「日比谷燒打事件の研究のために」,『歷史學研究』, 第184号, 岩波書店, 1955年.
相原茂樹,「近衛篤麿のアジア主義ー東亜同文会活動期編」,『社会システム研究』, 第3号, 社会システム研究刊行会, 2003年2月.
上垣外憲一,『日本留学と革命運動』, 東京大学出版会, 1982年.
相澤仁助扁,『釜山港勢一班』, 日韓昌文社, 1905年.
上海東亜同文書院編纂,『創立三十周年紀年 東亜同文書院誌』, 上海東亜同文書院, 1930年.
西尾陽太郎,『硬石五拾年譜內田良平自伝』, 葦書房, 1978年.
石川恒太郎,『日本浪人史』, 春秋社, 1931年.
石河幹明,『福澤諭吉傳(4)』, 岩波書店, 1932年.
細谷千博,「日露,日ソ關係の史的展開」,『國際政治』,31号, 有斐閣, 1966年.
笹淵友一,『北村透谷』, 日本図書センター, 1993年.
小崎昌業,「東亜同文会·東亜同文書院大学の今日的意義」,『大倉山論集』, 第51輯, 大倉精神文化研究所, 2005年.
小島麗逸編,『戦前の中国時論誌研究』, アジア経済研究所, 1978年.
小林雄吾編,『立憲政友会史(1)』, 立憲政友会編纂部, 1924年.
小山田淑助(荒井秀夫発行),『明治北方調査探検記集成(9)』, ゆまに書房, 1989年.
小松綠,『伊藤公全集』, 昭和出版, 1928年.
小川圭治·池明観編,『日韓キリスト教関係資料1876-1922』, 新教出版社, 1984年.

昭和十三年度思想特別研究員検事松本武裕報告書,『所謂日比谷燒打事件の研究』, 司法省刑事局, 1958年.

松岡恭一·山口昇編, 『沿革史日清貿易研究所東亜同文書院』, 東亜同文書院学友会, 1908年.

松岡恭一編,『日清貿易研究所 東亞同文書院沿革史』, 東亞同文書院学友会, 1908年.

松谷昭廣, 「東亜同文書院への府県費生派遣」, 『日本の教育史学』, 45輯, 講談社, 2002年.

松本健一,『在野の精神』, 現代書館, 1979年.

宿利重一,『兒玉源太郎』, 國際日本協會, 1942年.

升味準之輔,「大陸浪人(二)」,『法学会雑誌』, 第7巻 2号, 東京都立大学法学部, 1967年3月.

時任英人,『明治期の犬養毅』, 芙蓉書房出版, 1996年.

神谷正男編,『宗方小太郎文書』, 原書房, 1975年.

信夫清三郎,「明治末期の民衆運動」(戸澤鐵彦教授還暦記念論文集刊行會,『ブルジョア革命の 研究』, 日本評論新社, 1954年)

信夫清三郎·中山治一編,『日露戦争史の研究』, 河出書房新社, 1972年.

実藤恵秀,『中国人日本留学史』, くろし出版, 1960年.

阿部洋,「東亜同文会の中国人教育事業」,『日中関係と文化摩擦』, 巌南堂書店, 1982年.

阿部洋, 「二十世紀初頭における朝鮮人の日本留学」, 『国立教育研究所紀要』, 第94集, 国立教育研究所, 1978年.

阿部洋,「清末直隷省の教育改革と渡辺龍聖」,『国立教育研究所紀要』, 第115集, 国立教育研究所, 1988年.

阿部洋,『中国近代教育と明治日本』, 龍溪書舎, 2002年.

阿部洋,『中国近代学校史研究』, 福村出版, 1993年.

阿部洋編,『日中関係と文化摩擦』, 巌南堂書店, 1982年.

我妻榮·林茂·辻清明·団藤重光編, 『日本政治裁判史錄(明治後編)』, 第一法規出版, 1969年.

安岡昭男,『明治前期大陸政策史の研究』, 法政大学出版局, 1998年.
安藤英男,『蘇峰　德富猪一郎』, 近藤出版社, 1984年.
岩淵辰雄,『犬養毅 』, 時事通信社出版局, 1958年.
鴨武彦編,『大日本主義との闘将』, 東洋経済新報社, 1996年.
櫻井良樹,「日韓合邦建議と日本政府の對応」,『麗澤大學紀要』, 第55巻, 1992年.
厳安生,『日本留学精神史』, 岩波書店, 1991年.
塩田庄兵衛·犬丸義一,「日比谷の焼打事件」,『歴史評論』, 39号, 1952年10月.
永井勇助,「直隷省保定府通信(上)」,『教育時論』, 第714号, 1905年2月15日.
王敏,『中国人の愛国心』, ＰＨＰ新書, 2005年.
汪婉,「京師大学堂総教習呉汝綸の日本視察」,『中国研究月報』, 中国研究所, 1993年.
王希亮,「大陸浪人のさきがけ及び日清戰爭への躍動」(金澤大學法學部,『金澤法學』, 第36巻 1·2合併号, 1994年)
外務省政務局弟3課,『日露交渉史』,原書房, 1969年.
外務省調査部編,『孫文全集(中)』, 原書房, 1967年.
外務省編,『小村外交史』, 原書房, 1966年.
外務省編,『日本外交年表並びに主要文書(上)』, 原書房, 1969年.
外務省編纂,『日本外交文書 第三十三巻別冊二 北清事変中』, 日本国際連合協会, 1956年.
容應萸,「呉汝綸と『東遊叢録』」,『近代日本とアジア』, 東京大学出版会, 1984年.
原奎一郎編,『原敬日記』, 福村出版, 1965年.
尹健次,『朝鮮近代教育の思想と運動』, 東京大学出版部, 1982年.
蔭山雅博,「宏文学院における中国人留学生教育」,『日本の教育史学』第23集, 講談社, 1980年.
蔭山雅博,「弘(宏)文学院における中国人留学生教育について(二)」,『呴沫集(5)』, 学習院大学史学会(呴沫集発行世話人), 1986年.
伊藤之雄, 「日清戦争以後の中国·朝鮮認識と外交論」,『名古屋大学文学部研究論集 史学』, 第40号, 名古屋大学文学部, 1994年.

李正樹,「韓国併合前後の日本語教育観」,『広島大学大学院教育学研究科紀要』, 広島大学大学院教育学研究科, 2001年.
一又正雄,『山座圓次郎伝』, 原書房, 1974年.
長田彰文,『セオドア・ルーズベルトと韓国』, 未来社, 1992年.
猪野健治,『日本の右翼』, 日新報道, 1973年.
杵淵信雄,『福沢諭吉と朝鮮ー時事新報社説を中心に』, 彩流社, 1997年.
翟新,『東亜同文会と中国』, 慶応義塾大学出版, 2002年.
畑中ひろ子,「漢口楽善堂の人々」,『明治大学大学院紀要』, 明治大学大学院, 1987年.
井上雅二,『巨人荒尾精』, 大空社, 1997年.
早稲田大学編集部編,『大隈伯演説集』, 早稲田大学出版部, 1907年.
早川喜代次,『徳富蘇峰』, 大空社, 1991年.
佐藤茂教,「東亞會報告」と會根俊虎」,『近代日本形成過程の研究』, 雄山閣出版, 1978年.
佐藤三郎,「興亞會に關する一考察」,『山形大學紀要』, 人文科學, 第1巻 4号, 山形大學, 1951年.
朱秀雄,「開化期の韓国における日本語教育に関する一研究」,『日本の教育史学』, 教育史学会, 1989年.
酒田正敏,『近代日本における對外硬運動の研究』, 東京大學出版會, 1978年.
中村政則・江村榮一・宮地正人「日本帝國主義と人民」,『歴史學研究』,第327号, 青木書店, 1967年.
蔡数道,「東亜同文会の朝鮮教育事業に関する一考察」,『日本語文学』, 日本語文学会, 2008年.
川崎真美,「清末における日本への留学生派遣」,『中国研究月報』, 中国研究所, 2006年.
清水靖久,「日露開戰と非戰論」,『比較社會文化』, 第8巻, 九州大學大學院比較社會文化學府, 2002年.
初瀬龍平,『傳統的右翼内田良平の研究』, 九州大學出版會, 1980年.
村上勝彦, 「産業革命初期の日中貿易」, 『東京経学会誌』, 174号, 東京経済大学, 1992年.

春畝公追頌會編,『伊藤博文傳(下)』, 原書房, 1970年.

坂根慶子,「清朝日本留学考」,『東海大学紀要』, 東海大学出版会, 1992年.

坂野潤,『明治・思想の実相』, 創文社, 1977年.

片倉芳和,『宋教仁研究』, 清流出版, 2004年.

平塚篤,『伊藤博文秘録』, 原書房, 1982年.

幣原坦,『朝鮮教育論』, 六盟館, 1919年.

馮正宝,『評伝 宗方小太郎』, 熊本出版文化会館, 1997年.

霞山会,『東亜同文会社論考』, 霞山会, 1998年.

恒屋盛服,『朝鮮開化史』, 博文館, 1901年.

玄洋社社史編纂會,『玄洋社社史』, 覆刻版, 近代史料出版會, 1977年.

滬友会編,『東亜同文書院大学史』, 滬友会, 1955年.

戸沢鐵彦教授還暦記念論文集刊行会,『ブルジョア革命の研究』, 日本評論新社, 1954년.

黄尊三(さねとうけいしゅう訳),『清国人日本留学日記』, 東方書店, 1986年.

黄尊三(佐藤三郎訳),『清国人日本留学日記』, 東方書店, 1986年.

會田勉,『川島浪速翁』, 文粹閣, 1936年.

横山健堂,『嘉納専制傳』, 講道館, 1941年.

黒龍倶楽部編,『国士内田良平傳』, 原書房, 1967年.

黒龍会,『東亜先覚志士記伝(上)』, 原書房, 1966年.

黑木彬文,「興亞會,亞細亞協會の活動(一)」,『政治研究』第39号, 九州大學法學部政治研究室, 1992年3月.

黑木彬文,「興亞會の成立」,『政治研究』, 九州大學法學部政治研究室, 1983年3月.